Karlheinz Deschner
Horst Herrmann

Der Anti-Katechismus

200 Gründe gegen die Kirchen und für die Welt

Rasch und Röhring Verlag

CIP-Titelaufnahme der Deutschen Bibliothek

Deschner, Karlheinz:
Der Anti-Katechismus: 200 Gründe gegen die Kirchen
und für die Welt / Karlheinz Deschner; Horst Herrmann. –
Hamburg: Rasch und Röhring, 1991
     ISBN 3-89136-302-8
NE: Herrmann, Horst

Copyright © 1991 by Rasch und Röhring Verlag, Hamburg
Einbandgestaltung: Studio Reisenberger
Satz: Fotosatz Otto Gutfreund, Darmstadt
Druck- und Bindearbeiten: May + Co, Darmstadt
Printed in Germany

Inhalt

Wozu der Mensch da ist
oder: Wie die beste aller Religionen finden? 11

Wie kommt ein Mensch zur Religion? 13

Wozu machen Menschen anderen Menschen Angst – und
Hoffnung? – Warum fordern »Missionen« immer Opfer? –
Weshalb werden noch immer Säuglinge getauft? – Weshalb
ist die »große Zahl« der Christen falsch?

Weshalb streiten sich so viele Christentümer? 28

Müssen geschichtliche Fakten als Beleidigung des Christen-
tums verstanden werden? – Ist das Christentum originell? –
Brauchen die Kirchen Denkhilfen? – Warum ist von einer
»Reform der Kirche« nichts zu erwarten?

Wozu ist Gott auf Erden? 45

Weshalb hat Gottvater so viele Väter? – Warum ist Gott ein
Vater und ein lieber Vater? – Gibt es eine Alternative zum
lieben Gott der Christen?

Was sich die Menschen bieten lassen
oder: Welche ewige Wahrheit darf es heute sein? 61

Wozu gibt es ein solches Service-Unternehmen? 62

Wie viele Menschen bedient die Kirche? – Warum nicht aus
der Kirche austreten? – Wozu werden eigentlich noch Kirch-
türme gebaut? – Was verdienen Bischöfe und Pfarrer? –
Sind nicht Diakonie und Caritas der Kirchen liebste Kinder?
– Werden kirchliche Kindergärten von der Kirche bezahlt? –
Können wir mit der Fürsorge der Kirche zufrieden sein? –
Spricht die Kirche für das Volk? – Nebenbei: Wann dürfen
in Deutschland die Glocken läuten? – Wo bleibt das »Freie
Wort zum Sonntag«?

Über wieviel Moral verfügt die Kirche? 83

Sollst du Vater und Mutter ehren oder doch lieber die Kir-
che? – Warum haben es Frauen in der Kirche so schwer? –
Muß einer ledig bleiben, um besonders viel von der Ehe zu
verstehen? – Wer kennt den »normalen Sex« am besten? –
Darf sich jemand auch »auf katholisch« scheiden lassen? –
Muß Geburtenkontrolle »sündhaft« sein? – Warum kämpft
die Kirche für das ungeborene Leben? – Hat auch der Zölibat
seine Folgen zu tragen? – Machen Kleriker gute Geschäfte?
– Zensiert die Kirche noch immer? – Hat sich die Kirche als
Ausbeuterin bewährt? – Wer hat sich bis zuletzt für die
Sklaverei engagiert? – Was haben Kleriker gegen Bauern? –
Wer hat die »Soziale Frage« nie beantwortet? – Ist der Kir-
chendienst für ArbeitnehmerInnen gefährlich? – Wer darf
sich nicht scheiden lassen und wieder heiraten, ohne fristlos
gekündigt zu werden?

Was hat denn Jesus mit alldem zu tun? 135

War dieser kreuzbrave Jesus vielleicht ein Rebell? – Heißt
der Stifter der Kirche »Paulus«? – Welche Rolle haben die
Evangelisten gespielt?

Was Kirchen Menschen antun
oder: Wer wäscht da seine Hände in Unschuld?   150

Darf es ein bißchen Mord und Totschlag sein?   152

Es wird doch noch gerechte Kriege geben? – Haben Päpste
und Bischöfe sich wenigstens selbst an das 5. Gebot gehalten
und »nicht getötet«? – Wie oft mußte die Madonna als
Kriegsgöttin dienen? – Wozu sind Kreuzzüge geführt worden? – Haben etwa die »Ketzer« die Inquisition erfunden? –
Wer hatte Lust daran, »Hexen« foltern zu lassen? – Kennen
wir die Namen einiger Judenmörder vor Hitler? – Haben
Päpste Grund gehabt, einen Weltkrieg zu verhindern? –
Kommt Krieg gar aus der Kirche selbst?

Sollen wir noch an die »heilige Kirche« glauben?   192

Wurden nur Vorbilder heiliggesprochen? – Welchem Heili-
gen verdankt die Kirche ihre Anerkennung? – Führt sich die
fromme Folklore der Kirche auf einen Verbrecher zurück? –
Darf sich ein überführter Massenmörder als »Stellvertreter
Gottes« fühlen? – Finden sich sogar ein paar heilige Päpste?
– Wie stand es um die »päpstliche Heiligkeit« im 16. Jahr-
hundert? – Wie war es um die heroischen Tugenden eines
Papstes aus dem 20. Jahrhundert bestellt? – Für wen hat die
»Heiligkeit« sich ausgezahlt? – Warum liegen Mord und
Landnahme so nahe beisammen? – Stimmt es, daß der Papst
finanziell in der Klemme steckt? – Hockt der Heilige Stuhl
auf seinem Geld? – Was heißt denn »Peterspfennig«?

Sind die Kirchen wirklich »nicht von dieser Welt«?   221

Mögen Bischöfe die soziale Marktwirtschaft? – Werden bestimmte Kirchen noch immer an erster Stelle privilegiert? –
Sind Staat und Kirche etwa keine Partner? – Nützen »Kirchenverträge« nicht allen? – Leistete die Kirche Geburtshilfe
für den Faschismus? – Hat die Kirche Hitler zuwenig versprochen?

Was Kirchen überleben läßt
oder: Wie lange noch wird es so weitergehen?   247

Was alles stecken sich die Kirchen in die Tasche?   249

Warum Kirchensteuer zahlen? – Muß es Sondertarife für
Besserverdienende geben? – Nehmen die Kirchen Jahr für
Jahr mehr oder weniger Geld ein? – Welche Subventionen
beanspruchen die Kirchen? – Wofür sollte die Kirche denn
»entschädigt« werden? – Wieviel Steuergelder reicht der
Verteidigungsminister an die Großkirchen weiter? – Sollen
Kirchenfreie den Kölner Dom mitbezahlen? – Bezahlen
Konfessionslose für Priesterschüler, Atheisten für Theolo-
gen?

Was hat sich denn da angehäuft?   265

Wieviel Grund und Boden besitzen die Kirchen? – Soll niemand mehr die Kirche »beschenken«? – Gibt es realistische
Alternativen zur Kirchensteuer?

Wozu brauchen die Kirchen überhaupt noch Geld?   275

Wer gibt das Geld der Kirchen wieder aus? – Was hat die
Kirche eigentlich für die Dritte Welt getan? – Warum verkaufen die Großkirchen ihren Besitz nicht zugunsten der
Armen? – Kosten konfessionell betriebene Schulen nicht
zuviel? – Wozu benötigen SchülerInnen noch Religionsunterricht? – Läßt es sich nicht ohne diese Kirchen menschlicher leben?

Literaturverzeichnis   290

Stichwortverzeichnis   300

Vorwort

Wir haben uns zusammengetan und ein Handbuch für die vielen geschrieben, die nicht immer ein Standardwerk zu Religion und Kirche griffbereit haben, sich aber von Fachleuten knapp und kritisch über Daten, Fakten, Hintergründe des geistlichen Geschäfts mit Gott und der Welt informieren lassen möchten. Jahr für Jahr überfluten Tausende »frommer« Druckerzeugnisse die Menschheit. Wir wissen, daß viele zunehmend unter dieser Belästigung leiden. Es ist ja nicht jedermanns Sache, Tag für Tag Bischöfe, Pfarrer und andere Kirchenbezahlte handeln zu sehen, reden zu hören, ohne den wirklichen Sachverhalt, die viel besseren Argumente zu kennen.

Wir meinen, unser Buch schaffe erstmals Abhilfe, biete Information ohne Denkverbot. Es ermöglicht, sich dem klerikalen Seelenterror zu entziehen, die geistige Gesundheit zu gewinnen oder zu erhalten. Wir hoffen nicht zuletzt, es werde auch von jenen benutzt, die dem großkirchlichen Religionsunterricht ausgesetzt sind. Sie sollen künftig nicht mehr wehrlos sein.

Karlheinz Deschner   Horst Herrmann

Haßfurt und Nordwalde, im Dezember 1990

Wozu der Mensch da ist
oder: Wie die beste aller Religionen finden?

Zwei Mängel haften den Gläubigen an: zuviel Ignoranz, zuwenig Redlichkeit. Verstockte, hartherzige und hart denkende Christen wissen kaum etwas von ihrer eigenen Konfession. Auch sind sie in der Mehrheit »Laien«. Einige wenige wissen zwar einiges, doch sie sind nicht redlich genug, Konsequenzen daraus zu ziehen – ihre Religion aufzugeben.

Dem ersten Mangel, der Ignoranz, kann dieses Buch begegnen, indem es Fakten zum Nachdenken vermittelt. Den zweiten Mangel kann es nicht beseitigen. Wer unredlich denken und handeln will, wer gar durch seinen Brotberuf mit der Unwissenheit anderer spielt, wer also »Kleriker« ist, der ist zwar bloßzustellen, doch zu helfen ist ihm nicht.

Ein einschlägiger Text des Neuen Testaments (Lk 10, 30–37) beschreibt den Normalfall christlicher Nächstenliebe: den Kleriker, der an einem verwundeten Menschen vorbeigeht, ohne ihm zu helfen. Geholfen hat dem »unter die Räuber Gefallenen« der barmherzige Samariter, der von den sogenannten Guten ausgestoßene Fremde. Das ist eine zeitlose Geschichte. Immer wieder sehen – nichts wissen wollen, nichts tun. Millionen von Opfern, die das Christentum auf dem Gewissen hat, verdauen – nichts bereuen. Ein Sehen, das nicht hilft, ein Wissen, das nichts nützt. Eine »Räuber- und Passantengesellschaft«, eine christliche Gegenwart.

Kleriker können weiter an ihren »Katechismus« glauben. Der Vatikan denkt sich gerade den neuesten aus. Seine »ewigen Wahrheiten« hängen allerdings meist vom Zeitgeist ab: Nicht weniger als 24000 Änderungsvorschläge zum kurialen Entwurf wurden bisher eingereicht. Eine Heidenarbeit wartet auf die christlichen Sachverdreher in Rom. Doch viel Neues wird ihr »Katechismus« 1992 nicht bringen, nur Altes neu verpackt. Kleriker können deswegen bei ihrem Glauben bleiben. Bloß eines sollen sie künftig nicht mehr so erfolgreich tun dürfen: jene, die weniger Schimpf und Schande der Kirchen kennen als sie, dafür aber redlich denken und handeln, ideologisch verführen und finanziell schröpfen. Alle Versuche, Glauben und Gehorsam interessengeleitet zu begründen, müssen enden.

Wenn unser Buch sich »gegen« etwas richtet, dann gegen diese Kirchenleute und ihre Achtelwahrheiten. Wenn es sich um die ganze Wahrheit der Kirchen bemüht, wenn es ihre dunklen Seiten zeigt, wenn es gar nachweist, daß diese Seiten vorherrschen, dann ist es zwar nicht »ausgewogen« in dem Sinn, den pfäffisch Denkende gern hätten. Dann ist es parteiisch. Ebenso parteiisch wie die tausend und abertausend Traktätchen der Kleriker, die nur eine helle Institution ablichten – und die gleich lautstark klagen, wenn den tausend Büchern der Unwahrheit und der Achtelwahrheiten ein einziges gefährlich zu werden droht, weil es die historische Wahrheit sagt. Ein »Anti-Katechismus« ist so lange notwendig, wie die Gründe, die er gegen die Kirchen und für die Welt nennt, ebensowenig in den offiziellen Katechismen auftauchen wie die Fakten aus Geschichte und Gegenwart des real existierenden Christentums. Die Gewichte, die dieser Anti-Katechismus setzt, sind freilich nicht nur eigenbestimmt. Sie bemessen sich nach den Vorgaben der Kirchen. Was diesen so wichtig ist wie Geld, Macht, Krieg, greift unser Buch ausführlicher auf und an als die Nebenthemen des klerikalen Alltags wie Geist, Nächstenliebe, Gott.

Hoffentlich läßt sich niemand ins Bockshorn jagen von jenen, die Jahrhunderte hindurch mit Unwahrheiten bares Geld gescheffelt haben und es weiterscheffeln. Hoffentlich ist der Mut derer groß genug, die sich nicht mehr anlügen lassen wollen. Hoffentlich verfliegt der Weihrauch. Hoffentlich wird eines Tages die Luft so rein, daß Menschen atmen können. Wozu der Mensch da ist? Gewiß nicht, um auf den Knien zu liegen und jene auch noch zu bezahlen, vor denen er kniet, die ihn belügen und beherrschen.

Wie kommt ein Mensch zur Religion?

Die Menschen, die als einzige von der Religion profitieren, haben zu allen Zeiten gepredigt,»der Mensch« sei von Natur aus religiös. Ohne Religion könne er nicht existieren, verkomme er wieder zu dem Tier, das er in vorreligiösen Zeiten gewesen sei. In diesen urgewaltig klingenden Sätzen verrät sich der Kern der Argumentation: die Arroganz der Religionsdeuter, die sich von den Tieren (deren Unschuld nicht zu übertreffen ist) zu unterscheiden versteht und die alle Mitmenschen der eigenen Ideologie zu unterjochen sucht, als handle es sich um eine Wahrheit.

Wo Wahrheit ist, ist Bescheidenheit. Demütig machen müßte die Interpreten des Religiösen bereits das Wissen um ein paar Fakten der Menschheitsgeschichte (falls sie es nicht längst schon, um des Profits willen, verdrängten). Zum einen wissen wir sehr wenig von der frühen Menschheitsgeschichte, die im Vergleich zu ihren bekannten Teilen unverhältnismäßig lang gedauert hat. Aufs Ganze dieser Geschichte gesehen, ist die gegenwärtige Religion eine Winzigkeit. Wird die Geschichte der Menschen (»wir selbst sind die Neandertaler«) auf rund 150000 Jahre angesetzt, so nehmen sich die 2000 Jahre der sogenannten »Hochreligion Christentum« bescheiden aus. Sie

sind nur in Promillewerten auszudrücken. Und wie herunter-
gekommen ist doch die »Hochreligion« bereits nach zwanzig
Jahrhunderten »gedeihlicher Wirksamkeit für das Menschen-
geschlecht«! Daß selbst diese 2000 Jahre voll von Mord und
Totschlag, Lug und Trug waren, sollte die Verfechter des Religiösen noch bescheidener machen. Nichts außer ihrer Arroganz
und Menschenverachtung spricht für ihre Position. Die beste
aller Religionen das Christentum? Dessen eigene Geschichte
blutig dagegen zeugt? Wo die allen Menschen zugelegte »Na-
turanlage«, das »Urbedürfnis nach Religion«, doch nicht zu
finden war, mußte ein wenig nachgeholfen und die menschliche
Natur nachgebessert, mußte die Anlage in den meisten Fällen
offensichtlich erst »aktiviert« werden. Bei den Germanen etwa
oder den Millionen von Indios, die das christliche Schwert traf,
bis sie sich der »Hochreligion« ergaben. Ganz so unbedarft von
einer »religiösen Uranlage« des Menschen zu sprechen wie gewohnt ist reiner Hohn. Dasselbe gilt für die Behauptung, diese
»Uranlage« sei in den sogenannten Hochreligionen, im Christentum zumal, besonders in der römisch-katholischen Spiel-
art, voll und ganz »erfüllt«. Dagegen sprechen schon die
Schreie eines einzigen Indiokindes, das die Frohbotschafter an
der Brust seiner Mutter erstachen. Nur sehr wenige Menschen
hatten während der zwei Jahrtausende Kriminalgeschichte des
Christentums die Chance, ihrer »Uranlage« froh zu werden.
Die weitaus meisten sind blutig missioniert oder zwangsgetauft
worden. Die letztere Übung findet sich noch heute an allen
Orten, an denen die Geographie zufällig »Christentum« statt
Buddhismus oder Hinduismus anzeigt.

Wozu machen Menschen anderen Menschen Angst –
und Hoffnung?

Als die Menschen sich durch das Bewußtsein ihres Todes vom
Tier unterschieden glaubten, machte sie dies fast automatisch

zu Denkern, die »über den Tod hinaus« schauten. Und mit diesem Schauen kamen allmählich Fragen auf nach der eigenen Existenz (»Seele«), nach einer den Tod überdauernden Lebensform (»Unsterblichkeit«) und nach einer Instanz, die beides garantieren sollte (»Gott«).

Diese Fragen fanden im Verlauf der Jahrtausende verschiedene Antworten. Die Welt der Fragenden war von Geistern und Stammesgöttern bevölkert, die schließlich die Vorstellung einer »einzigen ausschließlich wahren Gottheit« ablöste. Generationen von Interessierten malten mit an diesem Bild, das gegenwärtig als perfekt gestaltet gilt. Zumeist zeigten diese Gottesbildner den ausgeprägten Willen, den denkerisch weniger Begabten nicht nur die richtigen Antworten auf vorformulierte Fragen zu liefern, sondern sich die Hoffnung auf Erlösung auch honorieren zu lassen. Den wahren Gott gab es nicht umsonst; Billigkeit ließ das Objekt, das da gehandelt wurde, nicht zu. Die Angst vor dem Verlust der eigenen Existenz – und vor einem Verlust auf Dauer – war indes nicht ganz so allgemein, wie mancher Religionsphilosoph das gern sähe. Vielleicht hat man sie zu wesentlichen Teilen erst herbeigeredet. Die berüchtigte »Sinnfrage«, mit deren »richtiger« Beantwortung sich noch heute Geld verdienen läßt wie mit wenig anderem, ist vielen gar nicht so wichtig, wie Klerikerkreise meinen. Doch wird die Angst um die Natur des Menschen wie die um die »Übernatur« durch Jahrtausende von Priestern jeglicher Provenienz gepredigt, ist es verständlich, wenn viele den Angstrednern auch die Arznei abkaufen, die diese anbieten: ihre Moral und ihre Glaubenssätze, deren Befolgung Hoffnung auf das Jenseits macht.

Es genügt, an die gewaltigen Bauleistungen der Christenheit zu denken, um Angst und Hoffnung in einem besser zu verstehen: Pflicht und Lust des Abendlandes, Kathedralen hochzuziehen, entsprangen zu gleichen Teilen der Höllenangst und der Himmelshoffnung. Auch Papst Nikolaus V. hatte nicht unrecht, als er 1455 die Kardinäle mahnte, die Erneuerung Roms weiterzuführen: »Um in den Hirnen der ungebildeten Masse dauerhafte Überzeugungen zu schaffen, muß etwas vorhanden sein, was das Auge anspricht. Ein Glaube, der sich allein auf Doktrinen stützt, kann immer nur schwach und wankend sein. Wenn aber die Autorität des Heiligen Stuhls sichtbar wird in majestätischen Gebäuden... die von Gott geschaffen scheinen, wird der Glaube wachsen...«

Weitere Kulturleistungen des Christentums wie die Kreuzzüge und die »Ketzer«-Verfolgungen ließen diesen Glauben gewiß erstarken. In solchen Hochleistungen wird die Hochreligion unserer Breiten greifbar. Ist in parteipolitischen Diskussionen die Rede vom Abendland und dem »ideellen Mehr« des Christentums, dann gründen sich diese Hinweise wahrscheinlich auf solche und ähnliche Kulturtaten. Der abendländische Mensch und das Tier beispielsweise: Wie hoch steht denn dieser Mensch über dem Rest der »Schöpfung«, wenn er für grauenhafte äonenlange Massenmorde an Tieren verantwortlich ist? Wie hoch steht der »Schöpfer« selbst über seiner Schöpfung, wenn er zuläßt, daß Millionen Tiere ermordet werden -- um der »Krone der Schöpfung« willen? Zahlen aus deutschen Laboratorien: Allein 1990 sind über 2,5 Millionen Versuchstiere »benutzt«, also gegen ihre natürliche Bestimmung verwandt oder getötet worden. 1971 wurden in US-Laboratorien 15 Millionen Frösche, 45 Millionen Ratten und Mäuse, 850000 Menschenaffen, 46000 Schweine, 190000 Schildkröten, 200000 Katzen, 500000 Hunde und 700000 Kaninchen »verwendet«. Zeugt nicht die Todesangst in den Augen eines einzigen Versuchskaninchens entschieden gegen den abendländischen Menschen und seinen »Schöpfer«? Macht euch die Erde untertan, ihr gläubigen Mörder? Wie lange denn noch? Wer gibt den Kirchengebundenen das Recht, den Kirchenfreien Raub und Mord zu unterstellen und sie als »unentwickelte Menschen« zu diffamieren? Wer darf sich, ohne schamrot zu werden, darauf berufen, »allein der Gottglaube« gewährleiste, daß Mord und Tot-

16

schlag nicht überhandnähmen? Predigt und Praxis der Gläubigen, wie sie die bisher erlittenen 2000 Jahre Geschichte des Christentums geprägt haben, lehren das Gegenteil.

Ewige Lügen, die es gibt, setzen noch keine ewige Wahrheit voraus. Die »Sinnfrage« selbst löst kein einziges der historischen Probleme. Sie ist nur für solche Menschen sinnvoll, die beruflich davon profitieren. Für sie muß alles zweckvoll sein. Und nachdem sie erkannt haben, wie gut sich Geld mit der zeitgemäß richtigen Antwort auf eine unzeitgemäß gestellte Frage machen läßt, kommen sie nicht mehr von ihrem eigenen Sinn los. Ob sich dem Denken selbst je eine Sinnfrage stellt, bleibt zweifelhaft. Das Sein braucht überhaupt keinen Sinn zu haben. Der Mensch kann und soll sich seinen Sinn selber geben. Glaube, der sich als Besitz versteht, will die Wahrheit (und den Sinn) haben – und von daher alle Wirklichkeit beurteilen und objektivieren. Glaube ist dann – nach Erich Fromm – eine Krücke für jene, die Gewißheit wünschen, die einen Sinn im Leben finden wollen, ohne den Mut zu haben, diesen eigenständig zu suchen. Suche nach Sinn? Daß nur sehr wenige Christen fähig und bereit sind, diese humane Aufgabe selbständig mit anzupacken und zu lösen, spricht nicht für sie, sondern für ihre gutchristliche Tradition. Christen haben sich allzulange daran gewöhnen dürfen, ihre eigenen Pseudoprobleme zu »Fragen der Menschheit« aufzuwerfen und ihre Scheinantworten zu vermitteln. In Zeiten allgemeinen und tiefgehenden Umbruchs wie den gegenwärtigen müssen sie erkennen, daß sie verpfuschte Fundamente gelegt haben – und als Bauleute der Zukunft nicht mehr in Betracht kommen. Das Angst- und Hoffnungsmodell ist überholt. Menschen sind gewiß nicht dazu da, Angstpredigten zu hören. Menschen brauchen auch keine Mitmenschen, die – im Besitz angeblich höheren Wissens als der menschlichen Vernunft – ihren Senf als Hoffnung und Erlösung verkaufen. Schon gar nicht benötigen Menschen andere Menschen, die Bekehrungen mit Feuer und Wasser besorgen. Bittere und gute Erfahrungen, die Menschen mit anderen machen, werden zu neuen Bestimmungen ihres Verhältnisses zur Umwelt und zu sich selbst. Was ist Wahrheit? Keine Autorität der Welt kann es verbindlich sagen oder unfehlbar auferlegen. Keine Autorität darf die Prüfung der Voraussetzungen von Erkenntnis hindern oder abblocken. In Sachen Wahrheit gilt der Grundsatz: »Weil es wahr ist, muß es gesagt werden und wurde es von Menschen gesagt.« Umgekehrt wird ein Irrtum daraus: »Weil es eine Autorität (Jesus, Papst) gesagt hat, ist es wahr.«

Warum fordern »Missionen« immer Opfer?

Zunächst hat jeder Mensch den Gottesglauben, den ihm ein anderer aufgeschwätzt hat. Erst allmählich hat er den, den er verdient. Nietzsches Meinung, fürs Christentum werde kein Mensch geboren, für diese Religion müsse ein Mensch krank genug sein, relativiert sich unter bestimmten historischen Umständen. Nicht alle Christen der Geschichte konnten die entsprechende Krankheit ausbilden; die meisten wurden von dem todbringenden Virus befallen und mußten ihn tragen wie ein Wirtstier, wollten sie nicht gleich von denen umgebracht werden, die ihn freiwillig weitertrugen. Mit Schwert und Feuer fiel die Religion der Liebe über die Menschen her und brachte ihnen bei, was sie zu glauben, zu hoffen, zu lieben hatten – und was nicht. Die Verbreitung des sogenannten Glaubens geschah historisch niemals ohne Zwang: Bibel und Prügel sind eins, und Buchstabe wie Backenstreich des »Glaubens« machen den Menschen weich, ducken ihn, erobern derart eine Welt. Sind Menschen dazu da? Bleiben sie freiwillig in ihren Kirchen?

Daß eine Religion, die damit prahlt, die wahre Hochreligion zu sein, so viele andere Kulturen buchstäblich niedergemacht hat, muß den Menschen guten Willens zu denken geben. Wenn das Christentum nur auf der Asche seiner Gegner Frucht trägt, ist es inhuman. Eine Mörderideologie, eine Anleitung zum Verbrechen. Kaum auf der Welt, hat es bereits die Gegner beschimpft, verleumdet, angegriffen. Die frühesten Briefe des Neuen Testaments und die darauffolgenden Evangelien sind Meisterstücke vor allem in einer Hinsicht: Sie verherrlichen ihre eigenen »Wahrheiten« und machen, vor diesem goldenen Hintergrund, die Andersdenkenden nieder, heißen diese nun »Pharisäer und Schriftgelehrte«, Juden, Römer oder »Ketzer«.

Daß es sich um einen gewaltsam missionierenden neuen Glauben handelt, wird spätestens zu dem Zeitpunkt klar, da die Christen in Staat und Gesellschaft bestimmen. Ein Beispiel für die Wut der neuen Religion gegen die alte: Der heilige Kirchenlehrer Kyrill, ein großer Marienverehrer, der das Dogma von der Gottesmutterschaft mit riesigen Bestechungssummen durchsetzt, läßt im Jahr 415 die in der ganzen damaligen Welt bekannte und gefeierte Philosophin Hypatia überfallen, in eine Kirche schleppen, entkleiden und mit Glasscherben buchstäblich zerfetzen. Als sie noch eine verschwindende Minderheit waren, haben die Christen sich zurückgehalten und lediglich in ihren heiligen Büchern gegen ihresgleichen polemisiert. Kaum fühlen sie sich jedoch stärker, gehen sie entschiedener vor und diffamieren die tradierte Kultur, die Philosophie, die alte Religion. Denn sie haben etwas Besseres, und sie setzen dies Bessere, die Liebesreligion, mit Feuer und Schwert gegen die zurückgebliebenen »Heiden« durch. Die frühe Märtyrer- und Verfolgtenideologie der Kirche ist wie weggeblasen, als die Herrenchristen selbst Märtyrer und Verfolgte schaffen können. Sie berauben, demolieren, vernichten die Tempel. Sie errichten das Kreuz über Leichen und Ruinen. Sie kassieren den Besitz der Verfolgten. Sie bereichern sich ganz offiziell am Erbe der hingerichteten »Ungläubigen«. Aufgeputschte Massen, die den neuen Predigern nachlaufen, massakrieren die »Heiden«. Mönche stürmen Häuser und Kultstätten derer, die sich nicht taufen lassen wollen, zerschlagen Götterbilder, zerstören unersetzliche

Kunstwerke, veranstalten Spottprozessionen, töten heidnische Religionsdiener, richten das Kreuz Jesu als Siegeszeichen auf. Im 20. Jahrhundert behauptet der Theologe Daniélou: »Die Kirche hat immer betont, daß sie die religiösen Werte der heidnischen Welt achtet.« In Wirklichkeit hat sich keine kirchliche Stimme von Gewicht gegen die frühen Vernichtungsfeldzüge erhoben. Predigten, die zum Rauben und Morden aufriefen, gibt es dagegen genug. »Nehmet weg, nehmet weg ohne Zagen, allerheiligste Kaiser, den Schmuck der Tempel«, hetzt um 347 der Theologe Firmicus Maternus, »... alle Weihegeschenke verwendet zu eurem Nutzen und macht sie zu eurem Eigentum. Nach Vernichtung der Tempel seid ihr zu höherem fortgeschritten. Mit Hilfe der Kraft Gottes.« Das alles soll geschehen, »damit kein Teil des verruchten Samens... keine Spur des heidnischen Geschlechtes bleibe«. Kein Wunder, daß die von Klerikalen angezettelten Pogrome unvergleichlich blutiger und erbarmungsloser sind, als es jemals eine Christenverfolgung zuvor war. Noch 1954 lehrt Papst Pius XII., daß alles, was nicht (seiner) Wahrheit oder Sittennorm entspricht, »kein Recht auf Existenz« verdient.

Papst Leo X. hat 1520 den Satz Luthers als der katholischen (wahren) Lehre widersprechend verdammt: »Es ist gegen den Willen des Heiligen Geistes, daß Ketzer verbrannt werden.« Der Papst setzte Luther eine Frist von sechzig Tagen zum Widerruf. Seither ist viel Zeit vergangen. Inzwischen war Papst Johannes Paul II., Nachfolger jenes Leo, schon zweimal in Deutschland, dem Land Luthers. Obgleich die Päpste über 470 Jahre Zeit zum Widerruf jenes Verdammungsurteils oder wenigstens zum Nachdenken über die Richtigkeit des lutherischen Satzes gehabt haben, ist noch immer nichts geschehen. Der Wojtyla-Papst will offensichtlich dem Beispiel Luthers nicht folgen und die Bulle des Leo verbrennen. Offenbar setzt er auf andere Mittel.

Die Ausrottung des Irrtums durch die sogenannte Wahrheit

hat Methode. Die Vernichtung der Irrenden ist ebenso konsequent wie die Zwangsbekehrung zur christlichen »Wahrheit«. Nach militärischen Siegen der Christen schickt der Papst Glückwünsche, wurde doch einmal mehr »das Gottesreich ausgebreitet«. Die große Treibjagd auf die Goten endet im 6. Jahrhundert mit Christenjubel, mit Gottesdiensten – und Hinrichtungen. Der zwanzigjährige Gotenkrieg hat Italien in eine rauchende Ruine verwandelt und dem Land schlimmere Wunden zugefügt als der Dreißigjährige Krieg Deutschland. Rom, die blühende Millionenstadt von früher, fünfmal erobert, fünfmal verheert, zählte nur noch 40 000 Einwohner, der römische Bischof aber war unter den Kriegsgewinnlern der erste. Mit den irrgläubigen Goten wurde zugleich die »Ketzerei« ausgerottet, und Geld und Gut gab es für den Bischofssitz noch obendrein.

Dieses Beispiel wird in der Kirchengeschichte viele nach sich ziehen. Immer wieder ist blutig missioniert, überzeugt, bekehrt worden. Angefangen von der Ausrottung der Samaritaner über die Bekehrung der Friesen im 7. und 8. Jahrhundert über die Christianisierung der Sachsen unter Karl »dem Großen«, den Wendenkreuzzug (1147), den Albigenserkrieg im 13. Jahrhundert bis hin zur »Katholisierung« der Weißrussen und Ukrainer in Polen zwischen den beiden letzten Weltkriegen und zu den grauenhaften Kroatengreuln der Jahre von 1941 bis 1943: Immer wieder ist die Wahrheit auf fürchterliche Weise gegen den sogenannten Irrtum durchgesetzt worden, um Menschen zu »bekehren«. Immer wieder sollte sich die Zahl der Katholiken mehren – und das Geld, das eben die größere Zahl zeitigte und zeitigt.

Das neueste Beispiel: Wie die Missionierung Rußlands, ist die Katholisierung des Balkans ein altes Ziel des Vatikans. Er suchte es politisch und militärisch immer dringender zu erreichen; erst mit dem Beistand des Hauses Habsburg, dann mit Hilfe des Preußenkaisers, zuletzt mit der Mussolinis und Hitlers. So entstand 1941 ein »unabhängiger Staat Kroatien« und wurde von Papst Pius XII. abgesegnet. Die »besten Wünsche für die weitere Arbeit« hatte der Papst dem neuen Diktator Pavelič auf seinen Weg mitgegeben, und diese Glückwünsche fruchteten augenblicklich: Die Katholisierung des Landes begann, orthodoxe Kirchen wurden hundertweise dem römischen Glauben eingemeindet, wurden zu Warenhäusern, Schlachthäusern, Ställen, öffentlichen Toiletten gemacht oder zerstört. Noch im April 1941 hat man die einheimischen (orthodoxen) Serben auf eine Stufe mit den Juden gestellt; Juden wie Orthodoxen wurde das Betreten der Gehsteige untersagt. In öffentlichen Verkehrsmitteln hingen Schilder: »Betreten für Serben, Juden, Nomaden und Hunde verboten«!

Orthodoxe Bischöfe wurden ermordet, ebenso 300 Priester, während der katholische Erzbischof von Sarajewo die neuesten Methoden des »Kroatenführers« als »Dienst der Wahrheit, der Gerechtigkeit und der Ehre« pries. Was zwischen 1941 und 1943 im »unabhängigen Kroatien« an Propaganda für den Katholizismus geschah, steht hinter den Inquisitionsgreueln nicht zurück. Überall rief der römisch-katholische Klerus zur Konversion auf, überall drohte er, Unbekehrte zu bestrafen. Schon innerhalb der ersten sechs Wochen des katholischen Regimes wurden 180000 Serben und Juden massakriert. Im Lauf des nächsten Monats kamen 100000 Tote hinzu, darunter viele Frauen und Kinder. Massenexekutionen waren üblich, gräßliche Folterungen, vergleichbar mit denen in deutschen KZs, wurden zur Regel. Pius XII. aber, der sonst zu allem und jedem, gefragt oder ungefragt, sprach, verlor kein Sterbenswörtchen zu diesen Greueln seiner »getreuen Söhne«. Vielmehr gab der Papst Audienzen, versicherte die Kroaten seiner »hohen Befriedigung«, seiner »väterlichen Empfindungen« und feierte den obersten Mörder Pavelič als »praktizierenden Katholiken«.

Von zwei Millionen Serben wurden damals 240000 gewaltsam zum römischen Katholizismus bekehrt – und etwa 750000, oft nach sadistischsten Torturen, ermordet. Kein »Heiliger Vater« hat sie bis heute beklagt. Lamentiert hat Pius XII. erst 1945, als »Morde an Bürgern ohne Prozeß oder aus privater Rache« geschahen, als sich die Kommunisten Jugoslawiens an den Katholiken rächten. So ist dieser Papst, dessen Seligsprechungsprozeß ansteht, wahrscheinlich mehr belastet als jeder seiner Vorgänger seit Jahrhunderten, bietet er der Welt ein fast unvergleichliches Exempel verbrecherischer Unmoral. Schließlich war das Treiben der Klerofaschisten sogar den faschistischen Italienern zuviel. Italien griff ein und rettete rund 600000 Menschen aus den Fängen der Katholiken. Was italienische und deutsche Soldaten selbst gesehen haben, spottet jeder Beschreibung: einen Kroaten mit einer Halskette aus menschlichen Zungen und Augen. Auf dem Schreibtisch des kroatischen »Führers« einen »Geschenk«-Korb: »vierzig Pfund Menschenaugen«, wie Pavelič renommiert haben soll, ein Mann, der sich eine eigene Hauskapelle und einen eigenen Beichtvater hielt, der nach dem Zusammenbruch seines Kroatiens, des »Reiches Gottes und Mariens«, mit Zentnern geraubten Goldes, als Priester verkleidet, geflohen ist – vom Papst noch 1959 auf dem Totenbett gesegnet.

Religion als Uranlage? Mission als Zwangstaufe? Mord und Totschlag als Mittel der Mission? Nichts Neues unter der Sonne. Dennoch ist zu hoffen, daß sich diese religiöse Tradition nicht fortsetzt, daß mehr und mehr Menschen aufstehen und den Religionsmördern die Tatideologien und Tatwerkzeuge aus den Köpfen und den Händen nehmen. Das bisherige Konfliktmodell, welches von einer – unter allen Umständen, auch höchst mörderischen, gegen den Irrtum und die Irrenden zu verteidigenden – Wahrheit ausging, ist überholt. Es hat denen, die es vehement vertraten, gewaltige Profite eingetragen, aber keine Konflikte gelöst, vielmehr immer neue Konflikte bewirkt. Indem es davon ausging, unter den Guten müßten, wie in einer

Festung, Einigkeit und Harmonie herrschen, damit die Soldaten der Wahrheit »schlagkräftig« gegen die da draußen blieben, hat dieses Denk- und Handlungsmodell bis heute Krieg nach innen und Krieg nach außen getragen.

Weshalb werden noch immer Säuglinge getauft?

Zwangsbekehrungen von Menschen erfolgen nicht immer mit Hilfe von Blut. In den meisten Fällen tut es auch Wasser. Freilich darf es nicht irgendein Wässerchen sein. In dieser Frage sind die Hirten heikel. Sie zeigen viel mehr Skrupel, wenn es um die »richtige Materie« der Taufe als um Schwert-Missionen geht. Dann plustern sie sich auf, gewichten sie Gewichtloses. Eine mit kirchlicher Druckerlaubnis immer wieder aufgelegte, als klassisches Standardwerk geltende »Moraltheologie« lehrt: ». . . gültige Materie ist wahres, natürliches Wasser. Darunter ist aber jedes einfache, elementare Wasser zu verstehen, sei es Meer-, Fluß-, Quell-, Brunnen-, Zistern-, Sumpf-, Regenwasser, Wasser aus Eis, Schnee und Hagel aufgelöst, Mineral-, Schwefelwasser, Wasser aus Tau, aus Dämpfen gesammelt. Wasser, wie es sich zur Regenzeit an den Wänden niederschlägt und niederläuft, Wasser, das mit etwas anderem gemischt ist, wenn nur das Wasser vorherrscht, überhaupt was immer für Wasser, wenn es noch überhaupt wirkliches Wasser ist, auch destilliertes Wasser, soweit es durch die Destillation bloß von fremden Bestandteilen gereinigt ist. Dagegen sind ungültige Materie alle organischen Sekrete, wie Milch, Blut, Speichel, Tränen, Schweiß, der aus Blumen und Kräutern ausgepreßte Saft, ebenso Wein, überhaupt alle Flüssigkeiten, welche nach dem gemeinsamen Urteil der Menschen vom Wasser verschieden sind, so auch Bier, Tinte.«

Der Wassertaufe unterliegt nur ein »Mensch«. Moraltheologen zerbrechen sich daher die Köpfe, wann ein Fötus Mensch ist. Bei einem »ausgestoßenen Fötus, welcher noch von der

Netzhaut umschlossen ist, muß diese sorgfältig zerrissen, das ganze Gebilde in warmem Wasser untergetaucht und emporgehoben werden, während man die Taufformel spricht«. Und »nur wenn eine vollständig degenerierte Fleischmasse oder Ähnliches aus dem Mutterschoße austritt, ist kein Mensch vorhanden, also auch die Taufe nicht zu spenden. Doch sind solche Massen zu untersuchen, weil sie manchmal einen belebten Keim enthalten.« Eine Mißgeburt, nur aus Bauch und Beinen bestehend, zählt wohl nicht als menschliches Individuum, doch kann auch sie – man weiß ja nie – »bedingt getauft« werden. Derjenige Papst, der sich am häufigsten und eindringlichsten zu diesen Themen geäußert und die Hebammen der Welt entsprechend angewiesen hat, war, wie könnte es anders sein, der große »Schweiger« Pius XII.

Jesus aus Nazareth, auf den solche Theologen sich berufen, hat die Taufe weder gepredigt, noch hat er selbst getauft. Allerdings hat er auch nicht in einem einzigen Fall blutig bekehrt. Erst die Zwangsreligion unserer Regionen hat das eine wie das andere praktiziert, hat Millionen Menschen gemordet – und tauft noch heute Millionen, um den eigenen Nachwuchs zu sichern sowie ihr ideologisches und finanzielles Überleben. Daß die Zwangsgetauften unmündige Kinder sind, die sich gegen ihr »Glück« nicht wehren können, nimmt unter diesen Bedingungen sowenig wunder wie die Tatsache, daß noch immer sogenannte metaphysische oder psychologische Gründe gesucht werden, um die Praxis und die hinter ihr stehende Ideologie des Geldes und der großen Zahl zu stützen. Doch kommen alle Gründe nicht gegen das Menschenrecht des Kindes an.

Daß die Zwangstaufe in der Bundesrepublik Deutschland einen Verstoß gegen das Grundrecht des Kindes auf Religionsfreiheit (Art. 4 Abs. 1 GG) darstellt und sich dennoch niemand darum schert, verwundert freilich nicht. Im Zweifelsfall zieht man Klerikalprivilegien gewohnheitsmäßig den allgemeinen Grundrechten vor. Säuglinge, die eigenes Vermögen besitzen (durch Erbschaft), werden in der Bundesrepublik mit ihrer Taufe kirchensteuerpflichtig und müssen die Kirche mitbezahlen. Das Neue Testament aber kennt überhaupt keine Kindertaufe. Und in den folgenden Jahrhunderten schoben die besten Christen die Taufe möglichst weit hinaus, da der Klerus lehrte, durch sie würden alle Sünden eines Lebens getilgt. Säuglinge freilich hatten nichts zu tilgen, Greise schon. Das heilige Wunderbad sollte verrucht leben und versöhnt sterben lassen.

Weshalb ist die »große Zahl« der Christen falsch?

Sehr wenige Menschen hätten einen Gott, hätte die Kirche ihnen keinen gegeben. Bei Diskussionen, die den bevorzugten Status der Großkirchen in der Bundesrepublik begründen helfen sollen, wird gern das Argument der »großen Zahl« angeführt. Deutschland weist 28 Millionen evangelische, 27 Millionen katholische Christen auf; bei insgesamt 78 Millionen Bürgerinnen und Bürgern eine satte Zweidrittelmehrheit. In der Tat beeindrucken die Angaben über die Zahlmitglieder der beiden Kirchen fürs erste. Doch dieser Eindruck mindert sich gewaltig, wird zum einen bedacht, daß gut 90 Prozent der nominellen Zahlmitglieder wenig engagierte Christen und – im katholischen Raum – die gewöhnlichen »Laien« ohnedies zum Schweigen verpflichtet sind, geht es um wichtige Entscheidungen ihrer Kirche. Beide Wirklichkeiten relativieren die »große Zahl« erheblich. Beide Wirklichkeiten werden im politischen Leben der Republik noch viel zuwenig ernst genommen. Hinzu kommt, daß die Zahl derer, die ihre Kirchen verlassen (»Konfessionslose«), nicht nur von Jahr zu Jahr mächtig ansteigt, sondern bereits eine zweistellige Millionenhöhe erreicht hat. Kirchenfreie besitzen zumindest eine Sperrminorität. Ihre Aussichten, früher oder später in der Mehrheit zu sein, sind gut. In Berlin übertrifft die Zahl der Kirchenfreien mit 47 Prozent bereits die Zahl der Katholiken (9 Prozent) und Protestanten (37 Prozent).

Das Desinteresse vieler Demokraten an diesen Fakten, wie es in anderen, aufgeklärteren Ländern undenkbar ist, fördert freilich die Argumentation der bundesdeutschen Himmelslobby. Diese spiegelt eine Position klerikaler Stärke vor, für deren Weiterleben – wenn die Fakten ausgewertet werden – keinerlei Grund besteht. Schon vor dreißig Jahren schrieb Corrado Pallenberg, ein profunder Kenner des Vatikan:»Man darf es für schlechthin undenkbar halten, daß die Regierungen von Großbritannien, Frankreich, Italien und den USA, ja selbst die ultrakatholischen Spanier es wagen würden, ihren Bürgern solch schwere Steuerlasten ›um des Glaubens willen‹ aufzubürden. Die Deutschen ertragen es, weil sie sich daran gewöhnt haben.« Und weil sie eines der fleißigsten, doch auch politisch dümmsten Völker sind. Nichts aber ist schlimmer als diese Mischung aus Energie und Hörigkeit – die beiden Weltkriege beweisen es. Im übrigen haben sich mittlerweile Italien und Spanien von den mit Mussolini und Franco geschlossenen Konkordaten befreit. In der Bundesrepublik dagegen gilt das Hitler-Konkordat von 1933, das unter anderem die Kirchensteuer garantiert, noch immer. Für die Jahrtausendwende kündigt sich in Deutschland eine groteske Situation an: Die kirchenfreie Bevölkerungsmehrheit lebt in einem von den Großkirchen dominierten Staat.

Sind die Deutschen besonders fromm? Oder brauchen sie einen speziellen Kirchenservice, um Mensch sein zu können? Benötigen sie nach wie vor zum Überleben eines der vielen Christentümer? Gar einen besonders lieben Gott? Der CSU-Politiker Wolfgang Bötsch drängt in diese Richtung, wenn er vom Bundespräsidenten ein »hilfreiches und klärendes Wort« gegen den in den neuen Bundesländern ererbten »aggressiven Atheismus« verlangt und sich »als Christ daran interessiert« zeigt, daß im mitteldeutschen »Missionsland« die »Rückbesinnung auf den christlichen Glauben gefördert« werde. Die Oberhirten hören's mit Freude. Im vereinten Deutschland, so der Vorsitzende der Deutschen Bischofskonferenz Karl Lehmann, will die römische Kirche »viel entschiedener als bisher alle Kraft ihrem missionarischen Auftrag« zuwenden.

Weshalb streiten sich so viele Christentümer?

Die Hauptreligion der gemäßigten Zonen, das Christentum, hat sich nicht wenige Privilegien gesichert, die aus der allgemeinen Anerkennung einer Tatsache folgen sollen, die höchst zweifelhaft ist. Das Christentum will nicht nur finanziell gefördert sein, sondern auch den besonderen Schutz des Staates genießen: weil es (für seine Gläubigen) die einzige Wahrheit darstellt und weil es (diesmal sollen es auch die weniger Frommen glauben) Kulturleistungen erster Ordnung erbracht hat und noch immer erbringt. Beide Begründungen sind nicht zu halten. Zum einen ist die Chose mit der »einzigen Wahrheit« nicht mehr allen Gläubigen so geheuer, wie es Rom oder Wittenberg gern hätte. Inzwischen finden sich so viele Christentümer mitten unter uns, daß es nicht nur dem Unbedarften schwerer fällt denn je, das Richtigste von dem weniger Richtigen zu unterscheiden. Zum anderen wird die Frage nach den besonderen Kulturleistungen der Christen unter uns längst nicht mehr so allgemein und so gleichlautend beantwortet, wie es der harte Kern der Christenleute tut.

Müssen geschichtliche Fakten als Beleidigung des
Christentums verstanden werden?

Waren es die Dümmsten denn, die protestierten, sich mokierten, erbrachen fast vor Ekel, Zorn? Der Katholizismus sei »eine Lüge«, »die Religion der unanständigen Leute« und der Papst »der beste Schauspieler« Roms, steht da geschrieben. »Der Katholizismus verteidigte stets den Diebstahl, den Raub, die Gewalttat und den Mord«, heißt es anderswo; »in der Regel« werde »jeder katholische Priester zu einem Scheusal«, und »jeder anständige Mensch« müsse es »als eine Beleidigung ansehen . . . katholisch genannt zu werden«, schreibt man an anderer Stelle. Dem Christentum wird attestiert, es habe »siebzehn Jahrhunderte Schurkereien und Schwachsinnigkeiten« auf sich geladen, es sei ein »Wahn«, der »die ganze Welt bestach«, ein »unsterblicher Schandfleck«, das »Blatterngift der Menschheit«. Die dies und anderes mehr erklärten, waren keine kleinen Köpfe abendländischer Kultur, keine so geringen Geister, wie die Christen es gern hätten. Es waren Menschen mit großen Namen: Pierre Bayle, Voltaire, Helvétius, Goethe, Schiller, Heine, Hebbel, Nietzsche, Freud. Leute ohne Einfluß, mögen Kleriker sagen, Randerscheinungen der menschlichen Kultur. Aber desavouieren solche Richter sich nicht selbst? Dürfen sich Vertreter einer Kirche, die gegenwärtig nicht mehr den geringsten Schritt nach vorn machen kann, die kulturell bedeutungslos wurde, der in den letzten Jahren selbst die letzten braven Schriftsteller abhanden gekommen sind, als Repräsentanten einer abendländischen Kultur aufspielen? Durften sie es je? Kam ihnen je eine wesentliche Rolle im Geistesleben zu – oder nur die Hauptrolle in der Tragödie der eigenen »Wahrheit«?

Bei Gott, spricht es für Gott, daß er all die dummen Köpfe braucht, die ihn predigen? Das Christentum ist immer die Religion der Kleinen gewesen, nicht der sogenannten einfachen Leute. Denn die hat es ganz selten erreicht. Die hat es getauft und gemordet, über deren wahres Leben, deren alte Volksgötter hat es seinen Firnis gelegt. Eine Religion dieser kleinen Leute war die »Hochreligion« der Kleriker nicht. Sie war eine Ideologie der kleinen Geister, deren ausgeprägte Machtgier es nicht ertragen konnte, den Großen nur dienen zu dürfen. Also mußten diese nieder in den Staub, und der Kleinchrist konnte über sie herrschen. Seither sind die Anschauungen der Andersdenkenden, mochten diese geistig so groß sein, wie sie wollten, »Seuche«, »Krankheit«, »von Gottlosigkeit strotzende Possen«, »wildes Heulen und Gekläff«, »Erbrechen und Auswurf«,

29

»stinkender Unrat«, »Kot«, »Jauchegrube«. Seither sind Nicht-christen – oder Angehörige einer anderen christlichen Denomi-nation als der eigenen – »Verseuchte«, »Invaliden«, »Vorläufer des Antichrist«, »Tiere in Menschengestalt«, »Söhne des Teu-fels«. Alle diese Kulturwörter stammen aus dem Mund von Bischöfen und Päpsten, alle sind sie gegen »Ketzer« gerichtet, gegen »schlimme Bestien« also, »Schlachtvieh für die Hölle«.

Was wäre los im Land, schimpfte ein Großer heute den Papst ein »Tier«, einen »Drachen und Höllendrachen«, »Bestie der Erde«? Fände Johannes Paul II. sich plötzlich als »Fastnachts-larve« charakterisiert, als »Rattenkönig«, »erzpestilenzialisches Ungetüm«? Schriee ihm einer ins Gesicht, er sei ein »stinken-der Madensack«, »besessen vom Teufel«, »des Teufels Bischof und der Teufel selbst, ja der Dreck, den der Teufel in die Kirche geschissen«? Dann wären ein ausländisches Staatsoberhaupt und alle wahren Christen beleidigt, wäre der »öffentliche Friede« gestört, dann hätte der Staatsanwalt Ermittlungen nach § 166 StGB eingeleitet, dann hätten ihn die christliche Kirche und der weltanschaulich neutrale Staat zu fassen bekommen, hätten ihn verurteilt, den Doktor Martin Luther, diesen Chri-stenführer, der solches wider einen anderen Christenführer ge-schleudert, inzwischen aber in deutschen Landen als salonfähig gilt. Warum wohl? Weil sich selbst die wahrste aller Kirchen damit hat abfinden müssen, daß die Wahrheit, die sie gelehrt, nicht die einzige geblieben ist, sondern nur noch eine unter vielen. Tempi passati? Vergangene Epochen einer unfriedlichen Geschichte? Abgelegt unter der Rubrik »Geistesmord«? So hät-ten die Nachfolger es gern. Deshalb wollen sie das Geschehene, Erledigte nicht mehr behandeln lassen. Deshalb rufen sie: Hal-tet den Dieb!, wagt jemand, die Akten zu öffnen, die Doku-mente einzusehen. Deshalb weisen sie nicht sich selbst und ihren Vorgängern die Schuld zu, sondern denen, die diese Schuld offenbaren. Wer Erfahrung hat mit Klerikern, weiß: Die Kritiker sind stets schuld, die kritisierten Zustände werden hingenommen. Wer offenlegt und dies nicht nur am Rand des Teppichs, unter den gekehrt worden ist, verbricht einen »Rundumschlag«. Daß gerade die Kirchengeschichte Rundumschläge von ganz anderen – und blutigsten – Ausmaßen kennt, ist Klerikern noch immer keinen Hinweis wert. Daß ihre Literatur nichts anderes als Rundumschläge verteilt, darf nicht festgestellt werden: Müssen aber Menschen sich von Klerikalen mit Hymnen auf die Kirche eindecken, müssen sie sich Rundumschläge von angeblich Guten bieten lassen? Trägt dieses Buch alte Argumente vor? Bleibt es vordergründig, weil ihm der Zugang zum »Wesen der Kirche« fehlt? Ja, vordergründig, so schreit jeder Pfaffe, deckt man seine Hintergründe, seinen Schwachsinn auf. Und immer wollen jene, die wenig wissen, wenig wissen dürfen, religiöse Klatschbasen, Stammtischbrüder, engstirnige Bigotte, aufgeblähte Narren, am meisten wissen; können jene, denen klerikale Traktätchen genügen, mit denen, die ein Leben lang geforscht haben, ins Gericht gehen: Das Objekt läßt es offenbar zu. Religion kann jeder vertreten, über Gott kann er mitreden, schon eine kleine naturwissenschaftliche Frage aber überfordert den »Laien«. Nicht dieser »Anti-Katechismus« ist ein Pamphlet, nicht *er* eine Kampfschrift. Sie kommen aus einer anderen Ecke, sie sind normale Erzeugnisse klerikalen Denkens. Mittlerweile tragen sie friedliche Namen wie »Enzyklika«, »Hirtenwort«, »Katechismus«. Doch die Sache blieb dieselbe, die des Kampfes. In ihren Traktaten tragen sie den Kampf nach vorn. In ihnen agieren sie wie immer, unfriedlich, friedensunfähig, friedensunwillig. In ihnen spalten sie die Menschen, einzeln und allgemein, in gute und böse Teile – und ziehen ihre geistes- und freiheitsmörderischen Konsequenzen. Sie ertragen die Sicherheit der Andersdenkenden nicht, bei all ihrer eigenen Unsicherheit, ihren Identitätskrisen, ihren beseligenden Kohlkopfharmonien. Sie reagieren empört, mit Haß – der großen Domäne der Liebesreligion. Sie antworten mit Denkverboten, Leseverboten,

Index und Zensur, mit Verleumdungen, Gift und Galle, Pech und Schwefel. Und nachdem ihre Scheiterhaufen erlöschen mußten, schmollen sie und warten auf bessere Zeiten; reagieren sie, indem sie – höchst diplomatisch – gar nicht reagieren, gar nichts beantworten, die Kritiker als Unpersonen behandeln, die Argumente ebenso totschweigen wie die Argumentierenden. Argumente? Niemand kann guten Wissens und Willens behaupten, daß »nur« die vergangenen 1900 Jahre Christentum böse und blutig gewesen seien, die Situation der Kirche aber in den letzten Jahrzehnten unseres Jahrhunderts sich grundlegend geändert, gebessert habe. Das Gegenteil ist wahr: Rein quantitativ gesehen, belasten die katholische Kirche im 20. Jahrhundert mindest gleichviel, wenn nicht noch mehr Verbrechen als in irgendeinem früheren Zeitraum. Hinzu kommt, daß sie in unserer jüngsten Vergangenheit eine neue Blutschuld brandmarkt, die an Scheußlichkeit nicht hinter den schlimmsten Missetaten des katholischen Mittelalters zurücksteht. Der grauenhafteste Skandal des Christentums im 20. Jahrhundert, die bereits erwähnten Kroatengreuel zwischen 1941 und 1943, ist nicht ohne Grund das unbekannteste und am meisten verdrängte geschichtliche Faktum in der christlichen Welt. Nur die stets Wissenden haben es auch in diesem Fall gewußt: Das vatikanische Staatssekretariat besitzt angeblich 8000 Fotografien von den durch Katholiken geschehenen Massakern und Massenbekehrungen.

Scheinbar einsichtige Christen suggerieren heute, alles Schlimme der Kirche sei endgültig vorbei. Diese Suggestion macht nur die Toten schuldig und spricht die Lebenden frei. Doch freut man sich zu früh: Wer 59/60 der eigenen Kirchengeschichte als verderbt ansieht und nur das gegenwärtige 1/60 als passabel, der verletzt nicht bloß – übrigens gegen den Willen der Päpste aller Zeiten – die Tradition der eigenen »heiligen« Institution, der handelt auch gegen sich selbst unredlich. Er sieht sich nicht als das, was er ist – und nach katholischer

32

Doktrin sein muß: als Erben einer Vergangenheit, die unabdingbar zur Gegenwart der konkreten Kirche gehört und von der er sich nur befreien kann, indem er diese Kirche verläßt. Die Kirche verlassen hieße in diesem Fall, mit der Tradition brechen, auf das »ewige« Leben verzichten, um wenigstens einmal im Leben Mensch statt bloß Christenmensch zu sein.

Bundesdeutsche Staatsanwaltschaften müssen Jahr für Jahr gegen »besonders verletzende, rohe Kundgaben der Mißachtung« (so ein amtlicher Text von 1985) einschreiten, weil sich ein praktizierender Christ beleidigt fühlt, rechnet ihm jemand die Schandtaten seiner Kirche anhand unbestreitbarer Fakten vor. Flugblätter, die auf solche Wahrheiten und ihre Hintergründe weisen, werden amtlich eingezogen, denn sie sind »geeignet, Gefühle des Hasses und der Verachtung zu wecken und zu fördern und daher den öffentlichen Frieden zu stören«. Wer demgegenüber – durch Hirtenworte und andere »fromme« Flugschriften – Krieg und Haß geschürt, wer den öffentlichen Frieden über Jahrhunderte eklatant ruiniert hat, wer die Meinung Andersdenkender bis auf den heutigen Tag der öffentlichen Mißachtung aussetzt, geht straffrei aus: ein nicht zu übersehendes Exempel gesunden Rechtsempfindens im Dienst der wahren, das ist der klerikal bestimmten abendländischen Kultur! Hierzulande scheint sich niemand von den Verantwortlichen schämen zu müssen. Im Gegenteil: Die historisch und aktuell Schuldigen stehen – ungeachtet der vernunftverheerenden Wirkung ihrer Dogmen und Moral – unter dem besonderen Schutz des weltanschaulich neutralen Staates. Sie werden – wie keine vergleichbare Gruppe unserer Gesellschaft – finanziell ausgehalten. Sie haben einen gesicherten Zugang zu allen gesellschaftspolitisch wichtigen Institutionen. Ihr Mitentscheidungsrecht oder zumindest ihr Einfluß in Sachen Kindergärten, Schulen, Universitäten, Rundfunkanstalten, Presseorgane ist institutionell gesichert. Sie brauchen sich – blutige Tradition hin oder her – bis auf weiteres keine Sorgen zu machen.

Gibt es aber nicht auch Gründe für Kirchen, stolz zu sein? Ist ihre Vergangenheit nur mörderisch? Ist alles Kirchliche von vornherein schlecht? Kleriker betonen, daß die Ideale des Evangeliums sehr hochgesteckt sind. Und sie folgern daraus, daß niemand die konkreten Kirchen oder die einzelnen Christen schon deswegen verdammen dürfe, weil sie diese evangelischen Ideale nicht ganz, nicht halb oder gar nicht realisieren. Sich zu verfehlen sei menschlich, auch und gerade im Reich Gottes. Doch geht es niemals um kleine Verfehlungen, Bagatellen. Im Gegenteil. Ist doch keine Organisation der Welt zugleich so lange, so fortgesetzt und so scheußlich mit Verbrechen belastet wie die christliche Kirche. Und diese Ansicht ist erst widerlegt, wird dem bisher von der Kirchenkritik erbrachten wohlfundierten Material ein ebenso wohlfundiertes Material gegenübergestellt, welches irgendeine andere Organisation der Welt genauso fortgesetzt und genauso scheußlich belastet.

Ist das Christentum originell?

Die soeben gemachte Aussage impliziert schon, worin das Christentum besonders originell ist und bleibt. Doch ist weiterzufragen: Gibt es Gründe für das Vorgehen der Christen gegen Andersdenkende? Ja, denn Christen, die gegen das »andere« kämpfen, bekriegen es in sich selbst. Sie spüren mit machtsicherem Instinkt, daß sie nicht besonders viel Neues in die Welt gebracht haben – und daß diejenigen, die dies wissen, ihnen gefährlich werden müssen. Jede Religion, die mit ewigen Wahrheiten jongliert, fürchtet die Enthüllung, daß ihre Wahrheit nicht von irgendeinem Gott geoffenbart, sondern bei lebendigen Geistern und Zeitgenossen entlehnt oder gestohlen worden ist. Kleriker sehen die Wahrheit der christlichen Lehre durch Weissagung und Wunder bewiesen; aber nichts, angefangen vom zentralen Dogma bis hin zum peripheren Ritus, ist im Christentum wirklich innovativ und originell. Wunder wie

34

Weissagungen sind übernommen. Leidende, sterbende, wieder-
auferstehende »Gottessöhne« waren in Mythologie und Ge-
schichte wohlbekannt, als christliche Autoren sie übernahmen.
Dreifaltigkeitslehren gibt es zwar nicht bei Jesus, doch in Fülle
in vorchristlicher Zeit. Die Gottesmutterschaft, die Jungfrauen-
geburt? Nichts Neues. Wallfahrten, Gnadenorte, Reliquien?
Alles bekannt. Das Gebot der Nächsten- und der Feindesliebe?
Den sogenannten »Heiden« vertraut. Die Taufe? Die Beichte?
Das Abendmahl? Alles, was im Christentum ein hochheiliges
Sakrament sein soll, war schon lange vor den Christen auf der
Welt.

Der größte aller Kirchenlehrer, Augustinus, hat dies auch
unumwunden in Bausch und Bogen und freilich mit dem ihm
eigenen Zynismus eingeräumt: »Das, was man jetzt als christliche Religion bezeichnet, bestand bereits bei den Alten und
fehlte nie seit Anfang des Menschengeschlechtes, bis Christus
im Fleische erschien, von wo an die wahre Religion, die schon
vorhanden war, anfing, die christliche genannt zu werden.«

Heiden oder Juden oder beide haben die Weltanschauungen
erfunden, bei denen sich die Christen bedienten. Wer Christ
sein wollte, konnte sich nicht auf das eigene, schon gar nicht
auf das innovative Denken verlassen, sondern mußte nehmen,
was da war: die Predigt vom nahen Gottesreich, die Lehre von
der Gotteskindschaft, die Messias- wie die Heilandsidee, die
Prophezeiung des Erlösers, seine Herabkunft, seine Geburt aus
der Jungfrau, seine Anbetung durch die Hirten, seine Verfolgung schon in der Wiege, seine Versuchung durch Satan,
sein Lehren, Leiden, Sterben (auch am Kreuz), seine Auferstehung (bis hin zum Bild des »dritten Tages« wie beim ägyptischen Gott Osiris), sein leibhaftiges Erscheinen vor Zeugen,
seine Höllenfahrt, seine Himmelfahrt, die Erbsündenlehre, die
Siebenzahl der Sakramente, die Zwölfzahl der Apostel, das Amt
des Bischofs, Priesters, Diakons, Wunder wie der Wandel auf
dem Wasser, die Sturmbeschwörung, Speisenvermehrung,

Totenerweckungen – wozu weiter aufzählen? Nichts davon ist neu.

Religionsgeschichtler haben längst nachgewiesen, daß es in der antiken Literatur zahlreiche und genaue Gegenstücke zu den evangelischen Wundergeschichten gibt; daß diese in Inhalt und Stilisierung mit den profanen Wundererzählungen weithin übereinstimmen; daß schließlich selbst der heidnische Ursprung der neutestamentlichen Wunderlegenden überwiegend wahrscheinlich ist. Selbst das größte Wunder, die Auferstehung, glückte den »Göttersöhnen« immer wieder, den mythischen wie den geschichtlichen; glückte so oft, daß der Kirchenschriftsteller Origenes im 3. Jahrhundert sagen kann, das Wunder der Auferstehung Christi bringe keinem Heiden etwas Neues und könne daher nicht anstößig sein. Auch gekreuzigte Götter gab es vor dem in den Evangelien gestalteten Jesus aus Nazareth: Dionysos, Lykurgos, Prometheus. Zum Teil bis in geringste Einzelheiten hinein wiederholt sich beim Tod Jesu, wie die Evangelisten ihn schildern, was beim Tod der heidnischen Gottheiten geschehen und überliefert worden war. Der babylonische Marduk etwa, als guter Hirte gepriesen, wird gefangengenommen, verhört, gegeißelt, zusammen mit einem Verbrecher hingerichtet, während ein anderer freikam. Beim Tod Cäsars verhüllte sich nach Legendenberichten die Sonne, eine Finsternis trat ein, die Erde barst, und Tote kehrten zur Oberwelt zurück. Herakles, schon um 500 v. Chr. als Mittler für die Menschen und zur Zeit Jesu als Weltheiland verehrt, befiehlt seinem göttlichen Vater seinen Geist – mit fast denselben Worten, die Jesus nach dem Lukasevangelium gebraucht haben soll. Der Theologieprofessor Joseph Ratzinger mußte die Tatsachen anerkennen, als er noch nicht Kurienkardinal und oberster Glaubenswächter Roms war. Er schrieb 1968: »Der Mythos von der wunderbaren Geburt des Retterkindes ist in der Tat weltweit verbreitet.« Und er vermutet, »daß die verworrenen Hoffnungen der Menschheit auf die Jungfrau-Mutter« vom Neuen Testament aufgenommen worden sind. Aufgenommen und für die eigenen Belange umgedreht? Daß die frühesten christlichen Autoren das Stilmittel des frommen Betrugs ebenso häufig anwenden wie viele ihrer Zeitgenossen, muß nicht eigens betont werden. Kein einziges Evangelium, überhaupt keine biblische Schrift, liegt im Original vor, sondern nur in Abschriften von Abschriften von Abschriften. Die Zahl der verschiedenen Lesarten ist mittlerweile auf schätzungsweise 250000 gestiegen. Dabei haben die jüngeren Evangelien (und ihre Abschreiber) die älteren systematisch in ihrem neuen Sinn verbessert. Paulus, der eigentliche Gründer dessen, was gegenwärtig Christentum heißt, hat die Person Jesu weitgehend ignoriert und dessen Lehre fundamental verändert. Er hat – aus seiner Umwelt entlehnt – verschiedene Doktrinen begründet, die noch heute christliches Denken und Handeln prägen: die Askese (Leibfeindlichkeit), die folgenschwere Verachtung der Frau, die Diffamierung der Ehe. Zudem stellte er Glaubenslehren auf, die der jesuanischen Botschaft strikt zuwiderlaufen: die Lehre von der Erlösung, von der »Prädestination« (Vorherwissen und -handeln Gottes), die gesamte »Christologie«. Kein Wunder, daß es zwischen Paulus und den Uraposteln zu schweren Auseinandersetzungen gekommen ist. Kein Wunder, daß diese Kämpfe der »Wahrheitslehrer« gegen die Lehrer des »Irrtums« die ganze Kirchengeschichte durchtoben. Noch Papst Pius XII. lehrt: »Was nicht der Wahrheit und dem Sittengesetz entspricht, hat objektiv kein Recht auf Dasein, Propaganda und Aktion.« Doch auch kein Wunder, daß sich das Christentum durchweg bei denen bedient hat, die es als »Heiden« abtut. Wenn eine Religion jeden Bezug zu Lehren und Bräuchen einer Vorgängerin offiziell eliminiert, werden die verbannten Denkmuster und Gewohnheiten wieder in anderen, nur oberflächlich angepaßten Formen zu neuem Leben erweckt.

Das Christentum hat sich dabei bei sämtlichen zur Verfügung stehenden »Irrtümern« nach Gusto bedient.

Der endgültige Monotheismus (Glaube an einen einzigen Gott) ist von ägyptischen Anhängern des Sonnenkultes übernommen und über die Religion des Mose ins Christentum übergeführt worden. Das christliche Johannisfest geht in seinen Grundstrukturen auf präkeltische Rituale zurück, Weihnachten ist ein Fest römischen Ursprungs, das Allerheiligenfest ist an die Stelle der keltischen Samain-Nacht getreten. Das Brauchtum, am 1. November Feuer zum Zeichen der Wiedergeburt anzuzünden, haben die Christen von den Druiden-Kulten übernommen und auf Ostern übertragen. Das keltische Imbolc-Fest, das die Mitte des Winters bedeutete und Feuer wie Wasser verehrte, wurde zum christlichen »Mariä Lichtmeß« umgemodelt. Unzählige christliche Kirchen und Kapellen erheben sich noch heute dort, wo sich früher heidnische Heiligtümer befanden. Die christlichen Priester, Mönche, Äbte, Bischöfe haben im sozialen Gefüge der »eroberten Länder« genau dieselbe Rolle gespielt wie die früheren Zauberpriester. Der Apostel Irlands, der hl. Patrick, hat die vorgefundene Priesterklasse sogar nach ihrer sogenannten Bekehrung zum Christentum zur intellektuellen Elite der neuen Religion gemacht. Die Urschriften des Christentums sind nicht glaubwürdiger als die Texte des Hinduismus, der griechischen Religionen oder des Druidentums. Trotzdem haben der hl. Augustinus und andere Kirchenväter keine Bedenken gehabt, sich über die Mythen der Heiden lustig zu machen, sie als verrückte Geschichten hinzustellen und als Erfindungen des Teufels, um die arme Menschheit vom rechten, christlichen Weg abzubringen.

Freilich: Im Gegensatz zum Christentum hat es bei den »irrigen Heidenreligionen« keine absolute und offenbarte Wahrheit gegeben, die mit Feuer und Schwert hätte verkündet werden müssen. Ob die gewalttätig überwundenen »Irrtümer« der neuen »Wahrheit« nicht weit voraus waren?

Brauchen die Kirchen Denkhilfen?

Das Wort »Dogma« kommt aus dem Griechischen. Es meint das, was als richtig erscheint. In seiner Grundbedeutung besagt es nicht die wahre Lehre, sondern die Lehrmeinung. Allerdings hat es diese ursprüngliche Unschuld verloren, als es in die Hände der Kleriker gefallen ist. Inzwischen wird lustig – und seit 1870 auch unfehlbar – drauflosdogmatisiert: Die erste Definition eines Lehr- und Glaubenssatzes erfolgte schon im Jahr 325 in Nikaia, die vorerst letzte im Jahr 1950 zu Rom (Aufnahme Mariens in den Himmel). Alle Dogmen sind, so die römische Lehre, eingebettet in eine besondere Struktur des »Bekennens«. Auch sind sie mit rechtsverbindlichen Normen (Sanktionen gegen Bestreitung) versehen. Sie stellen Lehrsätze dar; in ihrer Gesamtheit machen sie ein förmliches Lehrgebäude aus, den »Schatz des Glaubens«. Ob sie geistiges Leben statt klerikale Lehren fördern, bleibt dahingestellt. Ob diese Wahrheitslehren jemandem etwas nützen? Wer, wenn nicht die Kleriker selbst, zieht beispielsweise Nutzen aus der Lehre über die allein erlaubte Form der Zeugung von Kindern? Daß die Doktrinen Roms den Menschen schaden, ist demgegenüber unschwer festzustellen. Der Religionswissenschaftler Friedrich Heiler faßt zusammen: »Ja, das Christentum ist durch unsühnbare Verbrechen geschändet worden, die sich in dieser Form und Ausdehnung in keiner der anderen hohen Religionen nachweisen lassen. Weder der Islam noch der Buddhismus, noch der Hinduismus haben auch nur entfernt so viele Menschen um ihres Glaubens willen getötet wie die christlichen Kirchen.« Je mehr Licht in die Kirchen- und Dogmengeschichte gebracht wird, desto dunkler werden diese.

Der Katholizismus hat sich nicht durchgesetzt, weil er besonders rechtgläubig ist oder weil seine »Wahrheiten« die einzigen wären, sondern er »ist« rechtgläubig, weil er sich und seine »Wahrheiten« fürs erste hat durchsetzen können. Die

39

erwünschten einheitlichen Glaubensvorstellungen hat es im Christentum zu keiner Zeit gegeben, wohl aber schon im 3. Jahrhundert viele Dutzende, im 4. Jahrhundert bereits Hunderte rivalisierende »Konfessionen«, die sich den Besitz der jeweils wahrsten Wahrheit streitig machten. Unter ihnen allen hat schließlich der »römische Katholizismus« gesiegt. Nicht etwa, weil er die wahrste Wahrheit gepredigt hätte, sondern weil er alles, was ihm ins politische Konzept paßte, von den anderen großen »Häresien« und den Philosophien der zeitgenössischen Umwelt übernahm, dabei geschickt die wirklichen Extreme vermied und sich, auch organisatorisch, dem Durchschnittsmaß anpaßte, eine Haltung, die im Konkurrenzkampf von größtem Vorteil war. Die »katholische Lehre« setzte sich durch; sie hatte die geschicktesten Übernahmen heidnisch-philosophischer und römisch-juristischer Elemente aufzuweisen. Sie wurde, durch solche Lehnstücke angereichert, bald zur persönlichen Weisung für das sogenannte »christliche« Verhalten in der Welt – und darüber hinaus zur Brücke für die totale Bejahung der vorgefundenen Institutionen (Kaiser, Reich, privilegierte Herrenschicht). Seit Konstantin I. (gestorben 337) wird der Katholizismus zur Heils- und Siegesdoktrin, die es den Andersdenkenden schwermacht, das grandiose Bild der ideologischen und militärischen Geschlossenheit zu stören.

George Orwell zeichnet in seinem berühmten Roman »1984« das Bild dieser Seelenlage nach, wie es in totalitären Systemen üblich ist: »Crimestop bedeutet die Fähigkeit, gleichsam instinktiv auf der Schwelle jedes gefährlichen Gedankens haltzumachen. Es schließt die Gabe ein, Analogien nicht zu verstehen, außerstande zu sein, logische Irrtümer zu erkennen, die einfachsten Argumente mißzuverstehen ... und von jedem Gedankengang gelangweilt oder abgestoßen zu werden, der in eine ketzerische Richtung führen könnte. Crimestop bedeutet, kurz gesagt, schützende Dummheit.«

Doch der Christen-Zweifel blieb. Ihn aus dem eigenen Sie-

40

ges-Glauben zu entfernen oder ihn wenigstens in eine Sieges-
formel zu bannen war eine wichtige Aufgabe der Klerikalen
(und ihrer politischen Handlanger). Das »Dogma« wurde erfunden, die angeblich höchste Stufe ideologischer Zuverlässigkeit
und Absicherung. Diese für alle Gläubigen verbindliche »Denk-
hilfe«, die dem duckmäuserischen, dem unterkriechenden Denken dient, war selbst zutiefst von der Abweichung, von Irrtum
und Zweifel bedroht. Aber auch hierfür wußte der Klerus Abhilfe. Eine oberste Instanz entstand, der unfehlbar den Glauben
regierende und die Zwangsidee »Dogma« legitimierende Papst.
Ihm sich anzuvertrauen, auf sein (Petrus-)Amt zu bauen erschien künftig die einzige Möglichkeit, von den »Pforten der
Hölle« nicht überwältigt zu werden. Daß im Verlauf der Dogmengeschichte Millionen Denkende dem Sicherheitsbedürfnis
einiger weniger geopfert worden sind, wird in den offiziellen
Verlautbarungen des Papsttums nicht einmal am Rand erwähnt.

Rom hat andere Dinge zu tun. Das Erste Vatikanische Konzil
zum Beispiel hat 1870 als Glaubensdoktrin verkündet, daß zumindest einige Dogmen nicht von natürlichen Grundsätzen aus
verstanden und bewiesen werden können – und daß, sollte sich
ein Widerspruch zwischen Glaubenslehre und Wissenschaft ergeben, der Irrtum auf seiten der menschlichen Wissenschaft
steht. Inwieweit sich – nachweislich – Rom selbst im Lauf der
Kirchengeschichte geirrt hat, steht auf einem anderen Blatt. Der
Vatikan kann sich nur durch ständige Neuinterpretationen frü-
herer Aussagen (»kein Dogma«, »Fehldeutung«) davor retten,
Päpste, Konzilien und Bischöfe als schwer irrende Menschen und
Gruppen entlarvt zu sehen. So bewahrt sich eine Institution vor
dem Irrtum, allerdings auf Kosten der eigenen Wahrhaftig-
keit.

Wer Glauben als umfriedeten Besitz betrachtet, wer seine
Theologie als Wissenschaft der käuflichen Argumentationen
verstehen will, wer Wahrheit in simple Antworten umfunktio-
niert, wer den einzelnen Menschen total absorbieren möchte,

wer die Netze einer autoritären Disziplin über ihn zu werfen sucht, der sichert sich ein Monopol – und zieht daraus den größten persönlichen Profit. Die »Vermittlung« des Heils geschieht von da an in Form eines Monopols, wo sie unaufgebbar an eine elitäre Gruppe gebunden wird, die allein den richtigen Weg weiß und ihn den Unwissenden vermittelt, im klerikalen Jargon: den »Gläubigen«. Die Eliteformation »Klerus« verkündet nie nur das Heil an sich, sondern beschwört erst die »Not«, um aus dieser Propaganda Kapital für die eigene exklusive »Nothelferei« schlagen zu können. Jesus aus Nazareth, der Christus und der Weltheiland, gibt selbst das Musterbeispiel für solche Nothilfe ab, seit er in die Hände der Kleriker gefallen ist: Er ist zur Projektion des nach Heil (und Heilssicherheit) verlangenden Menschen geworden – und er muß dafür herhalten, als letzter Grund für die Privilegierung und finanzielle Dotierung »seiner« Kirche propagiert zu werden. Der katholische Theologe Gotthold Hasenhüttl: »Jesus Christus ist fast restlos objektiviert; alle möglichen Sonderheiten sind bei ihm zu finden; vor diesen kann man sich nur gläubig beugen. Daß man diese selbst hineinspekuliert hat und ein Geheimnis baute, vor dem man nun niederkniet, fällt nicht auf, wenn das Denken einen objektivierten festen Grund einfordert.«

Fester Grund? Nothilfe? Das Monopol ist erfahren. Es liefert eine in sich stimmig erscheinende Welt- und Überweltorientierung, ein System von scheinbar sinnigen Aussagen. Es bietet auch den Plan zu durchgängiger Handlungsformierung an, damit jeder Mensch, der sich dem Monopol ausliefert, weiß, wo er steht und was er zu tun und zu lassen hat. Damit soll das Elend der Realität aufgearbeitet und aufgehoben sein. Das Elend aber ist nicht nur nicht aufgehoben. Es ist verstärkt. Der Klerus war nicht gar so siegreich, wie er es selbst in seinen Schriften darstellt. Immer wieder mußte er sein Heil in großen Geschichtslügen suchen. Diese Informationen mit Denkverbot beziehen sich nicht von ungefähr auf »dogmatische Wahrheiten«.

Daß Jesus aus Nazareth selbst eine Kirche – gar die römisch-katholische, die »alleinseligmachende« – gestiftet habe: eine geschichtliche Unwahrheit. Daß das »Apostolische« Glaubensbekenntnis auf die Apostel zurückgehe: geschichtlich falsch. Daß Petrus der erste Papst gewesen ist: historisch unwahr. Daß die Bischöfe Nachfolger der Apostel seien: völlig unbeweisbar. Daß die römischen Bischöfe von Anfang an den Primat über die Gesamtkirche besessen hätten: schlicht erfunden. Daß das Wesen der Kirche »übernatürlich« sei: Historisch steht das Gegenteil fest, denn bei Entstehung, Ausbreitung und Durchsetzung der Institution ging überhaupt nichts übernatürlich zu, sondern alles nur allzu natürlich. Nach diesem bewährten Prinzip ihrer Tradition lebt und überlebt die Kirche.

Warum ist von einer »Reform der Kirche«
nichts zu erwarten?

Die Glaubensgrundlage der Kirche ist mißlich. Angesichts dieser unbestreitbaren Tatsache hat sich die derzeit so viel verhandelte Frage nach der Kirchenreform eigentlich von selbst erledigt. Denn wollte die Kirche – und dies wäre doch die unerläßliche Bedingung jeder Reform – auf den »Stifter« selbst zurückgreifen, auf Jesus aus Nazareth, und dies heißt heute ohne jede Frage auf jenen Menschen, den eine fast zweihundertjährige Evangelienforschung und Bibelkritik aus dem Schutt der Legenden herausgelöst hat, müßten die Oberhirten doch alles auf- und preisgeben, was ihr Leben so angenehm macht und woraus ihre Kirche besteht: Dogmen, Sakramente, Bischofsamt, Papsttum, staatliche Finanzierung und Privilegierung, Ritus und Folklore, kurz, das gesamte Service-Unternehmen von heute, en gros und en détail. Erasmus von Rotterdam schreibt dazu vor fast 500 Jahren: »Wie viele Vorteile und Vergünstigungen würden die Päpste verlieren, wenn sie nur einmal von der Weisheit heimgesucht würden ... dahin wären finanzieller Reichtum, kirchliche Ehrenstellung, Mitspracherecht bei der Vergabe wichtiger Ämter, militärische Siege, die große Zahl Sonderrechte, Dispense, Steuern und Ablässe...« An deren Stelle träten Predigten, Nachtwachen, Gebete, Studien »und tausend ähnliche Belastungen«. Kopisten, Notare, Advokaten, Sekretäre, Maultiertreiber, Pferdeknechte, Wechsler, Kuppler wären plötzlich arbeitslos. Doch so weit läßt Rom es nicht kommen, und Erasmus faßt zusammen: »Ich sehe, daß die Monarchie des Papstes zu Rom, so, wie sie jetzt ist, die Pest des Christentums ist.«

Eine wahrhaft jesuanische Reform müßte aber nicht nur das Unternehmen Großkirche hinwegfegen, sondern auch die menschlichen Verhältnisse selbst umstürzen: vor allem das Patriarchat, die Ausbeutung von Menschen durch Menschen. Allein schon das Gebot der Feindesliebe ließe, endlich einmal auch von Christen beherzigt, eine ganze Welt anders aussehen und handeln. Von Kirchenleuten kann eine solche Reform, die Revolution nach innen wie nach außen bedeutete, niemals erwartet werden. Von einer »stets zu reformierenden Kirche« (ecclesia semper reformanda) zu sprechen bleibt Augenwischerei sogenannter progressiver Theologen. Theresia von Avila, Franz von Assisi, in dieser Hinsicht zwei Ausnahmen von der katholischen Regel, haben es besser gewußt als ganze Scharen heutiger Bischöfe: Jede echte Reform in der Kirche hat nicht bei der Liturgie zu beginnen, nicht bei der Theologie, nicht bei der Organisation, sondern bei den Finanzen.

Wenige Menschen sind ähnlich reformunfähig und reformunwillig wie »wahre Christen«. Oder haben die Christen je reformiert? Doch. Seit eh und je. Schon die zweite Christengeneration hat gegenüber der ersten von Grund auf reformiert, indem sie ein ganz neues Jesus-, Gemeinde- und Glaubensbild geschaffen hat. Die nachkonstantinische Kirche hat gegenüber der vorkonstantinischen durchgreifend reformiert: Aus Pazifisten sind damals Kriegsgewinnler geworden, aus Christenmenschen privilegierte Kleriker. Dann wurde das gesamte Mittelalter hindurch reformiert, in Rom und anderswo, in Hirsau beispielsweise, in Cluny, auf den Konzilien. Und da kommen immer noch Reformer auf die Menschheit zu? Christliche Reformer, die – 2000 Jahre Reform im Rücken und ebenso viele Jahre Mord und Totschlag unter Christen – den Menschen von heute ihr reformiertes Heil predigen? Christen, die, nach soviel Kampf gegen den »Irrtum«, den »Dialog« entdeckt haben? Die das Evangelium den Atheisten bringen, die sie, wenige Jahrhunderte früher, noch haben verbrennen lassen? Reformer, die sich nach rechts wie nach links öffnen, die mit dem »Alles-halb-so-schlimm-Gesicht« der etablierten Theologen »wir sind auch noch da« rufen? Soll noch einer denen vertrauen, die das eigene Unglück nur verlängern, die sich als Helfershelfer der Hierarchen mißbrauchen lassen? Peinlich, peinlich, diese innerkirchlich Progressiven! Doch wo alles allzu menschlich ist, hilft vielleicht ein Gott. Aber welcher?

Wozu ist Gott auf Erden?

Weshalb so viele Verbrechen von Christen öffentlich zusammentragen? Hat die große Zahl je »Gläubige« erschüttert, ihr Weltbild ins Wanken gebracht? Wurden sie nicht an die kriminelle Energie der Ihren gewöhnt? Sprechen sie nicht, gewandte Advokaten ihrer Oberhirten, vom »Wesentlichen« des Christentums, von Glaube und Dogma, von Gott gar, der letzten, unangreifbar verfestigten Instanz, an der sich die Schandtaten der Christen brechen wie an einem Felsen? Dieser Gott wird es schon richten. Gewiß, im wahrsten Sinn des Wortes wird er richten. Abrechnen wird er, so seine Väter, mit den Kritikern des Christentums. Er wird die guten Gläubigen zu sich in seinen Himmel nehmen und auf Throne setzen zum Mitrichten, wie es in der Bibel steht. Und ist endgültig abgerechnet, dürfen sie Gott loben mit all seinen Heiligen auf ewig.

Der Auserwählten-Dünkel spielt selten die Demut, die Bescheidenheit. Denn die »Elite« hat sich ein für allemal auf die rechte Seite gestellt, auf die der christlichen »Wahrheit«. Der Rest – die Welt – auf die andere. Diese Aus- und Abgrenzungszwänge gehören notwendig zum Charakter eines Christenmenschen. Gläubige achten die Gleichdenkenden stets höher als die Andersdenkenden. Aus ihrer Liebe zum Gleichen, Höherwertigen folgt die Verfolgung aller Nicht-Gleichdenkenden. Der Fanatismus der Verfolger ist die einzige Willensstärke, zu der auch die Schwachen gebracht werden können. Selbst das langweiligste Leben wird durch gelegentliche Schlachtfeste interessant. Weil Erfolg Zuschauer und Kommentatoren braucht, muß sich Theologie an so vielen Stellen aus barem Unsinn Sinn schaffen und den Anschein von Tiefsinn erzeugen. Leute gibt es, denen die Religion wie ein Anzug oder ein Kostüm paßt. Sie tun gut daran, es zu tragen. Es läßt sie noch besser aussehen, als sie sind.

Gläubigen geht es kaum um historische, philosophische, ethische Probleme, um Wahrheit gar oder, bescheidener gesagt, Wahrscheinlichkeit. Es geht ihnen um ihre eigenen Probleme. Sie »glauben«, weil sie ohne diese Stütze angeblich nicht leben könnten. Obgleich sie, als Chinesen etwa, einen ganz anderen Glauben hätten. Woher ihr Glaube stammt, interessiert sie kaum. Hauptsache, ihr jeweiliger Gott garantiert ihr Leben, hüben wie drüben. Die Hartnäckigkeit des einzigen Problems, das sie sich leisten dürfen, spricht für sich. Sie sind derart darauf fixiert, daß ihr Leben zu einem »Bekennerstatus und -kult« degenerieren muß und sie selbst kein Pardon mehr kennen für alle, die anders leben. Das völlige Fehlen von Mitleid gegen Abweichler, die dem eigenen Besitzsystem gefährlich werden könnten, charakterisiert Kleriker hinlänglich. Glaubensautorität klebt stets an »zeitlos gültigen Lösungen«. Diese lassen sich glauben, autoritativ deuten, griffig erklären, moralisch umsetzen, pädagogisch entwickeln. »Ketzer« kann es in diesem Weltbild nur als Störfaktoren geben, die am Rande wahrgenommen werden. Ein Ketzerproblem, Signum voll erwachter Vernunft, stellt sich Gläubigen nicht ernsthaft. Denn sie haben sich darauf verständigt, allein richtig zu leben. Sie haben ein gesundes »Mißtrauen gegen das Mißtrauen« entwickelt. Sie nehmen ein transrationales Grundvertrauen in ein Sein mit (für ihre Hirten) erkennbarem Sinn in Anspruch. Exklusiv. Exklusiv mörderisch gegen Andersdenkende.

Das sogenannte Leben der Gläubigen? Das Leben unter Gläubigen, das Kirche-Sein, das Sekte-Sein? Eine kollektive Zwangsneurose sei das, lehren neuzeitliche Wissenschaften, eine Neurose, wunderbar gedeihend auf dem Humus infantiler · Hilflosigkeit. Denn Kinder, wenn sie unfrei gehalten werden, brauchen Väter: Menschen, die ihnen immer wieder sagen, wie sie »richtig« zu leben haben, Väter, die sie lehren, wie sie einmal richtig zu sterben haben, und schließlich einen Übervater, der allen Wertevätern auf Erden sagt, was von ihm, ihrem Gott, zu halten sei. Derart wird Religion organisiert. Hier nisten totale bis totalitäre Weltanschauungen, hier werden psychische Heilssysteme heimisch, hier fallen Erleben und Glauben in eins: Begreifen soll nur der Ergriffene. Und der »Gottesdienst«, ein nicht ganz harmloser Begriff, der auf Gehorsam spekuliert? Auch er hat seinen Platz im System: Väter feiern Feste für ihre Kinder – und lassen sich von diesen feiern.

Weshalb hat Gottvater so viele Väter?

Die guten Gläubigen wissen es selbst nicht so recht. Sie sind meist etwas erstaunt, hören sie, ihre Religion sei eigentlich eine »Vaterreligion«. Denn allem Anschein nach werden sie über alles Mögliche (und Unmögliche) von ihren Predigern informiert, über alle Nebenfragen des »wahren« Glaubens bis hin

47

zum Peterspfennig, aber nicht über das Zentrum: Gott, der ein Vater ist und die Liebe. Offenbar haben sich die Gewichte innerhalb des Glaubens verschoben: weg vom Zentrum, hin zum Rand. Was die Kirchen überleben läßt, wird noch besprochen.

Die Theologie kümmert sich relativ wenig um Gottvater. Sie zieht, wenigstens gegenwärtig, andere Themen vor: Jesus- und Christusfragen, Probleme des Papsttums (Unfehlbarkeit, Konzilien), Befreiung von Diktaturen (nicht von der eigenen). Konzilianz und Kompromißbereitschaft sind solch einer Wissenschaft gegenüber kaum am Platz. Die Psychoanalyse aber hat sich schon früh mit dem Thema Vaterreligion befaßt. Die so lange im Dunkeln gehaltenen Seiten des Christentums mußten sich selbst durchsichtiger und damit kontrollierbarer gemacht werden. Eventuelle infantil-autoritäre Züge sollten sich nicht mehr länger, wie unter einem neurotischen Wiederholungszwang, durchsetzen dürfen. Psychoanalyse, eine Art Hebammenkunst, wollte dem einzelnen Menschen und ganzen Gruppen helfen, von sich aus Probleme zutage zu fördern, die die seinen/ihren sind und die niemand für ihn/sie lösen kann.

Der »Vaterglaube« wird aus infantilen Triebwünschen und deren Befriedigung hergeleitet. Sigmund Freud hat diese Wünsche als Illusionen gedeutet, die die vorgegebene Unmündigkeit des Infantilen fortführen und sichern. Die Bindung der Gläubigen an einen Vatergott erscheint als Produkt einer Lebensschwäche, die sich den Herausforderungen und Chancen der Welt durch Flucht in den Sicherungsgehorsam gegen den übermächtigen Vater zu entziehen sucht. Ein Übervater wird geschaffen, der typisch patriarchale Klassifikationen garantieren soll: Hoffnung auf Belohnung, Auszeichnung, schließlich – gesellschaftlich und nationalistisch gewendet – Hoffnung auf Sieg über Andersdenkende, über »fremde Völker«, auf Weltmacht. So und nicht anders ist die »conditio hominis«, nicht die »conditio humana«. Nur ein solcher Gott wie der biblische ist unter solch kriegerischen Umständen zugelassen.

Die frühen Vater-Sohn-Dogmen des Christentums (die man heute wenig predigt, aber heftig glauben muß) sind – nach Theodor Reik – Ausdruck eines fortdauernden Kampfes, an dem die verdrängten Triebregungen des Sohnestrotzes und der Revolution ebenso beteiligt sind wie die Liebe zum Vater. Der im Herzen der Söhne keimende und nie ganz zu unterdrükkende Zweifel am Vater soll durch das Dogma beschwichtigt werden. Doch weil das nicht ganz gelingen kann, schafft man im Verlauf förmlicher Immunisierungsstrategien immer noch »präzisere« und noch »gewaltigere« Zwangsideen (Glaubenssätze). Möglichst im Medium des Scheinbar-Vernünftigen.

Für diese Schwerstarbeit kann der Klerus keine einfachen Gläubigen brauchen. Die Kirche bedarf – angefangen bei Paulus und Johannes – waschechter Theologen, die etwas von ihrem Gott verstehen – und dies Sonderwissen schlichteren Gemütern mundgerecht feilbieten können. Werteväter sind gefragt. Läßt sich schon eine Einsetzung des Priestertums durch den Gottessohn biblisch nicht nachweisen, so doch eine Einsetzung Gottes durch die Priester. Der eine Vater – Gottvater – bekommt schließlich mehr und mehr Väter, die genau sagen können, wie er »ist« und wie er »handelt«. Schon die Evangelien haben, ebenso wie die Briefe des Paulus, handfeste Interessen. Diese sind erkenntnisleitend: Sie führen die Hand der Erstschreiber, sie lenken den Geist der Abschreiber und Interpreten. Von allem Anfang an ist klar, wie der Vatergott zu sein und zu handeln hat. Von Beginn an ist auch das Vater-Sohn-Verhältnis exemplarisch gestaltet: Jesus muß ein zeitloses Beispiel dafür geben, wie gehorsame Söhne sich gegen ihre Väter verhalten. Die Väter des Vatergottes, die viele vitale Interessen zu verteidigen haben, wissen, wie sie ihre Heiligen Schriften abfassen müssen. »Im Namen des Vaters und des Sohnes« wird noch heute nachgebetet, was vorgeschrieben worden ist.

Für Gläubige darf es keinen Zweifel geben: Die sogenannte Orthodoxie besteht aus siegreichen Denkern und Tätern. Sie hat es geschafft, ihre eigenen Irrtümer als Wahrheiten auszugeben. Und damit alles noch seine letzte Richtigkeit habe, erfinden die Werteväter in der wahrsten aller Kirchen eine letzte Instanz für ihre Irrtümer. Gott selbst hat sie »geoffenbart«, und der oberste Vater auf Erden, der Papst (»papa«), wacht unfehlbar über diese Offenbarung. Das Papsttum ist im Verlauf seiner Geschichte (das heißt über unzählige Tote hinweg) aus der Rolle einer Anwaltschaft für das dogmatisierte Vater-Sohn-Verhältnis in die Rolle einer selbständigen Vaterschaft hineingewachsen. Der liebe Gott braucht offenbar viele Miniaturausgaben von Vaterschaft (die fathers, padres der Weltkirche) – und einen Hauptvater, den römischen Papst. Und nicht nur Gottvater braucht solche, sondern auch die lieben Kinder, die Gläubigen, die besser die Gehorsamen hießen. In einem solchen System darf es keine Lücken geben, die Restschuld zurückließen und Gehorsamsleistungen unnötig machten. Väter müssen immer präsent bleiben, müssen zu allen Zeiten und in allen Fragen eine Lösung anbieten können, die erlöst. Das ist die wirksamste und zäheste Form des Kampfes gegen die Befreiung der Menschen: ihnen Bedürfnisse einzuimpfen, die die veralteten Formen des Kampfes ums Dasein verewigen.

Warum ist Gott ein Vater und ein lieber Vater?

Jede Religion muß ein absolutes Bezugssystem haben: eine Gottheit oder mehrere Gottheiten, deren Dasein, Funktion und Verhalten von beispielgebender Bedeutung sind. In jeder Tradition, Lehre oder Institution religiösen Charakters gibt es ausdrückliche Hinweise auf die »Zeit des Anfangs«, auf »jene Zeit«, da die Gottheit begonnen haben soll, ins Leben der Menschen zu treten. Beim Christentum ist das nicht anders. Doch scheint es in einer bestimmten Hinsicht gehemmt: »Ihr sollt euch kein Bild machen von eurem Gott!« (2 Mose 20, 4) Eigentlich hat dieser Gott deutlich genug gesprochen. Aber würde sein Wort aufs Wort befolgt, wären nicht nur alle Kirchen so leer, so nüchtern weiß gekalkt wie manche Bethäuser, in denen sich die strengeren Gruppierungen wohl fühlen. Auch die beamteten Theologen der Großkirchen hätten ihre Schwierigkeiten. Die Mythen der Menschheit lieben ein bestimmtes Bild: »In jener Zeit«, zur Zeit des Paradieses, war die Erde mit dem Himmel durch eine Brücke verbunden, und ein Mensch kam ohne Hindernis vom einen Ende dieser Brücke zum andern, weil es den Tod nicht gab. Doch so leicht geht es schon lange nicht mehr. Inzwischen ist der Übergang schwierig geworden, und nicht allen gelingt er. Die Brücke wird für die Gottlosen zur scharfen Schneide eines Rasiermessers, und nur die Guten haben relativ wenig Angst vor dem Betreten des Pfades, der zum »ewigen Leben« führt. Erfreulich, daß den Gläubigen außerdem besondere »Brückenbauer« zur Hand gehen, jene Oberhirten, die – Bischof oder Papst – sich als Wegweiser fühlen.

Was stellen sie anderes her als Bilder von Gott? Hier ein Strichlein zum Nachbessern des alten Gemäldes hingetupft, dort eine Deckfarbe dick aufgetragen. Doch läßt sich weder die Existenz eines Gottes beweisen noch seine Nicht-Existenz. Was sich nachweisen läßt, ist die Tatsache, daß die christlichen Kirchen einen bestimmten Gott verbindlich vorstellen. Und dieser Gott hat nicht etwa »den Menschen nach seinem Bild« geschaffen, sondern Menschen haben ihn nach ihrem Bild gemacht. Diese Auffassung ist seit Ludwig Feuerbach nicht neu. Wer aber nur sagt, der Mensch habe sich seinen Gott geschaffen, denkt und argumentiert nicht konsequent. Präziser ist beispielsweise die feministische Theologie (von der manche vielleicht erst jetzt erfahren): Nicht »der Mensch«, sondern »der Mann« hat einen Gott für die herrschende Männergesellschaft gestaltet. Aber auch dieser Satz ist nur vorläufig. Er geht von einer unrichtigen Übersetzung von »Patriarchat« aus. Nicht »Männerherrschaft« heißt Patriarchat, sondern »Herrschaft der Väter«. Diejenigen,

51

die einen solchen Begriff gestaltet und durchgesetzt haben, dachten sich etwas dabei. Ein gesellschaftlich so wichtiger Begriff, ja der wichtigste Begriff einer ganzen Welt, wird nicht beiläufig, en bagatelle geprägt. Die religiöse Tradition hat die Vokabel »Patriarchat« so ernst genommen wie nur irgend möglich. Während sich ihre Philosophen und Metaphysiker denkerisch mit »Gott« herumgeplagt haben, sind die Kirchen ihren Heiligen Schriften in dieser Sache treu geblieben. Die biblischen Autoren (Autorinnen gibt es keine) schreiben nur von einem Vater. In den paar Jahrtausenden jüdisch-christlicher Überlieferung wirkte diese Anschauung fort wie keine andere. Sie hat Meinung, Überzeugung, Glauben organisiert. Beeinflussungen, Wechselwirkungen, Verschränkungen zwischen religiösen Vorstellungen und sozialen Erfahrungen sind daher die Regel. Glaubensexperten haben schließlich die Bedeutungen, die sie alldem zulegen wollten, verbindlich vereinbart. Nicht von ungefähr nennt sich der oberste Glaubenswächter der römischen Kirche bis auf den heutigen Tag »Heiliger Vater«. Wer bei »Männergesellschaft« stehenbleibt, kann nicht erklären, weshalb der Gott der Christen nicht nur als Gott vorgestellt wird und schon gar nicht als Mann, sondern als Vater und als lieber Vater. Dieser zunächst gering erscheinende Unterschied ist in Wirklichkeit gewaltig. Gelingt es, das Vater-Sein und das Liebe-Sein Gottes ebenso schlüssig zu erklären, wie das die Feuerbachsche Doktrin für ihren Teil tat, ist der Durchbruch gelungen. Er löst durchweg Entsetzen bei den Betroffenen aus.

Christen wissen gut, wovon sie Zeugnis geben. Wenn die religiöse Sozialisation von einem Vater, vom lieben Vater schlechthin spricht, so ist das keine Floskel, die bei den Betroffenen folgenlos bliebe. Der geringste Versuch, diese Vaterfixierung zu lockern, schmerzt besonders. Hier soll nicht die Käuflichkeit der Schriftauslegung gegen ihre Profiteure thematisiert und gesagt werden, daß die Auslegung eine der jeweiligen Gegenwart entsprechende Verfälschung darstellt. Hier ist hinter

52

allen exegetischen Interpretationen das eine Gemeinsame zu entdecken: Daß Gott ein Vater ist und die Liebe, hat noch keiner bestritten. Warum muß Gott aber, in dieser Zurichtung, der liebe Vater sein? Das Bild Gottes als eines Vaters entspricht bis ins Detail der herrschenden Gesellschaft. Wo Väter regieren und alle Nicht-Väter, also Frauen und Kinder, unter sich lassen, ist es schlecht vorstellbar, daß ausgerechnet die höchste Instanz kein Vater ist.

Gott als Mutter? Gott als Kind? Es gibt Versuche, den traditionellen Gottesbegriff in diese Richtungen aufzulösen. Doch gehen sie an ihrer eigenen Basis vorbei. Statt »Vaterunser« künftig »Mutterunser« zu beten, verkennt den gesellschaftlichen Humus, auf dem dies Hauptgebet der Christen entstanden ist. Worte aus dem Vaterunser wie »Dein Reich komme« oder »Dein Wille geschehe« (Mt 6, 10) sind nach allem, was wir heute wissen, geradezu vatertypische Herrschaftsfloskeln. Sie setzen den Gehorsam des – als »Kind« adoptierten (1 Jo 3, 1) – Menschen voraus, dem eines Tages als Gratifikation das Reich winkt, die Landnahme (1 Mose 5, 17; Ps 36, 3), das Paradies, in dem er/sie zum »Richten« berufen sein soll. Falls er/sie sich nicht bis zuletzt als ungehorsam erweist. Denn der in der Bibel geschilderte Gott ist ein eifersüchtiger Vater. Er wartet darauf, daß der verlorene Sohn zu ihm zurückkommt. Wer sich solcher Umkehr bis zuletzt verschließt, findet kein Erbarmen. Auch wenn neuere Theologen an dieser Aussage herumdeuteln, um zu retten, was überhaupt noch vom Christentum zu retten ist, bleibt sie bestehen: Der ungehorsame Sohn ist in den Augen des Vaters kein Sohn mehr. Er wird enterbt – und in die »Hölle« geworfen auf ewig. »Habt keine Angst vor Leuten, die nur den Körper töten können, aber nicht die Seele! Fürchtet vielmehr euren Gott, der Leib und Seele ins ewige Verderben schicken kann!« (Mt 10, 28) Gehört diese Warnung auch schon zu den inzwischen ausgesonderten Bibelstellen? Nein, eine solche Drohung sollte niemand auf die leichte Schulter nehmen, der sich Christ oder Christin nennt. Vor genau hundert Jahren hat der Vatikan noch offiziell erklären lassen, das »Höllenfeuer« sei real – und kein bloßes Bild. Und er ist bis heute nicht von dieser Meinung abgewichen. Bischöfe ernennen bis auf den heutigen Tag offizielle »Teufelsaustreiber«, und auch die Existenz des »Fegefeuers« ist als Glaubenssatz definiert. Desgleichen, daß »die dort festgehaltenen Seelen durch Gebet und Messe Hilfe finden« und daß sie »dort zeitliche Sündenstrafen abbüßen«. Niemand soll meinen, diese »Geographie des Jenseits« habe keinen Zweck. Die »Hölle« ist die letzte Konsequenz jener Angst vor Schuld, Sünde, Ungehorsam, die vor uns, unter uns und nach uns Millionen von Menschen gequält hat und quält. Erlösung, das Pendant zur Sünde, das andere Symptom ein und derselben Krankheit, ist ausschließlich denen zugesagt, die gehorsame Kinder ihres Vaters sein wollen. Das ist keine Privatmeinung, sondern ein tausendfach gepredigter Lehrsatz, der das offizielle Gottesbild in feurigen Farben malt. Alle biblischen Autoren drohen – auch im Neuen Testament, nach herrschender Meinung eine »Frohbotschaft« – den Unbußfertigen mit einer auf Ewigkeit berechneten Vatersanktion, während sie den Gehorsamen die ebenso ewige Gratifikation durch denselben Vater verheißen.

Hölle? Viele Generationen von Christen haben sie sich ausgemalt; die Architektur dieser Wahnvorstellungen ist gewaltig. Nicht selten erscheint die »Hölle« bis ins letzte Detail hinein wie eine Folterkammer der spanischen Inquisition. Christen berauschen sich bis heute an ihrem Foltertraum. Da wird ihnen warm ums Herz, da können sie »die anderen« braten lassen. Die Vorfreude, die Schadenfreude wärmt; sie ist für sie die reinste Freude. Jetzt triumphieren die schönen, die braven Seelen, jetzt wird Marquis de Sade zum Christen. Denn sie, die Guten, erwischt es nie. Sie sind gerettet, sie richten selbst mit ihrem Gott die Bösen, nehmen teil an seiner Vaterliebe, sie verdammen mit auf ewig. Die ewige Qual der einen ist das ewige Entzücken der anderen! Die Vorfreude hat es in sich: Die »Hölle« könnte jeder Ort sein, an dem die christliche Kirche – besonders die römische – schon heute unumschränkt herrscht, eine Art Fortsetzung des Krieges gegen die Menschen mit anderen Mitteln. Das hin und wieder herumgeisternde »Fegefeuer«, das Erlöste auf den Himmel vorbereitet, ist eine spätere Erfindung, dem Neuen Testament unbekannt; aber dennoch ein kirchliches Dogma.

Aber »Gott ist doch die Liebe«? Eben. Er muß sie sogar sein. Liebe ist dem System der Vatergewalt immanent. Es läßt sich in allen patriarchal verfaßten Gesellschaften nachweisen, daß Vaterliebe ein Herrschaftskorrelat der Vatergewalt bleibt. Liebe ist funktionalisiert wie ein Deckmantel: Sie deckt die Gewalt und kaschiert sie. Liebe sichert und schützt Gewalt, indem sie deren Ausübung bemäntelt. Die Folterer wollen nur das beste der Opfer. Der Stasi-Minister Mielke plärrt in der Volkskammer: »Ich liebe euch doch alle!« Gewalt braucht nicht nackt aufzutreten, wo die Liebe alles zudeckt. Gewalt bleibt nur bestehen, bleibt sie im Licht, im Schatten jener Liebe, ohne die sie nicht überleben kann. »Wie ein Vater seine Kinder liebt, so liebt der Herr die, die ihn fürchten.« (Ps 103, 13) Und: »Wen der Vater liebt, den züchtigt er.« (Spr 3, 12) Auch Gottes Vaterliebe ist ausnahmslos mit dem Anspruch auf Ehrfurcht verknüpft. Sohnesgehorsam provoziert Vaterliebe: Legitimation nach innen und nach außen, Schutz gegen Fremdvölker, Legalisierung des als Besetzung eines »verheißenen Landes« getarnten Land- und Frauenraubes. Und so fort. Der liebe Vatergott, von dem hier die Rede ist, unterscheidet sich nicht im geringsten von denen, die seine vielen Väter sind. Sie haben auf religiösem Terrain ihr verheißenes Land in Besitz genommen: Ein genehmer Gott ist definiert, ein Gott ist geschaffen, der alle Ansprüche derer, die ihn gestaltet haben, im Gehorsam gegen seine Schöpferväter erfüllt. Ein Gott, der schon im sogenannten Paradies die Angst vor der Frau und Mutter niederzuhalten hilft. Eva, die nach-

55

geschaffene, die aus der Rippe des Mannes genommene, die zur bloßen Gehilfin des Mannes herabgedrückte »Auch-Menschin«. Das paßt nur in ein patriarchales Muster, nirgendwo sonsthin. Und in diesem Stil geht es durch die Jahrhunderte des Glaubens fort: Alle phallokratischen Phantasien der Gottesväter werden auf jenen »allmächtigen« Vatergott abgelenkt, von dem letzte und gewisseste Sicherheit gegen die Angst (vor der Frau und vor dem Sohn, die vereint den Vater töten könnten) kommen soll.

Wo von Größe und Macht gesprochen wird, wo ein Mensch sich einen Namen verschafft, ein Volk zum Eigenbesitz erkauft (2 Sam 7, 23), ist immer dasselbe Prinzip wirksam: der absolute Wille zur Gewalt, der sich seinen Gott schafft. Ein solcher Gott muß notwendig ein Kriegsgott sein. Daß die spezifisch religiöse Variante des Kriegstreiber- und Kriegsgewinnlertums kaum untersucht ist, spricht für die Verhüllungsstrategien der Patriarchen. Auch das sogenannte Neue Testament läßt die traditionellen Herrschaftsstrukturen wiederfinden, und der Vatergott, den seine Autoren schildern, scheint seit Jahwes Tagen nichts hinzugelernt zu haben. Das für patriarchale Systeme charakteristische Schema von Gewalt und Liebe wiederholt sich. »Harret aus in der strengen Zucht«, sagt ein Schriftsteller des Neuen Testaments, »denn als Söhnen begegnet euch Gott! Wo wäre der Sohn, den der Vater nicht in seine Zucht nähme? Würdet ihr ohne Strafe bleiben, wie sie doch alle kosten müssen, so wäret ihr unechte Kinder, keine Söhne. Und wenn wir unsere irdischen Väter zu strengen Erziehern hatten und ihnen Ehrfurcht erwiesen, sollen wir uns da nicht gehorsam unterordnen dem Vater unserer Seelen, um das ewige Leben zu sichern?« (Heb 12, 7–9)

Sage mir, welchen Gott du hast, und ich sage dir, wer du bist. Dieser Gottvater ist völlig unabhängig, absolut. Er hat alles Glück in sich selbst. Er ist wesentlich von der Welt verschieden. So wird er in den offiziellen Katechismen beschrieben, so stellt er die höchste Verobjektivierung der Gottheit dar, die sich Werteväter ausdenken konnten. So ist er total abgeschlossen in sich, der Welt nur als Grund und Ziel immanent, so stabilisiert er die bestehenden Verhältnisse am zweckdienlichsten. So schadet er dem Patriarchat überhaupt nicht. Gerade so ist er aber auch bereits tot.

Die Frage nach dem »Gottesbild«? Der Gott des Alten und des Neuen Testaments, dessen einzelne Bildvorgaben hier nur angesprochen werden konnten, hat mit einem möglichen oder wirklichen Gott nicht mehr zu tun als der griechische Zeus oder der römische Jupiter oder der germanische Wotan. Alle miteinander sind diese Götter Herrscherbilder, Gewaltväter. Ob sich die gängige Religionswissenschaft oder die Theologie des Christentums intensiv genug mit diesen Vorstellungen, ihren Begründungen und ihren Konsequenzen für das Leben der Menschen befaßt haben? Sünde? Beleidigung der Vaterliebe. Verzeihung? Dem bußfertigen Sünder zugesagt. Nur ihm. Interaktionen wie diese, die sich ständig und regelhaft wiederholen lassen, sind auslösende Faktoren religiöser Maschinisierung. Kranke, die sich den Formen solcher Religion überlassen, dürfen Macht an sich erfahren. Die Religionsmaschinerie gleicht einer Konserve ideologischer Kraft, und deren Leistungen, die Tausende von Jahren und Millionen von Menschen ihrem Sieg geopfert haben, lassen sich auf Prinzipien maschineller Produktion reduzieren. Das Gewaltwort von »Wertevätern« zergliedert die Wirklichkeiten der Welt und rekonstruiert diese nach einem eigenen profitablen Wertesystem. Für diese Zergliederung und Rekonstruktion fordern die Werteväter der Kirchen reproduzierenden Gehorsam von denen, die als »nicht definitionsmächtig« definiert worden sind: den »Gläubigen«. Wo aber die jahrhundertealte Systemtheorie noch immer Lükken belassen hat, stellen die Werteväter der Kirchen die Maschine ihres Gottes – die »Vorsehung« zumal – zur Verfügung. Sie soll künftige Systemverbesserungen antreiben und die

Organisation der Religion gewährleisten von Ewigkeit zu Ewigkeit.

Bei den betroffenen Gläubigen verfestigen sich solche Mechanismen zu psychischen Strukturen. Die Interaktionen zwischen Vatergott und Menschensohn sind bereits zu so abstrakten Organisationsmustern (»patterns«) versteinert, daß Liebesleistungen wie Gebet, Reue, Gehorsam automatisch die Leistung der Vaterliebe Gottes auslösen. Wie? Ein Gott, der seine Leute liebt, vorausgesetzt, sie glauben an ihn und tun ihm seinen Willen? Ein Gott, der mit der Hölle drohen läßt, wird seiner Liebe nicht geglaubt? Wie? Ein Vater? Selbstverständlich. Nicht mehr als ein Vater. Die Tüchtigkeit eines Vatergottes, der die Verlorenen liebt, wenn sie zu ihm zurückfinden (Lk 15, 11–32), kennt die große Geste gegen die Reuelosen ebensowenig, wie kleinbürgerliche Väter sie gegenüber ihren Kindern kennen.

Gibt es eine Alternative zum lieben Gott der Christen?

Offizielle Katechismen haben noch vor wenigen Jahrzehnten durch Bischöfe, »die Gott aufgestellt hat als Lehrer der himmlischen Wahrheit«, Schulkindern Details über Sein und Tun des wahren Gottes mitteilen lassen. Da steht: »Was Gott geoffenbart hat, lehrt uns die katholische Kirche.« Heißt das, daß Gott sich den Seinen nur indirekt offenbart? Daß die Gläubigen seine Wahrheiten nur aus zweiter Hand erhalten? Daß alle Kirchen außer der römischen gar nicht voll informiert sind? Der katholische Katechismus lehrt weiter: »Gott läßt Leiden kommen, damit wir für unsere Sünden Buße tun und himmlischen Lohn erwerben.« Haben also Millionen Leidender, Ermordeter (auch und gerade von Klerikern Ermordeter) Leid und Tod nur erlitten, um himmlischen Lohn zu erlangen? Oder mußten gerade sie, und nicht die schuldigen Täter, »für ihre Sünden Buße tun«? Der Katechismus, gleichsam eine Checkliste für Men-

schenkinder, klärt weiter über seinen Gott auf: »Die Verdamm-
ten der Hölle leiden mehr, als ein Mensch sagen kann. Sie
leiden Qualen des Feuers ... und wohnen in der Gesellschaft
des Teufels.« Dieser Unsinn war noch in den fünfziger Jahren
Glaubensgut in deutschen Schulen. Hat sich die Kirche inzwischen eines Besseren besonnen? Hat sie sich damals – vor so
kurzer Zeit – gar geirrt? Gilt heute nicht mehr, was vor dreißig
Jahren noch fest geglaubt werden mußte?

Wer hat den Mut, von seinem Gott Liebesgesten zu fordern,
die einmal von der bourgeoisen Regel abweichen? Keiner der an
den Christengott Glaubenden hat offensichtlich Mitleid mit
einem Gott, der – wie ein richtiger Vater in den Augen seiner
lieben Söhne – alles kann und alles weiß. Der nichts mehr vor
sich hat. Der seine eigene Vergangenheit, seine eigene Zukunft
ist. Kein Verständnis für die ungeheure Langeweile eines voll-
kommenen Wesens. Kein Mitgefühl mit einem Gott, der seine
Mitkonkurrenten und Mitkonkurrentinnen um die Liebe der
Menschen aus dem Feld geschlagen hat. Kein Erbarmen mit
einem Gott, dessen Vorsehung für alles verantwortlich gemacht
werden kann. Dessen Vaterliebe alles auferlegt werden darf.
Der Vatergott, den sich die Werteväter der Erde zugerichtet
haben, stellt in der ihm addizierten Perfektion eine unvollkom-
mene Schöpfung dar. Ihrer Moral fehlt jeder Abstand zu der
ihrer Väter. Dieser Vater belohnt stets genau die Leistung, die
ihn geschaffen hat. Die siegreiche Tüchtigkeit der als gut Defi-
nierten. Wer aber durch Nichtleistung auffällt, wer diesen Gott
wieder abschaffen will, gehört bestraft. Ein armer Gott.

Daß Gott tot sein kann, schreckt die Interessenvertreter des
Patriarchats nicht. Ihr System ist vor jeder Vaterreligion. Die
weit ursprünglicheren Strukturen des Patriarchats behaupten
sich gegen die spätere Religion, die kommen und gehen kann.
Das Patriarchat bleibt. Es bedient sich seiner Religionen als den
Deuterinnen und Verstärkerinnen seines Machtwillens. Hin und
wieder benötigt das patriarchale Errettungsbedürfnis bestimmte

Überväter. Sie können neuerdings auch »Große Brüder« heißen. Patriarchat reicht weiter als nur bis an seine Religion. Falls sich das Christentum endgültig als für das Patriarchat unnütz erweisen sollte, ist sein Tod beschlossene Sache. Und sein Ersatz durch profitabler zu nutzende Weltanschauungen.

Was die Theologie und das offizielle Reden der Kirchen lebensfähig erhält, entspricht schon jetzt dem, was den Christen von der Soziologie, der Psychologie, der Anthropologie zur Verfügung gestellt – und schamlos »ergänzt«, sprich, zum eigenen Profit gewendet – wird. Die Menschen dürfen gespannt sein, wie schnell sich dann auch jene Theologen wenden werden, die heute noch den alten Glauben vertreten. Die noch immer innerkirchliche Streitgespräche führen, Gezänk anzetteln im abgeschlossenen Denkgetto, Spitzfindigkeiten von Fachidioten austauschen, Sektenmentalitäten hegen – und schon lange außerhalb der Realitäten, der Bedingungen menschlichen Denkens und Tuns leben.

Was sich die Menschen bieten lassen oder: Welche ewige Wahrheit darf es heute sein?

Wer meint, Religion und Kirche seien Angelegenheiten irgendeines Himmels und dementsprechend allem Irdischen entrückt, bezeugt eine geglückte klerikale Erziehung – fern aller Wirklichkeit. »Das« Christentum gibt es nur als Abstraktion der Statistiker oder als einen Wunschtraum der Theologen. Real gibt es hierzulande die Kirchen: große (evangelische, römisch-katholische) und kleine (oft gesellschaftlich namenlose). Die letzteren heißen bei den großen gern »Sekten«. Einen inneren Grund für diese abwertende Bezeichnung gibt es nicht: Hier spricht der Machtwille der (noch) Großen. Real sind in der Bundesrepublik die Verankerungen der Großkirchen in der Gesellschaft sowie die praktische Symbiose von Kirche und Staat, die sich gegenseitig ihre Schäfchen zuführen (und deren Geld), obwohl sie sich auf den Verfassungsgrundsatz der »Trennung« verständigt haben. Real sind der vergleichsweise hohe Grad an Institutionalisierung dieser Kirchen, ihre unvergleichlich gute Finanzierung und ihr Reichtum. Wir haben mit solchen Realitäten zu tun, Tag für Tag. Auch wenn uns der Überbau der Religion nicht mehr sonderlich interessiert: Das Bodenpersonal begegnet uns immer. Dieses weiß, woran es sich klammert. Heinrich Böll hat festgestellt, in unserem Land könnten eher Dogmen diskutiert und zur Disposition gestellt werden als Fragen der Kirchenfinanzierung. Über wieviel Moral verfügen diese Kirchen denn noch?

»Kirche konkret«, das sind nicht nur Kanzel und Küster, das sind ebenso die alltäglichen Formen des kirchlichen Soll und Habens. Viele Menschen stehen der Kirche als einer Arbeitgeberin und Unternehmerin gegenüber. Wohnungen werden errichtet und vermietet, Grundstücke vererbt und verpachtet, Konten werden von Geldinstituten geführt – und das alles macht die Kirche. Die Tageszeitung kommt aus einem Verlag, der mehrheitlich der Kirche gehört (die Redakteure wissen es gut), der Sonntagsspaziergang führt durch einen Wald, den eine Kirchengemeinde meistbietend verpachtet hat, die Kinder besuchen einen kirchlichen Kindergarten (weil es am Wohnort keinen anderen gibt), Bier und Wein auf unserem Tisch stammen aus Kirchengütern und Ordensbrauereien. Die konkrete Kirche sorgt für unser leibliches Wohl, mögen manche sagen. Für das geistliche Wohlergehen sorgen die Pfarrer ohnehin, oder nicht? Dafür wollen sie auch bezahlt sein. Ob sie jedoch genug für ihr Geld leisten, oder ob sie längst nicht soviel verdienen, wie sie bekommen? Das Preis-Leistungs-Verhältnis stimmt in der Bundesrepublik am allerwenigsten auf der ganzen Welt. Nur hier wird die Kirche überbezahlt und überprivilegiert. Kein anderes Land leistet sich eine ähnlich teure Kirche. Zu Unrecht? Die Kirchen verfügen doch über einen wahren Schatz an Moral, an guten Worten und an letzten Werten, oder etwa nicht?

Wozu gibt es ein solches Service-Unternehmen?

Kaum jemand außerhalb der Bundesrepublik erkennt die Begründung für diese Überbewertung an, die die Kirche nennt: das sogenannte »Mehr«, das sie angeblich darstellt oder leistet. Das übrige Europa sieht da klarer: Kirchen haben weder ein historisches noch ein aktuelles Mehr. Ihre Vorsprünge vor anderen Interessengruppen sind nicht allgemein anerkannt. Die

Berufung auf sogenannte »letzte Werte« ist in der säkularen Gesellschaft ebenso wie im weltanschaulich neutralen Staat obsolet. Von der Tatsache, daß sich die Kirchen in ihrer Geschichte selbst millionenfach desavouiert haben, ganz zu schweigen. Das hindert diese aber weder selbst noch ihre Parteigänger in den großen Parteien, den überholten Grundsatz vom »Mehr« beizubehalten und aggressiv zu vertreten. Statt endlich auch die Kirche nur als Verband unter Verbänden zu sehen, ohne ihr schon wieder Privilegien zuzuerkennen, behaupten solche Lobbyisten entgegen besserem historischem Wissen, die Kirchen hätten zeitliche und überzeitliche Vorsprünge vor sämtlichen anderen Gruppen der modernen Gesellschaft. Vor allem seien sie Kulturträgerinnen ersten Ranges im Abendland und schon von daher förderungswürdig. Genau dies stimmt nicht. Gerade die Kirchen, und nur sie, haben eine immense inhumane und damit nicht-kulturelle Vergangenheit. Ein Mehr an Unkultur, zumal an Mord und Totschlag, läßt sich ebenso leicht nachweisen wie die Tatsache, daß es zutiefst unbiblisch ist, das sogenannte »ideelle Mehr«, falls es ein solches wirklich gäbe, finanziell honorieren zu lassen oder durch besondere Privilegien abzusichern. Kann man sich Jesus aus Nazareth, der als einziger für das ideelle Mehr stehen mag, als Garant für Gewinn und Privileg vorstellen? Kann eine kranke Gesellschaft wie die der Kirche, die beispielsweise das freie Wort nicht schätzt, überhaupt eine gesunde Kultur, ein ideelles Mehr hervorbringen?

Bei überzeugt Gläubigen (»Gehorsamen«) ist eine auffallend geringere positive Wertung geistiger Autonomie festzustellen als bei Nicht-Gläubigen. Denken ist nicht die Stärke der Glaubenden. Wahrscheinlich werden die Kirchen vor allem deswegen als Garantinnen ewiger Werte geschätzt und bezahlt, weil der Bedarf an Ethik um so größer erscheint, je raffgieriger eine Gesellschaft ist. Eine Gesellschaft, die den individuellen Tod ebensogern verdrängt wie die Frage nach dem selbstgestalteten

Lebenssinn, hält sich für solche Probleme ein Spezialistenteam und garantiert diesem das Monopol der letzten Tage auch finanziell. Hinzu kommt, daß man in der Bundesrepublik versäumte, den Anschluß an die Aufklärung zu halten und eine säkulare Kultur des Humanen zu entwickeln. Wie es aber um die konkrete abendländische Klerus-Kultur (und deren letzte Werte) bestellt ist, wird noch zu sehen sein.

Wie viele Menschen bedient die Kirche?

Nicht selten gewinnen Bürgerinnen und Bürger der Republik den Eindruck, die Oberhirten artikulierten einen »Willen Gottes«, der sich nur unwesentlich vom Wollen der maßgebenden Christenpolitiker unterscheidet. Von daher gesehen, nützen Kirchenleute in erster Linie den staatstragenden Parteitaktikern. Aber zugeben werden dies beide Seiten des Bündnisses nicht. Sie sprechen viel lieber vom »Volk« und der »Volkskirche«. Die Zahlen, welche die Klerus-Organisation hierfür vorlegt, sind beeindruckend. In den letzten Jahren wird von kirchlicher Seite vor allem auf die sozialen Dienstleistungen verwiesen. Das hat seinen Grund: Spezifische Glaubensfragen sind längst nicht mehr so spannend wie früher. Mit dem Dogma macht keine Kirche mehr Staat. Es ist für sie längst gewinnbringender, wenn sie statt vom Dogma von der »Caritas« sprechen und von deren Leistungen im Sozialbereich. Was bei den Massen zählt, ist soziales Engagement – »die Nächstenliebe«. Vorsicht ist jedoch angebracht, wenn die Kirchen sich als Synonyme der Liebe verkaufen. Vorsicht, wenn sie sich als Resterscheinungen von Zuwendung in einer lieblos gewordenen Umwelt verkündigen. Daß hinter den Kulissen der friedfertigen Charity (die Schuldgefühle in Form von Spenden und Kirchensteuern übernimmt) die alten Aggressionen lauern, bezeugen die vielen Berichte von psychisch gefolterten und vergewaltigten Menschen der Gegenwart, lauter Anklagen der von

Mutter Kirche verkrüppelten Kinder. Eine Institution, welche die ihr Anvertrauten nicht so nimmt, wie sie sind oder sein wollen, kann sich nicht auf irgendeine Legitimation berufen. Da sie Kinder immer wieder auf ihr eigenes System hin verkrüppelt, bleibt sie ein ständiger Skandal.

Gegen sie kann auch niemand auf eine christliche Moral pochen. Denn die geläufige Moral ist selbst Ergebnis und Bestandteil des Systems. An ihr Forum zu appellieren ist Unsinn, weil sie ihre eigene Existenz von denen ableitet, gegen die appelliert werden soll. Moralische Appelle sind keine systemöffnenden Fragen. Nichts innerhalb eines bestimmten Rahmens hat die Kraft, den Rahmen selbst zu leugnen. Spricht die Kirche von Moral, kehrt sie höchst gefahrlos auf ihr eigenes Territorium zurück. Handelt sie in »Nächstenliebe«, braucht sie nicht mehr um ihre Existenz zu fürchten. Sie selbst sagt es seit eh und je der Welt, was unter Liebe zu verstehen sei. Die Welt ist noch immer voll von solcher Liebe.

Der katholische Caritasverband, der sich in dieser Richtung organisiert hat, betreibt in der Bundesrepublik rund 30000 Institute mit 351500 festen Mitarbeitern in Zivil und Ordensgewand. Das sind mehr Beschäftigte, als die Deutsche Bundespost aufzuweisen hat. In Krankenhäusern und Pflegeheimen arbeiten 176000 Menschen für diese Caritas, in Jugendheimen und Tageseinrichtungen 72000, in Altenheimen 51000, in Behindertenheimen 30000, in sonstigen Einrichtungen 22500. Der Wert der vielen sozialen Institute dieses Verbandes wird auf einen dreistelligen Milliardenbetrag geschätzt. Keine bundesdeutsche Firma besitzt auch nur annähernd so viele Immobilien wie die katholische Caritas. Ihre Einnahmen machen Jahr für Jahr einen zweistelligen Milliardenbetrag aus. Eine umfassende Kontrolle dieser Milliarden (und der Spendengelder) fehlt ebenso wie eine einheitliche Vermögensaufstellung für alle Landesverbände.

Bei so viel Dunkel wundert es nicht, daß man immer wieder

(und immer häufiger) von Betrug und Unterschlagung in Millionenhöhe hört. Manch ein Kirchenbediensteter kann der Versuchung nicht widerstehen, in die eigene Tasche zu arbeiten. Wer als Kleriker zum Beispiel einen Jahresetat von über 100 Millionen DM zur Verfügung hat, braucht schon sehr viel Charakterstärke. Und weshalb soll es ausgerechnet im Klerus keine kriminelle Energie geben? Die Geschichte der Institution hat doch genügend Beispiele parat seit der Antike! Aber solche »Einzelfälle« sind noch die geringste Sorge der Oberhirten. Sie lassen sich isolieren und als Betriebsunfälle definieren, wie sie überall vorkommen, wo Geld und Macht im Spiel sind. Schwerer wiegt die Tatsache, daß das Service-Unternehmen Kirche nicht mehr so akzeptiert wird, wie es dem Klerus gefiele. Die Kirchen bröckeln nicht nur an den Rändern ab. Ihre Verletzungen sitzen tief. Zwischen 1979 und 1988 sank in der Bundesrepublik die Zahl der aktiven katholischen Seelsorgsgeistlichen von 10533 auf 9284. Das Bistum Augsburg zum Beispiel hat für 600 kleinere Pfarreien nur noch 178 Priester. Die 220 katholischen Frauenorden melden einen rasanten Mitgliederschwund: jährlich 350 Eintritte und rund 2000 Todesfälle. Über die Zahl der Austritte aus den Orden werden keine Angaben gemacht. In den letzten 15 Jahren hat sich die Quote der katholischen Kirchgänger von 48 auf 24 Prozent halbiert; mehr als die Hälfte ist über 65 Jahre alt.

Die Akzeptanz der Kirchen wird zum Existenzproblem. Nach dem Soziologen Ferdinand W. Menne sind in den breiteren Schichten der Bevölkerung die ausgeformten Morallehren der Kirchen – soweit überhaupt zuverlässig bekannt – bereits unter die Schwelle der Konfliktfähigkeit gesunken. Verstöße gegen Dogma und Moral erfolgen ohne das Bewußtsein einer Normverletzung. Die Motivationskraft christlicher Ethik (falls es eine solche überhaupt gibt) verfällt von Tag zu Tag. Was weitergeschleppt wird, sind jene Restbestände klerikaler Moral, denen es gelang, in allgemeine konservative Ideologien der Ge-

sellschaft einzudringen und sich in diesen – wie auf dem Terrain
Ehe und Familie – zunächst zu etablieren. Wenn Päpste noch
immer meinen, sie gingen in Sachen Moral der Welt voran, und
wenn sie diese Ansicht in eigenen Enzykliken publizieren, täuschen sie sich: Solche Hirtenschreiben lösen kein Problem. Sie
verraten nur eigene Probleme, an erster Stelle das des kirchlichen »Lehramtes«, seine Autorität über Menschen zu behaupten, die sich langsam aus autoritätsvermittelten seelischen
Zwängen und Angstzuständen befreien (G. Hirschauer). Freiheit aber ist nur zu gewinnen, indem sich ein Mensch vom
bösen katholischen Erbe löst und Abschied nimmt von den
Ängsten seiner Väter.

Warum nicht aus der Kirche austreten?

Keine Organisation gibt gern zu, daß ihr die Mitglieder scharen-
weise weglaufen. Bedrohlich sind die Kirchenaustritte auf dem
Gebiet der Bundesrepublik für die Großkirchen – jede führt
einige Millionen Karteileichen – noch immer nicht; für die
ehemalige DDR werden sie als »nennenswert« bezeichnet. Es ist
anzunehmen, daß – mit steigender Tendenz – Jahr für Jahr etwa
80 000 Katholiken ihrer Kirche den Rücken kehren; für 1990
dürften die Zahlen wesentlich höher liegen. Die Gruppe der
Kirchenfreien ist schon ziemlich groß; in Städten wie Berlin,
Hamburg oder Frankfurt umfaßt sie inzwischen mehr als ein
Drittel der Einwohner. Der Anteil der evangelischen Christen in
Hamburg ging zwischen 1970 und 1987 um 20 Prozent zurück,
der in West-Berlin von 67 auf 48,3 Prozent, der in Bremen von
80, 6 auf 59, 7 Prozent. Der Katholikenanteil in diesen Städten
lag 1987 durchschnittlich unter 10 Prozent. Damit stellen die
katholischen Bevölkerungsteile eine Minderheit dar; sind die
Gruppen der Konfessionslosen dreimal größer. Dennoch ist im
bundesdeutschen System von Kirche und Staat der (finanzielle,
politische) Einfluß noch immer genau umgekehrt. Wie lange

sich die tatsächliche Mehrheit diese Privilegierung der Kirchen noch gefallen läßt? Die auf die ehemalige DDR bezogenen Schätzungen (7 Millionen evangelische, 1,1 Millionen katholische Christen) sind überholt. Von den etwa 16 Millionen Bürgern auf dem einstigen DDR-Gebiet ist höchstens noch ein Viertel konfessionell gebunden. Die Schwemme »politischer Pfarrer« nach der Wende von 1989 hat das Bild verzeichnet.

Waren 1982 noch 47 Prozent der deutschen Katholiken davon überzeugt, die Religion könne auf die meisten Zeitfragen eine hilfreiche Antwort geben, sind es 1989 nur noch 36 Prozent. Die Bereitschaft, sich wichtigen Lehrentscheidungen des Papstes zu beugen, ist auf ganze 16 Prozent gesunken, ein noch nie erreichter Tiefstand. Nur noch 16 Prozent der Katholiken zwischen 20 und 29 Jahren gehen jeden Sonntag zur Messe. Es ist sehr zweifelhaft, ob unter diesen Umständen weiter behauptet werden darf, Deutschland sei ein christliches Land und das christliche Sittengesetz auch künftig die Basis beispielsweise für die Rechtsprechung in Ehe- und Familiensachen. Den Klerikern wie den von ihnen beeinflußten Juristen kommen nicht nur die Argumente abhanden, sondern auch die Menschen.

Von einer allgemein verbindlichen christlichen Werteordnung kann keine Rede mehr sein. Es ist an der Zeit, sich politisch an der veränderten Situation zu orientieren und die schon vollzogene Säkularisierung der Gesellschaft entsprechend aufzuarbeiten. Freilich zögern Millionen BundesbürgerInnen, die keinen Klerus mehr brauchen, Konsequenzen zu ziehen und ihre Kirche, die ihnen nichts mehr bedeutet, auch formell zu verlassen. Die Gründe für diese Haltung sind unklar: Antriebsschwäche? Versäumnis? Opportunismus? Angst vor dem Jenseits? Mangel an alternativen Perspektiven? Dabei ist ein Kirchenaustritt kein Problem: Gang zum Amtsgericht oder Standesamt, Vorlegen des Personalausweises, Erklärung des Austritts (ohne Angabe von Gründen), Steuerfreiheit. Der Kirchenaustritt stellt die Wahrnehmung eines unverletzlichen

Grundrechts dar. Er darf weder behindert noch mit Sanktionen belegt werden. Dieses demokratische Leitprinzip ist freilich nicht in allen Regionen der Bundesrepublik anerkannt: Sich in bestimmten Landstrichen oder Berufen zum Kirchenaustritt zu entschließen kommt einer Selbstaufgabe gleich. Für Arbeitnehmer im Kirchendienst, von denen nach vorsichtigen Schätzungen allenfalls drei bis fünf Prozent noch überzeugte Gläubige sind, ist ein Kirchenaustritt noch immer praktisch unmöglich. Die Kirchen, die sich als »Tendenzbetriebe« verstehen, ahnden ihn als Verbrechen gegen ihren Geist. Die entsprechenden Sanktionen treffen selbst Menschen, die in Einrichtungen mit konfessioneller Trägerschaft arbeiten, die zu 100 Prozent aus nicht-kirchlichen Mitteln finanziert sind. Der Kirchenaustritt stellt für viele Menschen eine Lösung persönlicher Probleme mit der Kirche dar. Das Gesamtproblem löst er vorerst nicht. Hier ist erst eine Änderung zu erwarten, wenn jene Millionen die Kirchen verlassen, die heute noch als Karteileichen fungieren.

Wozu werden eigentlich noch Kirchtürme gebaut?

In der bundesdeutschen Gesellschaft werden klerikale Moralstandards meist nicht im Leben des einzelnen Menschen konserviert. Als Konservierungseinrichtungen fungieren vielmehr die offizielle Rechts-, Familien- und Sozialpolitik. Kirche und Staat schützen sich gegenseitig und leisten sich Amtshilfe, indem sie die gemeinsamen Werte propagieren. Da der weltanschaulich neutrale Staat offenbar solche Hilfeleistungen braucht, bezahlt er seine Kirchen entsprechend. Öffentliche Gelder fließen nicht nur in die Militärseelsorge oder, als »Entschädigungsleistungen«, in die Taschen der Bischöfe. Sie dienen auch der Renovierung von Kirchendenkmälern. Sie unterstützen sogar die Errichtung neuer Kirchen. Schon der Wiederaufbau nach dem Krieg hatte einen immensen kirchlichen Bauboom ausgelöst. In Stadt und Land gehörten neue Kirchen zum gewohnten Bild. Mancher Pfarrer stellte seinerzeit Rekorde auf; einige Geistliche galten als besonders befähigt, weil sie es in ihrem Seelsorgerleben auf mehrere Neubauten gebracht hatten. Es bleibt abzuwarten, ob es in nächster Zeit einen ähnlichen Trend auch auf dem Gebiet der früheren DDR geben wird.

Im 20. Jahrhundert dürften mehr Kirchen gebaut worden sein als in den 400 Jahren vorher. Seit Kriegsende sind etwa 3000 evangelische Kirchen errichtet worden, und allein in der Erzdiözese Paderborn wurden zwischen 1950 und 1967 nicht weniger als 518 Kirchen, 8 Notkirchen und 393 Dienstwohnungen gebaut. Die Diözese Speyer hat 1968 fast die Hälfte ihres damaligen Etats, nämlich 16,5 Millionen DM, für Bauten verwendet. Das Bistum Trier plante im selben Jahr für den Bauhaushalt 17 Millionen, für den sozialen Sektor aber nur 6 Millionen DM ein. Während 1969 eine durchschnittliche Kirche noch um eine Million DM gekostet hat, dürfte sich diese Summe mittlerweile mindestens verdreifacht haben. Investition in Steine statt in Menschen: Während die Niederlande alte Kirchen meistbietend versteigern, während in der Diözese Haarlem bis zum Jahr 2000 wegen des stark rückläufigen Kirchenbesuchs die Hälfte aller katholischen Kirchen geschlossen werden muß, dürfen sich in der wohlhabenden Bundesrepublik Landpfarrer und Architekten von lokaler Bedeutung weiterhin gegenseitig ihren Kunstsinn bestätigen. Unklar bleibt, wozu noch Kirchtürme gebaut werden. Um ein »sichtbares Zeichen« zu setzen? Um auf »Gottes Finger« hinzuweisen? Um Glocken für das Mahnläuten unterzubringen? Um einer Masse von Armbanduhrträgern öffentlich geförderte Uhren vorzuzeigen? Selten wird kirchliche Dysfunktion so anschaulich. Nicht wenige kommen ins Grübeln, wenn sie mit ansehen müssen, wie – mit Mitteln der öffentlichen Hand – neue und teure Kirchen allein dafür erstellt worden sind und weiter erstellt werden, um sonntags ein paar Dutzend Gläubige zu bedienen. Von daher gesehen, sind die Kirchen in der Bundesrepublik völlig unrentabel. Sie halten keinen Vergleich mit denen anderer Länder aus. Das Thema muß dringend öffentlich diskutiert, der Skandal beseitigt werden. Die Zeit der klerikalen Repräsentationsbauten ist ein für allemal vorbei. Läßt sich der Vatikan aber am Rand der Sahelzone mit einem dem Volk abgepreßten »Dom« beschenken, der allein 120 000 Quadratmeter Marmor für die Prachtstraße zum Besuch des Papstes verschlungen hat, so ist der Protest nicht Sache der Katholiken (die schweigen), sondern die aller redlich Denkenden und Fühlenden. Niemand kann künftig mehr sagen, er habe es nicht gewußt. Wer durch Spenden, Steuergelder, Wählerstimme einen derartigen Wahnsinn weiter unterstützt und finanziert, schreibt mit an einem neuen Kapitel der Kriminalgeschichte des Christentums.

Was verdienen Bischöfe und Pfarrer?

Wenn jemand meint, er bezahle mit seiner Kirchensteuer auch den eigenen Bischof, und der Konfessionslose tue das nicht, irrt er. Auch aus der Kirche Ausgetretene tragen hierzulande zum Unterhalt katholischer Prälaten bei. Die Rechtsgrundlage für solche bundesdeutschen Spezialitäten sind zum Teil über 150 Jahre alte Verträge zwischen Staat und Kirche. 1817 wurde – um nur ein Beispiel zu nennen – eine Übereinkunft zwischen Papst Pius VII. und Maximilian I. Joseph, König von Baiern, geschlossen, die in ihrem Artikel IV die Einkünfte »für baierische Erzbischöfe, Bischöfe, Pröbste, Dechanten, Canoniker, Vicare« der Erzdiözesen München und Bamberg sowie der Diözesen Augsburg, Würzburg, Regensburg, Passau, Eichstätt und Speyer festlegte. Das Konkordat Bayerns mit dem Heiligen Stuhl von 1924 hat diese Bestimmungen ausdrücklich akzeptiert. Das Bundesland zahlte denn auch im Jahre 1986 an Jahresrenten für die bayrischen Erzbischöfe und Bischöfe 900 000 DM, an Gehaltszulagen für Weihbischöfe 180 000 DM, an Jahresrenten für Domkapitulare 8,95 Millionen DM – und zur »Ergänzung des Einkommens je eines hauptamtlichen Mesners an den Domkirchen« nochmals 200 000 DM. Zuschüsse zur Besoldung von Seelsorgsgeistlichen schlugen in Bayern damals mit 54,2 Millionen DM zu Buch, Zuschüsse zum Sachbedarf der Hohen Domkirchen mit fast 1 Million DM. Diese Gelder haben nichts mit der Kirchensteuer zu tun; sie erfolgen aus allgemeinen Steuermitteln. Folglich zahlen auch bayrische Konfessionslose für die Küster an bayrischen Domen wacker mit.

Bayern hat auf diese Weise an Staatsleistungen für Bischofs- und Pfarrersgehälter u. ä. im Jahr 1986 nicht weniger als 87 Millionen DM aufgebracht. Andere Bundesländer spendieren ähnliche Summen, Nordrhein-Westfalen beispielsweise fast 12 Millionen DM jährlich an »Beihilfen zur Pfarrersbesoldung« und fast 8 Millionen für die Erzbischöfe und Bischöfe des Landes. Auf diese Weise finanzieren Kirchenfreie die exotische Kleidung von Bischöfen einer Kirche mit, die sie selbst schon verlassen oder der sie nie angehört haben. Im übrigen rentiert es sich – nicht zuletzt aufgrund solcher Staatssubventionen an Kirchendiener – schon, Oberhirte in der Bundesrepublik zu sein. Bischöfe werden hier besoldet wie höhere Ministerialbeamte und beziehen ein Jahreseinkommen von 150 000 bis 180 000 DM. Ein vergleichbar hohes Gehalt erhalten nur etwa 0,5 Prozent der jeweiligen Landesbeamten. Die weitaus überwiegende Mehrheit der Beamten (von Arbeitern und Angestellten nicht zu reden) liegt erheblich darunter. Postbeamte, Polizeibeamte, Finanzbeamte erreichen in der Regel nicht einmal die Hälfte der Bezüge höherer Kleriker. Wer also ein »Opferleben« führt, der zölibatäre Priester oder der Familienvater, ist keine Frage mehr.

Die westdeutschen Kleriker erhalten nach eigenen Aussagen »Spitzengehälter«; nach Besoldung und Einkommen geht die Schere zwischen Pfarrern und »Laien«-Mitarbeitern der Großkirchen weit auseinander. Pfarrer werden in der Bundesrepublik in der Regel wie Beamte im höheren Dienst (Hochschulabschluß) bezahlt; ihr durchschnittliches Einkommen liegt damit zwischen 3000 und 5000 DM. Nicht vergessen werden dürfen in diesem Zusammenhang die weiteren Vorteile des geistlichen Lebens: freie Dienstwohnung (einschließlich Energiekosten, Telefongebühren, Dienstwagen), häufige Einladungen, die das eigene Portemonnaie schonen. Der Monatsetat eines Klerikers leidet selten übermäßig. Vielmehr kann manches dem Privatvermögen zugeführt werden. War es früher erstrebenswert, »wie Gott in Frankreich« zu leben, so ist es gegenwärtig lohnender, Pfarrer in der Bundesrepublik zu sein. Freilich scheint dieses Leben nicht allen zu bekommen: Zwei neuere wissenschaftliche Untersuchungen erwiesen, daß Geistliche beider Großkirchen nicht nur in überdurchschnittlichem Maß sexuelle Probleme haben, sondern auch auffällig häufig suchtkrank sind. In der Bundesrepublik sollen gegenwärtig etwa 4000 geistliche Personen mehr oder weniger von Alkohol oder Medikamenten abhängig sein.

Sind nicht Diakonie und Caritas der Kirchen
liebste Kinder?

Mit der Angst vor dem Jenseits, also mit spezifischen Glaubensgründen, können wohl nur noch wenige dazu bewogen werden, ihr Geld der Kirche zu geben. Dies Paradigma hat beinahe ausgedient. Um so aktueller ist das neue: Die Kirche braucht Geld, um karitative Aufgaben zu erfüllen. Nicht von ungefähr kommen nun Theologen immer häufiger zu dem Schluß, Christentum habe eine »soziale Seite«, »Nächstenliebe« sei eine zentrale Aussage des Neuen Testaments und so fort. Das stimmt zumindest in einer Hinsicht: Niemals war – so die Theologin Uta Ranke-Heinemann – in den Großkirchen die christliche, das heißt friedenstiftende, gar pazifistische Tradition vorherrschend. Vielmehr verbindet sich die militarisierende Verfälschung des jesuanischen Wollens mit der »Caritas«, mit dem Verbinden von Wunden und dem Bestatten der Toten. Krankendienst und Waffendienst werden zu hervorstechenden Merkmalen des Christseins, klassisch verkörpert in den Spitalorden, die zur Zeit der Kreuzzüge entstanden sind. Wunden und Schmerzen sind Früchte christlicher Militanz – und Hilfe und Heilung Früchte christlicher Caritas. Immer haben sich die Christen mit der schönen Pflicht der Hilfe für Verwundete und Sterbende über die primäre Pflicht hinweggeholfen und hinweggelogen: Wunden und Tod dadurch zu verhindern, daß Kriege verhindert worden wären. Unter dem Gesichtspunkt der Arbeitsplatzbeschaffung für Mann und Frau ist freilich die gewählte Form vorteilhafter: christliche Soldaten hier und dort christliche Krankenschwestern.

Die klerikale »Caritas« ist ein Buch mit sieben Siegeln. Sie hat noch immer »kein System der öffentlichen Abrechnung sowohl für die Gesamtbilanz als auch für Einzelaktionen gefunden«. Gegen die Folgerung, daß schon deshalb Spenden an sie »nicht empfohlen« werden können, zog eben diese Caritas vor den Kadi. Viel Erfolg hatte sie nicht; sie muß den überwiegenden Teil der Prozeßkosten aus allen Instanzen tragen. Aus welchem Topf sie das Geld wohl nimmt?

Daß in den letzten Jahren kirchliche Wohlfahrtsverbände ins Zwielicht geraten, daß ihnen Filz, Korruption und Inkompetenz vorgeworfen worden sind, wiegt gewiß nicht leicht. Ungleich schwerer als diese Kritik lastet jedoch der Vorwurf auf den Kirchen, ihre karitativen Unternehmungen seien erratische Blöcke im demokratischen Rechtsstaat. Und mit »Caritas« hätten sie recht wenig zu tun. Vielmehr machten sie nur unlautere Werbung für Sozialleistungen, die nicht die ihren seien (da zu 90 Prozent vom Staat finanziert). Ob die Kirche dem Vergleich mit einem weltanschaulich neutralen Verband wie beispielsweise dem Deutschen Roten Kreuz überhaupt noch standhält?

Werden kirchliche Kindergärten von der Kirche bezahlt?

Kinder sollen beten lernen, Kirchen dafür zahlen? Genau da liegt das Problem, das mit der Kirche und unserem Geld zu tun hat. Denn, was viele Eltern gar nicht ahnen: Nicht die katholische Kirche unterhält finanziell den Kindergarten, der nach ihr benannt und auf ihre klerikalen Prinzipien ausgerichtet ist, sondern der weltanschaulich neutrale Staat. Wieder einmal stoßen wir auf eine unglaubliche, aber wahre bundesdeutsche Spezialität: Das Verhältnis zwischen staatlicher und kirchlicher Finanzierung der Kindergärten beträgt, alles in allem, etwa 75 zu 15 (die fehlenden 10 Prozent sind Elternbeiträge). Das bedeutet, daß zwar alle Steuerzahler – unabhängig von ihrem Glaubensbekenntnis – mit dazu beitragen, daß Kindergärten in kirchlicher Trägerschaft betrieben werden können, daß aber nur die klerikale Kleingruppe (die zu höchstens 18 Prozent beteiligt ist) in diesen Kindergärten befiehlt. Katholische Kindergärten gehören zu den klerikal bestimmten und damit demokratieferneren Einrichtungen der Bundesrepublik.

Die Kirche, das heißt zumeist der – fast ausschließlich seinem Bischof verantwortliche – Ortspfarrer, entscheidet über die Einstellung und Kündigung von Mitarbeiterinnen und Mitarbeitern sowie über die Art der Erziehung, die sie über diese handverlesenen MitarbeiterInnen den Kindern »angedeihen« läßt – oder zumutet. Das ist ein Privileg. Oder ein Monopol, worüber nicht nur die jeweiligen Kleriker wachen, sondern auch deren Außenposten, die christlichen Kommunalpolitiker. Kindergärten und Kindertagesstätten sind beliebte Felder kirchlichen Engagements. Weltanschauungsgemeinschaften wollen die Menschen möglichst früh auf ihre Leitbilder einschwören. Und was so früh angelegt ist, soll ein Leben lang nicht mehr abgelegt werden können. »Schon früh«, sagt es ein Faltblatt der evangelischen Landeskirche Württembergs, sollen die Kinder »die prägende Kraft des Evangeliums« erfahren. Also Hand auf die Kinder – und die Kindergärten. Und auf die Schulen. »Wer die Jugend hat, hat die Zukunft«, hieß es bei den Nazis. Und in den kommunistischen Staaten verfährt man nach dem gleichen Grundsatz.

Sozialleistungen sind zwar im Prinzip von öffentlichen Trägern zu erbringen. Doch widerspricht die Monopolbildung der Kirchen im Kindergarten-, Krankenhaus- und Behindertenbetreuungsbereich dem Sinn dieses Prinzips. Die Klerikergruppen sind hierzulande schon lange nicht mehr nur »subsidiär« am karitativen Werk. Sie haben alle wichtigen Plätze im Sozialsektor eingenommen. Und der Staat bezahlt sie dafür. Sie genießen nach wie vor Narrenfreiheit. Ihre missionarische Zielrichtung kann im weltanschaulich neutralen Staat ohne Bedenken öffentlich propagiert werden. Die Zuteilung der – auch von Bürgerinnen und Bürgern anderer, ja gegenteiliger Weltanschauungen aufgebrachten – Finanzmittel wird durch die entsprechenden Äußerungen des Klerus nicht im geringsten gefährdet. Ein katholischer Priester konnte daher »seinen« Kindergarten bei der Einweihung »eine Oase der religiösen Erziehung« nennen, ein anderer meinen, »das religiöse Training« könne »nicht früh genug beginnen«.

Und ein Leben lang anhalten. Von den 31,2 Millionen DM, die Bayern 1987 für Erwachsenenbildung bereithielt, flossen allein 6,2 Millionen DM der Katholischen Landesarbeitsgemeinschaft für Erwachsenenbildung zu. Das ist eine ganze Menge Geld, die nichts mit Kirchensteuermitteln zu tun hat, sondern mit Staatsleistungen für Kirchenzwecke. Damit kann die Lobby schon etwas anfangen. Der neue Erzbischof von Köln, Kardinal Meisner, gab denn auch die wegweisende Parole aus, die bundesdeutsche Gesellschaft sei »christlich zu unterwandern«.

Können wir mit der Fürsorge der Kirche zufrieden sein?

Nach einer von der Katholischen Nachrichtenagentur im April 1988 veröffentlichten Umfrage sind sich fast alle Kirchensteuerzahler darin einig, daß die Einnahmen aus der Kirchensteuer vor allem für soziale Zwecke ausgegeben werden sollten. Tatsächlich entfallen von den Kirchensteuereinnahmen nur etwa 9 Prozent (katholisch) und 7 Prozent (evangelisch) auf soziale Zwecke. Der ungleich größere Rest, zwischen 50 und 70 Prozent, geht für die Besoldung von Kirchenbediensteten drauf. Darüber sprechen diese nicht gern. Vorerst wird weitergewurstelt wie gewohnt. Konfessionelle Kindergärten sind fast schon Monopolbetriebe. Und das bringt nicht nur Kinder in die Kirchen, sondern auch Geld in die Kirchenkassen. Im Saarland beträgt das Verhältnis von kirchlich betriebenen und nicht-konfessionell betriebenen Kindergärten etwa 16:1. München zahlt an kirchliche Kindergärten das über Dreifache von dem, was es pro Jahr an Kindergärten zahlt, die von freien Wohlfahrtsverbänden und gemeinnützigen Trägern unterhalten werden. Das heißt, daß rund 77 Prozent der gesamten öffentlichen Zuschüsse in kirchliche Einrichtungen wandern.

Caritas in diesem Sinn wird vom Steuerzahler finanziert – und von der Kirche propagandistisch ausgeschlachtet. Den Ruhm der nackten Zahlen hat allein sie. Sie kann verbreiten, sie unterhalte in der Bundesrepublik Hunderttausende von Sozialeinrichtungen, sie sorge für die Menschen, ob klein oder groß, ob arm oder schwach. Denn im Fall anderer karitativer Institute wiederholt sich das Gesagte: Einrichtungen, die kranke, behinderte oder alte Menschen in deren Wohnung betreuen, werden in vielen Gebieten der Bundesrepublik ebenfalls zum überwiegenden Teil von den Kirchen unterhalten. Aber finanziell beteiligt sind diese nur etwa zu 13 Prozent der anfallenden Kosten. Den Hauptteil von 87 Prozent übernehmen Zuschüsse des Landes und der Kommunen sowie Krankenkassen und Privatpersonen. Wieder zeigt sich das gleiche Bild von der »Caritas«: Fast 90 Prozent zahlen andere, doch als »Wohltäterinnen« (und einflußreiche Arbeitgeberinnen) treten ausschließlich die Kirchen in der Öffentlichkeit auf. Für Hunderttausende von (konfessionslosen, steuerzahlenden) Eltern aber heißt die »demokratische« Alternative: entweder katholisches Frühtraining oder Verzicht auf die Sozialeinrichtung Kindergarten.

Hinsichtlich der »Caritas« bestehen freilich wesentliche Denkverbote. So ist es noch immer ein besonderes Tabu, die karitativen Hilfeleistungen der Kirchen zu hinterfragen. Es gelang, wie gesagt, dem Klerus, in einer Zeit abnehmenden Glaubens die karitative Seite des Christentums stärker denn je zu betonen. Kirche und Caritas wurden fast schon zu einem öffentlichen Synonym. Die kirchlichen Sozialträger finanzieren ihren relativ geringen Kostenanteil übrigens auch noch aus Straßensammlungen und ähnlichen Bettelaktionen. Sogar Lotterieeinnahmen fließen in diese Richtung: Zwischen 1967 und 1983 überwies allein die Fernsehlotterie »Ein Platz an der Sonne« den Kirchen 50 Millionen DM. Die Bundesrepublik bezuschußte 1984 mit insgesamt über 202 Millionen DM, 1985 mit 211 Millionen DM die kirchliche Entwicklungshilfe. Diese staatliche Leistung geht zu nicht geringen Teilen an Projekte, welche – im Fall der katholischen Kirche – ungeniert als »Weltmission« firmieren. Die Katholiken selbst haben an Spenden für ihre Weltmission nur gut die Hälfte der staatlichen Subvention, nämlich 117 Millionen DM, aufgebracht. Nach dem Haushaltsplan für das Bistum Berlin von 1989 sind für »Bischof und Domkapitel« 706000 DM vorgesehen gewesen, für »Weltmission« 32000 DM. Klerikale Caritas ist wesentlich fremdfinanzierte Caritas – oder gar keine. Karitativ-soziale Leistungen machen nur einen geringen Teil in den Haushaltsplänen der Großkirchen aus. Während der letzten zehn Jahre ist der ohnedies noch nie hohe Haushaltsposten »Caritas« in den Diözesan-

haushalten kontinuierlich zurückgegangen. Im übrigen sind
diese Gelder häufig vermögenschaffend angelegt worden, also
für den Erwerb von Grundstücken oder für bauliche Zwecke.
Die kirchliche Nächstenliebe stammt zu wesentlichen Teilen
aus der Staatskasse. Die halbe Million ehrenamtlicher MitarbeiterInnen, von der die Kirchen sprechen, sind – höchstens ein bis
zwei Tage pro Jahr – beim Sammeln von Spenden für Caritas und
Diakonie tätig. In karitativen Einrichtungen der Kirchen wie
Krankenhäusern, Alten- und Behindertenheimen arbeitet so gut
wie niemand unentgeltlich. Hier sind nach Tarif bezahlte Kräfte
tätig. Keine zwei Prozent davon sind Nonnen.

Spricht die Kirche für das Volk?

Die Wahrheit ist konkret; große Worte machen sie ebensowenig aus wie Fensterpredigten. Machiavelli, ein genauer Beobachter der Wirklichkeit, erkannte in den Jahren zwischen 1510
und 1520, »daß die Völker am wenigsten Religion haben, die
der römischen Kirche, dem Haupt unseres Glaubens, am nächsten sind«. Im Kirchenstaat, einer wahren Klerokratie, in der
Priester und Polizei kommandierten, gab es noch im 19. Jahrhundert 70 Prozent Analphabeten. Ein weiteres geschichtliches
Faktum erlaubt andere Einblicke in das undemokratische Innen-
leben einer »Volks«-Kirche am Hauptsitz Rom: In einer Volksabstimmung im Herbst 1860 hatten sich schon 230000 Menschen gegen die päpstliche Herrschaft in den Provinzen
Umbrien und den Marken entschieden, und nur 1600 hatten
für Pius IX. gestimmt. Das hielt den Souverän nicht davon ab,
nach wie vor ein Fünftel der landwirtschaftlichen Fläche von
ganz Italien zu beanspruchen und den Seinen die Freiheiten zu
versagen, die sie außerhalb seines Machtbereichs schon längst
errungen hatten.
   Als der Papst schließlich 1870 seinen Staat verlor, obgleich
die Bischöfe des Erdkreises immer wieder versichert hatten, das

weltliche Regiment des Heiligen Vaters – und wohl auch die 40 000 Quadratkilometer Landbesitz – sei von Gottes Vorsehung gewollt, und als sich bei einer Volksabstimmung 133 000 Wähler für den Anschluß an Italien (und nur 1500 dagegen) ausgesprochen hatten, zog sich Pius IX. schmollend in seinen Vatikan zurück. Entschädigungsangebote lehnte er ab. Aber nicht etwa, weil er der Auffassung war, sein früheres Territorium sei ohnedies von seinen Vorgängern zusammengestohlen gewesen, sondern weil er auf eine Befreiung aus seiner »Gefangenschaft« hoffte. Schon 1871 wollte er allen Ernstes, daß das Deutsche Reich ihn militärisch (»Kreuzzug über die Alpen«) aus seiner Lage befreie und die »Beraubung des Heiligen Stuhles« rückgängig mache. Da hätte er lange warten können. Ganz so dumm schossen die Preußen nicht. Befreit wurden die im Vatikan »gefangenen« Päpste erst von Mussolini. Der Faschismus Italiens machte ein für allemal klar, wie gute Christen mit ihren Päpsten umzugehen hatten. Daß der Name Mussolini in goldenen Lettern in die Geschichte der katholischen Kirche eingetragen werde, stand 1929 in einem Glückwunschtelegramm aus Köln. Absender? Konrad Adenauer.

Papst Pius IX., dessen Eigensinn die Kirche das Dogma von der »Unfehlbarkeit« verdankt, ist zu Recht schon lange nicht mehr im Gespräch. Er war ein Zeitirrtum. Einmal mehr zeigt sich deutlich die historische Erfahrung der Menschen: Grundrechte müssen gegen die Amtskirche durchgesetzt werden. Mit ihr zusammen läßt sich nichts bewegen. An der Emanzipation des neuzeitlichen Menschen hat die Kirche so gut wie keinen Anteil. Martin Dibelius, ein bedeutender protestantischer Theologe aus Deutschland, sagte einmal knapp: »Darum waren alle, die eine Verbesserung der Zustände dieser Welt wünschten, genötigt, gegen das Christentum zu kämpfen.«

Mit der Demokratie hatte der Vatikan – bis heute Sitz einer in Europa einmaligen absoluten Monarchie – nichts im Sinn. Immer wieder kamen von Papst und Bischöfen antidemokratische

Äußerungen: Rom weigerte sich aus Gründen der Selbsterhaltung, die bürgerlichen Rechte auch nur von fern anzuerkennen. Meinungsfreiheit und Pressefreiheit blieben ihm ein Greuel. Zur Erinnerung: Die Erklärung der Menschenrechte zu Beginn der Französischen Revolution wurde von der Kirche mit einer Verlautbarung beantwortet, die diese Menschenrechte – Gedankenfreiheit, Religionsfreiheit, Rede- und Pressefreiheit – als Ungeheuerlichkeiten verdammte. Woher der tschechoslowakische Staatspräsident Vaclav Havel das Recht nimmt, den Papst, der von einem »unter dem siegreichen Zeichen des Kreuzes« vereinten Europa träumt, als »unseren Lehrer und Mitstreiter für die Ideale der Menschenrechte« zu bezeichnen, bleibt unerfindlich. Hält Havel, von dem früher anderes zu hören war, das Gedächtnis der Menschen für erschöpft?

Fuldas Bischof Johannes Dyba schmähte noch 1989 die Französische Revolution als »Machtübernahme der Gottlosen«, die »vor 200 Jahren zum ideologischen Völkermord geführt« habe. Die ideologischen Völkermorde (Religionskriege, Kreuzzüge, Inquisition, Indianerausrottung), die seiner eigenen Kirche anzulasten sind, hat er in diesem Zusammenhang zu erwähnen versäumt. Hierzulande kann sich ein Kleriker so etwas noch immer leisten. Und wenn niemand auf ihn hört, läßt er die Glocken rufen.

Nebenbei: Wann dürfen in Deutschland die Glocken läuten?

Deutsche Kirchenglocken haben nachweislich nicht nur – auf Wunsch des Oberhirten Dyba – zum »Tag der Unschuldigen Kinder« (28. 12.) des Jahres 1989 geläutet, sondern auch aus Anlaß von »Führer«-Besuchen während der Hitler-Diktatur. Die deutschen Bischöfe haben zu Hitlers sogenannter »Volksabstimmung« vom 10. April 1938 mahngeläutet, um die Ihren an die Urnen zu treiben. Nach der Niederlage Polens 1939 haben sie sieben Tage hintereinander zwischen 12 und 13 Uhr festläuten lassen, um Hitlers Angriffskrieg zu feiern. Aus Anlaß der Vereinigung Deutschlands sollten die Glocken allerdings nicht läuten dürfen; Kleriker hatten plötzlich »politische Bedenken«. Wie viele der mahn- und festläutenden katholischen Glocken sind wohl aus staatlichen Mitteln mitfinanziert worden? Es müssen Tausende sein.

Wo bleibt das »Freie Wort zum Sonntag«?

Privilegien für die Kirchen gibt es zuhauf. Nicht immer sind sie versteckte Subventionen. Oft brüsten sie sich selbst, und dies in einem Land, das – offiziell – die Trennung von Staat und Kirche kennt. Obwohl das Bonner Grundgesetz zu seinen unveräußerlichen und irreversiblen Grundrechten das Recht und die Pflicht eines jeden Menschen zählt, wegen seiner Religion weder »bevorzugt noch benachteiligt« zu werden (Art. 3, 3 GG), werden Kirchen und Kirchenangehörige hierzulande unwidersprochen bevorzugt. Zu den wichtigsten Gebieten gehört in diesem Zusammenhang das Medium öffentlich-rechtlicher Rundfunk. Der frühere Vorsitzende der »Publizistischen Kommission der Deutschen Katholischen Bischofskonferenz«, Bischof Georg Moser (Diözese Rottenburg-Stuttgart), hat 1987 den zur Ratifizierung anstehenden Medienstaatsvertrag kritisiert, weil »private Rundfunkveranstalter den Kirchen die Selbstkosten für Sendezeit in Rechnung stellen könnten«. Der Bischof wußte, wovon er sprach: Bei den öffentlich-rechtlichen Anstalten geht das – und die Kirchen leben offensichtlich davon – vergleichsweise billig ab. Daß der Klerus für sein »Wort zum Sonntag« bezahlt, ist nicht bekanntgeworden. Er besetzt diese Sendeplätze für seine Werbung kostenlos.

Man weiß auch, daß ein »Freies Wort zum Sonntag«, das sich zum Sprachrohr der Millionen kirchenfreien Bürgerinnen und Bürger der Republik machen könnte (Themen genug!), bisher von den Besitzkirchen verhindert wurde. Millionen Konfessionslose bezahlen ihre Gebühren in dieser Hinsicht umsonst, und jene Politiker, die so gern von allgemeinen Menschenrechten sprechen, haben noch kein Wort über diese Benachteiligung verloren. Die Freiheit der Andersdenkenden zu wahren, zu fördern ist unter Kirchenleuten kein Thema. Auch bei den Privatsendern nicht, bei denen schon wieder ganz selbstverständlich ein paar Klerikale hocken und über die Moral aller wachen.

Über wieviel Moral verfügt die Kirche?

Die Gesellschaft hat seit langem die Verwaltung des Religiösen an einen erfahrenen Konzessionär abgegeben, den Kirchenapparat. Ihn bezahlen die meisten, von ihm verlangen viele, daß er seine Aufgabe still und zur allgemeinen Zufriedenheit erfüllt. So lange sie ihn noch brauchen. Was immer war, muß bleiben: eine Regierung, die privaten wie öffentlichen Wohlstand garantiert, eine Streitmacht, die diesen gegen Feinde und Neider verteidigt, und wohlfeile Kirchen, die beides absegnen.

Der Klerus arbeitet nach öffentlicher Meinung aufgrund einer Konzession, die zu den Grundlagen der »christlichen Gesellschaft« gehört, auf die – vorerst – nicht verzichtet werden kann. Die Institution ist gut dotiert, denn der Normalverbraucher läßt sich seine Religion schon etwas kosten. Nichts Schlimmeres für viele als das Gefühl, die Konzessionärin sei von ihrer Aufgabe überfordert und müsse sich dies sogar öffentlich sagen lassen. Kurz: Sie leiste nichts fürs Geld. Dann wird es für die Kirche lebensgefährlich. Alles kann sie sich leisten, Skandale zuhauf, aber nicht die allgemeine Meinung, sie sei eigentlich zu nichts nütze. Satte reagieren ausgesprochen empfindlich auf alle Störungen ihrer Sicherheit. Die Kirchen strampeln sich ab; immer wieder suchen sie, den aufkommenden Eindruck, sie taugten eigentlich nicht viel, durch besondere Anstrengungen zu verwischen. Und da es mit dem allgemeinen Glauben schon lange nicht mehr weit her ist, versuchen sie es – die feiertags üblichen folkloristischen Einlagen hier einmal beiseite gelassen – mit dem, was sie »Moral« nennen. Auf diesem Terrain fühlen sie sich zu Hause; es gibt sogar Leute (vor allem Parteipolitiker), die meinen, die Kirchen besäßen so etwas wie ein Moralmonopol. Aber die Wirklichkeit sieht wie so oft ganz anders aus. Was von klerikaler Seite als zeitlose Moral, letzter Wert, göttliches Gebot verkündigt wird, ist Ergebnis einer geschickten Anpassung an die jeweiligen Zeitläufte. Beliebigkeit statt Zeitlosigkeit ist an der Tagesordnung. Neue Theologien oder Moralen verdanken, nach dem Religionssoziologen Günter Kehrer, ihre Öffentlichkeitswirkung nicht selten dem Gespür ihrer Erzeuger für die Themen, die in der Luft liegen. Theologen sind gute Theologen, wenn sie ein solches Gespür offenbaren – und für die Interessen ihrer Oberhirten einsetzen. Ob die so entstehende und propagierte »Moral« für die Menschen taugt, ist eine andere Frage.

Der Zeitgeist? Kirchen müssen, wollen sie gehört werden, den Durchschnitt bedienen. Heilige sind zu selten, als daß eine »Volkskirche« auf sie, vom »Vorbildcharakter« abgesehen, zählen dürfte. Volkskirchen müssen eine mittlere, dem allgemeinen Denken und Empfinden angepaßte Meinung vertreten. Zu mehr reicht es nicht. Dieser Grundsatz gilt besonders für die katholische »Volkskirche«, die in einem entschiedeneren Sinn als die protestantischen Kirchen eine offizielle Moral propagiert. Den Zeitgeist, dem sie ihre Moral verdankt, verrät sie nie; sie leitet ihre Auffassungen aus ihm ab, selbst wenn es von Fall zu Fall anders aussieht. Ihr Pech: Es handelt sich stets um den Geist vergangener Zeiten, dem sie sich angepaßt hat. Nach vorne weist sie nicht. Als jüngste Schicht in den klerikalen Moralsystemen lassen sich – so Ferdinand W. Menne – jeweils ethische Reflexe auf den Teil der Wirklichkeit ausmachen, den die offizielle Kirche positiv oder negativ zur Kenntnis nehmen darf. Sie schöpft aus dem Vorrat der religiös interessierenden Themen jeweils die, die zum jeweiligen Zeitgeist passen. Sie setzt ihre Schwerpunkte nach eigenem Gusto. Dabei beweist sie diplomatisches Geschick: Sie paßt sich zu fast 99 Prozent an, indem sie Themen von allgemeinem Interesse nun auch ihrerseits als »moralisches Problem« behandelt, und sie hält sich ein, zwei Prozente an »Widerspruch« frei (gegenwärtig die Frage des Schwangerschaftsabbruchs), um von sich behaupten zu können, sie sei »nicht von dieser Welt«. Derart bleibt sie – vorerst – im Gespräch und hat heute noch einen bestimmten Einfluß auf die öffentliche Meinung.

Die Kirche sei geschichtlich, heißt es – eine bloße Banalität. Was anders sollte sie sein? Was anders als eine zu einem geschichtlich festzumachenden Zeitpunkt entstandene, legitimierte und ausgestaltete Institution? Was anders als eine Institution, die ebenso ein geschichtlich festzustellendes Ende haben wird, wie sie einen historischen Anfang hat? Gerade das sogenannte »Mehr«, das von Klerikalen mit Zähnen und Klauen verteidigt zu werden pflegt, hat sich als geschichtlich gewordenes und geschäftlich ausgenutztes Sammelsurium von frommen Wünschen erwiesen. Nirgendwo ist der Nachweis gelungen, daß es – über die Anhäufung von Ängsten und Wunschphantasien hinaus – ein tatsächliches »Mehr« gibt – und wie dieses zu fassen oder zu benennen sei.

Diese Wahrheit haben Klerikale zu allen Zeiten besonders gefürchtet. Sie leben nach anderen Prinzipien, zumal diese sich als sehr profitabel erweisen. Die überall festzustellende Reformunwilligkeit der Kirche ist auch in der Tatsache begründet, daß eine Moral, die nicht von Menschen stammen will, auch nicht zugeben wird, sie könne von Menschen verbessert (humanisiert) werden. Und solche Eigenmoral einer elitären Gruppe soll als Vorbild für eine ganze Welt dienen? Sie, die vatikanische, soll in andere Kulturen exportiert werden? Wann

endlich ist die Mission zu Ende? Daß die Kirchen historisch
gescheitert sind, beweisen Hunderte von Beispielen. Daß sie
unredlich handeln, ist ebenso erwiesen: Eigentlich hatte der
frühe Gott der Kirchenleute deutlich genug gesprochen. Doch
wird sein Wort eben nicht aufs Wort befolgt, wenn es um das
Innenverhältnis der Kirchenleute geht. Nicht alle Gebote Gottes sind von gleicher Durchsetzungskraft. Nicht alle haben es
geschafft, von den Gläubigen anerkannt zu werden. Offenbar
wählen Kleriker sorgfältig aus den Offerten ihres Gottes aus,
was ihnen als Gebot tauglich erscheint und was nicht. »Ihr sollt
nicht schwören, euer Wort sei eindeutig Ja oder Nein« (Mt 5,
34–37), hatte Jesus geboten. Die Kirche hält sich nicht im min-
desten daran; sie läßt die Ihren schwören, sooft sie will. »Keinen auf der Erde sollt ihr euren Vater nennen, denn nur einer
ist euer Vater, und der ist im Himmel« (Mt 23, 9), heißt das
strikte Gebot in der Bibel. Der Heilige Vater zu Rom lacht sich
eins, die vielen geistlichen Väter desgleichen. »Wenn ihr betet,
so zuhause, im Zimmer eingeschlossen, in der Stille« (Mt 6, 6):
Auch dies Wort ist längst desavouiert, nicht zuletzt durch die
Prachtbauten der Kirchen in aller Welt.

Die Reihe der still vergessenen und amtlich wegdiskutierten
Gottesgebote ist fast beliebig fortzusetzen. Doch das Schweigen
und der Ungehorsam des Klerus gegenüber dem, den er seinen
»Stifter« oder »Herrn« heißt, ist nur die eine Seite der Moral.
Die andere ist nicht weniger erschreckend. Wo Gebote nicht
gehalten werden, wo Moral beliebig geworden ist, müssen die
entstandenen Lücken gefüllt werden. Darin haben die Kirchen
wirklich ein Monopol, weil sie seit Jahrhunderten die Lücken
mit eigenen Anpassungsleistungen stopfen. Erstaunlich, wieviel »neue Moral« entstand: Aussagen – in der römischen Kirche sogar »unfehlbare« – über Themen, von denen selbst der
biblische Gott nicht das geringste ahnte und äußerte. Moral-
theologische Lehren über Masturbation, über ehelichen und
vorehelichen Geschlechtsverkehr, über Kondome und Pillen.

Von einigen Auswüchsen dieser »Moral« ist im folgenden zu sprechen. Ihre Schwerpunkte sind von der Kirche vorgegeben. Nicht ohne Grund haben sich Kleriker mit sexuellen Problemen besonders intensiv beschäftigt: Besessenheit ist Ausdruck des Mangels. In Sachen »Umwelt«, einem der wichtigsten Beispiele neuzeitlicher Ethik, ist das kirchliche Engagement vergleichsweise gering. Eigene und fremde Schlafzimmerprobleme sind interessanter. Mit Fragen nach dem Sex – und ihrer »richtigen« Beantwortung – lassen sich viel mehr Menschen hörig halten als mit der Sorge um die Zukunft einer Welt, die – »Macht euch die Erde untertan!« – hemmungslos ausgebeutet worden ist und weiter ausgebeutet wird.

Aber die Fehlorientierung rächt sich schon: Auf dem Weg zur humanen Gesellschaft sind die Kirchen längst keine Führerinnen mehr (wenn sie es je waren). Von Klerikern kann kein Anstoß zum Leben erwartet werden. Moral, der es um eine lebendigere Zukunft geht, kommt um die Wahrheit nicht herum. Die Priester haben sich so sehr in ihren eigenen Netzen verfangen, daß sie in wirklich bedeutsamen Bereichen kein Gehör mehr finden. Daß sie an einem ausgeprägten »Wirauch-Syndrom« leiden, daß sie mit hängender Zunge hinter jedem neuen Problem herlaufen, um eine »Lösung« zu erarbeiten, die niemanden interessiert, daß die wirklich praktikablen Lösungen von anderen kommen, sei hier nur angemerkt.

Sollst du Vater und Mutter ehren oder doch lieber die Kirche?

Die angeblichen Zehn Gebote Gottes haben es schwer in der Kirche. Nicht allein die einzelnen Sünderinnen und Sünder verstoßen Tag für Tag gegen sie, sondern die Kirche selbst hält sich von Amts wegen kaum daran. Den ersten Fall, die Privatpersonen und ihren Umgang mit dem Gebot, haben manche Beichtväter noch im Griff. Da kann immer wieder Sündenangst eingejagt werden. Doch den ungleich schwierigeren zweiten Fall, in dem die Institution selber betroffen ist, löst niemand so schnell. Beichtväter für die Kirche gibt es wohlweislich nicht, und deshalb tut sie sich auch so schwer mit Reue und Buße. Daß die Kirchengeschichte eine Kriminalgeschichte ist, daß sie voll ist von Mord und Totschlag, daß Kleriker sich selten an das Gebot »Du sollst nicht töten« gehalten haben, ist evident. Priester haben politische Morde wie die Bartholomäusnacht (1572 sterben 20000 Hugenotten) mitverantwortet, Priester haben sich bis heute für die Möglichkeit staatlichen Tötens (»Todesstrafe«, »gerechter Krieg«) ausgesprochen. Dabei geht es nicht darum, »Sünder« festzumachen. Kritik an einzelnen Fehlleistungen wirkt anachronistisch. Kritik an der »allgemeinen Lehre« der Moral von Bischöfen und Päpsten ist geboten. Menschen werden doch noch fragen dürfen, über wieviel Moral die Kirche überhaupt verfügt.

Nicht nur das 5. Gebot, das Tötungsverbot, wird von der Institution ständig gebrochen. Auch den Verboten des Lügens, Stehlens, des Fabrizierens von Gottesanschauungen (»Du sollst dir kein Bildnis machen von Gott, dem Herrn«) oder des Begehrens fremden Eigentums ist es niemals anders ergangen in der Kirche. Ebenso macht das 4. Gebot, »Du sollst Vater und Mutter ehren«, keine Ausnahme. Es gilt, wie die übrigen, nur von Fall zu Fall, gilt nur, solange es keine entgegenstehenden klerikalen Interessen betrifft. Wie oft doch schlug jenes Schwert zu, das schon der Evangelist geschärft, indem er den Sohn wider den Vater, die Tochter wider die Mutter trieb? Wie oft wurde das 4. Gebot, angeblich in Stein gehauen oder den Menschen ins Herz geschrieben, um angeblich höherer Interessen willen übertreten? Höhere Interessen? Wer diese anerkennt und zugleich bestimmt, was solche Interessen sind, hat bereits ein Gebot seines Gottes grundsätzlich zur Übertretung freigegeben. Entweder gelten nämlich die ehernen Sätze immer oder gar nicht. Entweder sind sie verständliche, klare, kompromißlose Gebote für alle – oder sie sind bloße Handreichungen, Empfehlungen, zur Deutung durch Dogmen- und Moralwächter freigegebene Sätze.

»Die Kirche wird's schon richten.« Sie hat auch das sogenannte 4. Gebot immer so gerichtet, daß es in ihren jeweiligen Kram paßte. Welche Szenen, Zwiste, Entzweiungen bis heute! Wie haben Engstirnige, Bigotte, Verpfaffte die Familien vergiftet, gegen Eltern, Ehemänner, Ehefrauen gehetzt, zur Unmenschlichkeit verleitet, zur Preisgabe fast aller sozialen Beziehungen, zum Verlassen, Verstoßen, Fortgang ins Priesterseminar oder Kloster! Wie viele Menschen sind zum Glaubenswechsel, zum Ungehorsam gegen Eltern aufgestachelt worden – um des »wahren Glaubens« willen! Kleriker aller Zeiten haben Kinder ihren Eltern entfremdet, um ihr eigenes Schäfchen ins trockene zu bringen. Clemens von Alexandrien: »Wenn einer einen gottlosen Vater oder Bruder oder Sohn hat ... mit diesen soll er nicht zusammenstimmen und eines Sinnes sein, sondern er soll die fleischliche Hausgenossenschaft der geistigen Feindschaft wegen auflösen ... Christus sei in dir Sieger.« Kirchenlehrer Ambrosius: »Die Eltern widersetzen sich, doch sie wollen überwunden werden ... Überwinde, Jungfrau, erst die kindliche Dankbarkeit. Überwindest du die Familie, überwindest du die Welt.« Da werden Opfer verlangt und gebracht, Opfer, die sich gegen die nächsten Verwandten richten, Opfer, die Klöster füllen und Kirchenkassen, Opfer, die Eltern ratlos zurücklassen und diesen, nicht den Kindern, ein Opferleben abnötigen. »Schreite mutig über den Vater hinweg, und fliehe trockenen Auges zum Panier Christi«, rät Kirchenlehrer Hieronymus, der bei seinem Weggang vom Vaterhaus das größte Opfer im Verzicht auf die Tafelfreuden erblickt.

Warum haben es Frauen in der Kirche so schwer?

Opferleben? In der Kirche ein gewichtiges Wort. Die einen raten dazu, die anderen führen es. Es ist schon nicht mehr merkwürdig, sondern systemimmanent, daß die großen Ratenden stets Männer, die kleinen Ausführenden immer Frauen sind. Den Frauen wird – von Klerikerherren – eingeredet, daß es »frauliche Art« sei, opferbereit zu werden, zu sein und zu bleiben. Warum ist das so? Daß Männer sich gern lieben, bedienen lassen, daß sie deswegen den Frauen einreden, Lieben und Bedienen sei deren Sache, ist ganz üblich in Männergesellschaften. Wo Patriarchen herrschen, brauchen sie Untertanen, Opferwesen, Beutemenschen. Solche zu definieren, auszubilden und sich ihrer dann zu bedienen ist ein herrscherliches Privileg, also Männerart. In der Männergesellschaft »Kirche« finden sich nur Spiel- und Abarten dieses generell patriarchalen Prinzips. Freilich ganz besonders mickrige und verletzende Varianten. Eine Distanzierung der Kirche vom jeweiligen Zeitgeist gibt es nicht. Kleriker sehen zwar in nackten Brüsten und kurzen Röcken die schwersten Gefahren für die Moral. Doch dadurch heben sie sich nicht von der »Welt« ab, sondern bestätigen ihren Männerstandard. Sie machen alles (bis hin zum Morden) mit; ihre Moral erhebt sich zu keiner Zeit über die der anderen. Ihr Gott handelt so, wie es von ihm verlangt wird.

»Zur Frau sprach der Herr Gott: Vermehren will ich deine Schmerzen bei deiner Schwangerschaft. Unter Leid sollst du Kinder gebären, und doch geht deine Brunst hin auf deinen Mann, obgleich (oder: gerade weil) der über dich herrscht.« (1 Mose 3, 16) Das Wort eines Herrengottes, der dazu geschaffen erscheint, die Brunst dem Weibchen zuzuschreiben, ist charakteristisch und verräterisch. Es verkehrt den Sachverhalt. Wer ist denn brünstig? Wer denn will die tatsächlichen Besitzverhältnisse zwischen Mann und Frau im eigenen Sinn legitimieren? Wenn dieser Männergott den Mund auftut, weiß Eva

90

immer, woran sie ist. Die Patriarchen haben es geschafft, ihre Tradition seit den Zeiten der Bibel fugenlos aufrechtzuerhalten. Der Vatikan, ein Hochsitz des Patriarchats, äußert sich noch 1988 genauso über »Würde und Berufung der Frau«, wie er es zu allen Zeiten getan hat. Er spricht von »Berufung«, um der Welt anzudeuten, daß er sich zum Sprachrohr des Herrengottes macht. Er spricht vom »grundlegenden Erbe der Menschheit« und bezieht dadurch ungefragt die Menschen aller Zeiten und Zonen ein, um sie seiner Doktrin zu unterwerfen. Er meint mit diesem Erbe der Menschheit (Mannheit) nichts anderes als die »gottgewollte Tatsache«, daß die Frau und Mutter sich gehorsam gegen den Willen des Mannes und Vaters zu erweisen habe, sich also »typisch fraulich« verhält.

Die Reformation hat die Nonnen von ihren Gelübden befreit, doch hat sie streng darüber gewacht, daß aus Nonnen brave Hausfrauen wurden, fügsam und stumm wie die übrigen. Luther nennt den Mann »höher und besser«, die Frau »ein halbes Kind«, ein »Toll Thier«. Dieser Mönchsmann spricht durchaus im Sinn und im Wortschatz seines Geschlechts, wenn er predigt, daß die »größte Ehre« der Frau darin bestehe, Männer zu gebären. Übernimmt die Frau den Manneswillen, so ist sie eine gute Frau. Wer aber nicht dienen, sondern eigenbestimmt sein oder werden will, der sündigt. Kein Wunder, daß Papst Johannes Paul II. sich noch 1988 auf den Apostel Paulus beruft. Kein Wunder, daß er einen der vielen frauenfeindlichen Sätze des ehelosen Frauenhassers Paulus verwendet: »Eine Frau soll still zuhören und sich ganz unterordnen. Ich gestatte es keiner Frau, zu lehren und sich über den Mann zu erheben. Zuerst wurde ja Adam erschaffen, und dann erst Eva. Doch nicht Adam wurde verführt, sondern die Frau ließ sich verführen. Aber ihre Rettung besteht in der Erfüllung ihrer Mutterpflichten, wenn sie sie sorgsam in Glauben, Liebe und Gehorsam versieht.« (1 Tim 2, 11–15)

Der Papstmann hat gesprochen, der Apostelmann, der Manngott. Die Frauen wissen jetzt, was zu tun und zu lassen ist. Die Geschichte der klerikalen Frauenfeindlichkeit beweist, daß sich der Manneswille nicht einmal zu ändern brauchte. Die Aussagen waren stets klar, die Positionen von Mann und Frau ein für allemal festgelegt. Nachzubessern gab es nichts, von den wenigen Fällen abgesehen, in denen einige Frauen gegen diesen Herrenwillen aufbegehrten. Wo klerikale Predigt nicht mehr fruchtete, griff »man« zu dem innerkirchlich nicht weniger erprobten Mittel des Mordes. Ungezählte (»Hexen«-)Frauen zum Beispiel mußten sterben, weil die Verkünder der Frohen Botschaft es so wollten. Solange diese Kirche Macht über die Herzen besitzt, werden Männerinquisitoren noch immer mit den Frauen da unten fertig. Über wieviel Moral verfügt denn die Männerkirche?

Der »Hexenhammer« (Erstdruck 1487 in Straßburg) wurde von einem Papst abgesegnet und sofort auf der ganzen damals bekannten Welt als autoritatives Kirchenwort verbreitet. In all seinen 29 Auflagen findet sich eine päpstliche Bulle, die zum Mord aufruft und wider die kein einziger Papst auch nur ein Sterbenswörtchen verlor – fast 200 Jahre Heilsgeschichte lang. Warum denn auch? Wenn schon der klerikale Gott sich moralisch so verhalten mußte wie seine Erfinder, war dieselbe Forderung auch gegen die Päpste zu richten: Also ist es folgerichtig, daß ab 1258 Hexenerlasse von Päpsten nachzuweisen sind. Also paßt es zum Bild, daß die Hexenbulle des Jahres 1484 sich damit brüstet, Ausdruck »einer das Innerste bewegenden oberhirtlichen Fürsorge« zu sein. Frauen werden peinlich befragt, schamlosen Verhören durch Priester ausgesetzt. Die inquirierenden Schweine foltern Geständnisse heraus, erbärmliche Sauereien allesamt: Riesige Glieder tauchen auf, stinkende Böcke paaren sich mit lüsternen Weibern, und die Kleriker hören zu, die Hand unter der Kutte am Glied. Noch heute verraten die Akten jene säuische Freude der Befrager, noch immer lassen sich zwischen den Zeilen die Gefühle derer mitlesen, die sich auf diese Weise aufgegeilt und befriedigt haben. Köstliche Befriedigungen fürwahr, den Klerikern und ihren Helfershelfern reserviert, denn die geduldige Suche nach dem teuflischen Mal am Körper der angeklagten Frau blieb eins der Wesenselemente des Prozesses. Das christliche Abendland hielt sich Tausende von Folterknechten, die sich abmühten, in der Nähe der Brüste, des Gesäßes oder der Geschlechtsteile die berüchtigten schmerzunempfindlichen Zonen zu finden und zu testen, all die Teufelsmale, welche die Zugehörigkeit zum Satan bewiesen. Ein Inquisitor teilt mit, er habe 1485 in Como 41 Frauen einäschern lassen, »nachdem am ganzen Körper die Haare sorgsam abrasiert worden waren«. Er blieb kein Einzelfall, als der Zeitgeist der Kirche es forderte, kurzen Prozeß mit den »Teufelshuren« zu machen.

Kurzer Prozeß? Frauen müssen schließlich »sich mit der Kirche versöhnen lassen«. Das wird ihnen gewährt, »ohne daß die Frau freilich«, so ein Prozeßprotokoll des 14. Jahrhunderts, »dadurch verhindern kann, der weltlichen Macht ausgeliefert zu werden, die für die erforderlichen Strafen sorgen wird«. Das Patriarchat hat sich seine Funktionen geschaffen: Vergebung (nach Folter) durch die patriarchale Kirche, Hinrichtung durch den patriarchalen Staat. Vor allem, wenn es die Hinterlassenschaft der Gemordeten einzuziehen und zu verteilen gilt, machen Staat und Kirche gemeinsame Sache. Es wurde nicht bekannt, daß sie sich je von ihrem Raub getrennt hätten. Getrennt haben sich die beiden »Gewalten« nur von den lästigen Frauen – sowie von einzelnen Klerikern und Knechten, die den Mut gezeigt hatten, gegen das allgemeine Wüten und Morden zu protestieren. Solche Männer verschwanden fast immer in lebenslanger Klosterhaft; ihre Namen wurden ausgelöscht, während ihre eigene Kirche stets mit den Wölfen geheult hat.

Das Konzil zu Trient (1545–1563) gilt heute als eine Sternstunde des Heiligen Geistes. Wichtige Dogmen brachte es der

Kirche; Luther und die Seinen wurden in jenen Jahren zumindest theoretisch »besiegt«. Doch verlor die hochheilige Versammlung der Kirchenväter, die sich jahrelang mit den subtilsten Problemen der richtigen Definition einer »Glaubenswahrheit« herumgeschlagen hatte, auch nur ein Wort über den Mord an »Ketzern«, an Juden, an Frauen? Frühere Päpste und Konzilien hatten die Folter legitimiert; die eine geschichtliche Wahrheit. Die andere? Die damals in ganz Europa brennenden Scheiterhaufen haben keinen einzigen der sogenannten großen Konzilsväter und Theologen in Trient interessiert.

Bei dem Jahrhunderte andauernden Frauenmord geht es nicht um vereinzelte »Sünder im Schoß der Kirche«, sondern um eine päpstliche Lehre. Kein Konzil, kein Heiliger hat sie angefochten. Beendet wurde das Morden erst, nachdem sich Stimmen durchgesetzt hatten, die gewöhnlich von außerhalb der Kirche kamen. Sie selbst führte unverdrossen ihr Foltern und Morden auf den Willen Gottes zurück. Und da ihr eigener Gott ein gehorsamer, dem jeweiligen Zeitgeist folgender Gott ist, wird sie auch recht gehabt haben. Und heute? Da das apologetische Geschwätz der Erben Konjunktur hat? Da gerade »feministische Theologie« der letzte Chic ist? Da es keiner mehr gewesen sein will? Da sich ein Papst lächerlich macht, der von »Hexen« redet wie seine Vorgänger? Da er sich nicht mehr daran erinnern lassen will, daß diese jahrhundertelang – unter dem Einfluß des Heiligen Geistes, wohlgemerkt – dunkelste Magie unterstützt haben, Mord an »Hexen«, Aberglauben? Heute zieht ein Papst sich aus der Schlinge, indem er das Vorkommen von »Hexen« leugnet – und die Tatsache ihrer Verfolgungen verschweigt. Heute spricht er – wie Johannes Paul II. 1986 – vom Faktum des »Teufels«, von der Notwendigkeit, an dessen Existenz zu glauben und von der »List Satans, den Menschen durch Rationalismus zur Leugnung seiner Existenz zu verführen«. Die Menschheit darf gespannt sein, welcher spätere Papst einmal auch diesen Unsinn eines Vorgängers verschweigt. Wie viele Jahrhunderte es dauert, bis ein Papst unser Denken nicht mehr als »Rationalismus« und »satanische Verführungskunst« diffamiert?

Fraulicher Ungehorsam? Ein Nein der Frauen gegen das ihnen von Gott auferlegte »Oben« des Mannes? In solchen Fällen regt sich nicht nur die Angst der Männer vor den Frauen; regt sich nicht allein die Erinnerung an das allen Männern (zumal den Klerikern) gemeinsame Wissen um die Überlegenheit des »anderen Geschlechts«. Da wird aus Angst nackte Gewalt. Da zeigt »man« es denen da unten. Da werden Definitionen gezeugt, Kopfgeburten, zu denen nur Männer fähig sind. Albertus Magnus, ein 1941 von Pius XII. zum »Patron aller Naturwissenschaftler« erklärter Mönch aus dem 13. Jahrhundert, nennt die Frauen defekte Wesen. Der anerkannteste Lehrer der römischen Kirche, Vorbild bis heute (wenn es nach dem Wunsch des Papstes ginge), Thomas von Aquino, wird Angst und Sadismus in einem los: »Frauen sind mißglückte Männer«, Menschen, denen etwas (was wohl?) zum richtigen Menschsein fehlt. Denn eigentlich müßte ein Mann stets männliche Kinder zeugen, weil jede Wirkursache ein ihr Ähnliches hervorbringt, meint der heilige Kirchenlehrer. Doch das klappt nicht immer. Denn wirkten »widrige Umstände« bei der Zeugung mit, war beispielsweise das Sperma defekt oder bliesen während des Liebesaktes feuchte Südwinde (so daß Kinder mit größerem Wassergehalt entstanden), wurden, Gott sei's geklagt, Mädchen gezeugt. Hier spricht – über die Jahrhunderte der Kirchengeschichte hinweg – eine »vernünftige Autorität«. Denn hier spricht ein Kirchenmann.

Die Frauen werden sich zu richten wissen. Sie wissen, daß die Kirche – weit entfernt, sich gegen den Zeitgeist der Männergesellschaft zu wenden – selbst eine Ausgeburt des Patriarchats ist, nicht um ein Haar besser als diejenigen, die sie sich erfunden haben. In dieser Kirche wurde zum Beispiel, wie Rudolf Krämer-Badoni schreibt, die Prostitution »für das vergewaltigte Mädchen letztlich als einzige Möglichkeit betrachtet, ihre Lust zu sühnen«. Das Bußbuch des Alanus ab Insulis fordert den Beichtvater auf nachzuforschen, ob die Frau, mit der man gesündigt hat, attraktiv war; wenn ja, wurde dem Sünder die Buße reduziert. Noch im 11. Jahrhundert war es unter Kirchenmännern strittig, ob Frauen überhaupt eine Seele hätten. Jedenfalls blieben sie »unten«, wo männliche Lust sie so gern sah. Frauen dienten der Männerkirche, wo immer diese solcher Dienste bedurfte: in Klöstern, in Pfarrhäusern, bei Tag und, lieber noch, bei Nacht. Die Zahl der zu Mätressen und Konkubinen Herabgewürdigten in der Kirche ist fast unendlich; sie ist unter den zölibatären Umständen neuerdings nicht geringer geworden. Frauen haben die Kirche ihrer Männer mit aufrechterhalten, Frauen, die noch immer nicht aufmucken, tragen diese Kirche weiter mit: in den Klöstern und auf Ehebetten wie auf den Lotterbetten der Pfaffen. Über allem aber schwebt wie eh und je die geile Phantasie derer, die – als Männer – etwas von Philosophie oder Theologie zu verstehen glauben. Da träumt sich die augustinische »Civitas Dei«, eins der Hauptbücher des Abendlandes und für unzählige Gewissensmorde verantwortlich, in ein Paradies hinein, das vor allem deswegen ohne Sünde ist, weil ihm trotz seiner Nacktheit die sexuelle Leidenschaft fremd bleibt. Im Garten Eden ist die Schande des Koitus noch unbekannt, und das freut jenen Kirchenvater Augustinus besonders, der erst ein Leben voller Laster hinter sich bringt, bevor er sich »bekehrt« – und aufbricht, ganz Europa ähnlich zu bekehren. Welcher Kleriker hat ein Wort des Verständnisses oder der Entschuldigung für die Millionen, die diesem Kirchenvater auf den Leim gegangen sind und ihr (Sexual-)Leben, an den schmachvollen augustinischen Gedanken orientiert, vergeudet haben?

Kirche und Ehe? Da sind klerikale Obsessionen am Werk, wie sie Hieronymus Bosch wiedergab: Das neuzeitliche Europa sollte, so der renommierte Historiker Jacques Solé, »im Koitus und den Versuchungen des Fleisches die höchste Gefahr sehen und dieselbe Lektion von Kanzeln und in Traktaten unablässig wiederholen«. Da ist von Geschlechtsakten die Rede, die lasterhaft sind und eklig. Da kann die Frau sich nur vor der Einschätzung als Hure retten, indem sie sich als jungfräuliche Braut des Herrn oder als treue Ehefrau und Mutter vieler Kinder bewährt. Der katholische Theologe A. J. Rosenberg schreibt 1915 allen Frauen ins Stammbuch, worum es christlicher Militanz und Kinderliebe geht: »Moderne Kriege sind Kriege, in denen die Massen sehr viel mehr bedeuten. Die gewollte Einschränkung der Kinderzahl (in Frankreich) bedeutete also den Verzicht auf gleiche nationale Stärke mit Deutschland... Tausende von Eltern beklagen den Verlust des einzigen Sohnes... Strafe muß sein... Der Krieg hat das Problem der gewollten Kinderscheu in ein neues Licht gerückt.«

Eine erleuchtende Anmerkung zum Schluß des Themas: Die Verfasser des berüchtigten »Hexenhammers«, deren Schreibtischtäterschaft viele Tausende von unschuldigen Frauen Ehre und Leben gekostet hat (entschädigungslos!), waren brünstige Marienverehrer und zugleich typische Klerikermänner: Auf der einen Seite haben sie lüstern beschrieben, wie den inkriminierten Frauen alle Körperhaare abzuscheren seien, weil sich »in den Haaren des Körpers, und bisweilen an den geheimsten, nicht namhaft zu machenden Orten«, zauberische Amulette verstecken könnten. Auf der anderen Seite luden sie ihre Triebe musterhaft-mannhaft auf die ganz und gar Reine ab, auf eine junge und schöne Frau, die ihnen niemals gefährlich werden konnte, da sie ganz hoch droben angesiedelt worden war.

Muß einer ledig bleiben, um besonders viel von der Ehe zu verstehen?

Unter Klerikern gilt es als ausgemacht, daß ihre Kirche einen besonderen Auftrag hat, »Sakramente« wie Taufe, Buße, Krankensalbung dogmatisch abzusichern und juristisch auszuformen. In solchen Fragen lassen die Kirchenleute nicht mit sich handeln. Noch aufgeregter werden sie, geht es um das »Sakrament« der Ehe (das unter nichtkatholischen Christen gar keines ist). Auf diesem Terrain verstehen Geistliche überhaupt keinen Spaß. Sie wissen, warum. Wer – wie gegenwärtig noch die Kirche – die Hand auf der Ehe hat, kann Millionen Gewissen gängeln.

Nun bleibt die Frage, warum ausgerechnet jene viel über voreheliche, eheliche, außereheliche, uneheliche und nacheheliche Themen zu sagen wissen, die selbst ehelos sind, weil ihre Oberhirten ihnen dies befohlen haben. Die Geistlichen antworten: Wir sind auserwählt, ein bevorzugtes und reserviertes Wissen über alles und jedes zu haben – und dieses Wissen, in Normen, in Regeln verpackt, nach unten weiterzugeben, damit jeder Christenmensch Bescheid wisse, wie er vor und in seiner Ehe zu leben habe. Mangelnde Sachkompetenz gibt es unter Klerikern nicht: Zum einen wissen sie ohnehin alles (da der Geist ihnen einflüstert, was sie nicht wissen), zum andern »braucht auch ein Apotheker nicht jedes Gift probiert zu haben, um es beurteilen und als Arznei weitergeben zu können«. Die Ehelosen haben die Ehe fest im Griff. Sie verkündigen ihre Wahrheiten, sie predigen, je nachdem, Gebrauch, Mißbrauch oder Enthaltsamkeit. Und der Umstand, daß die Bibel so gut wie nichts zum Thema sagt, fällt den Eingeweihten gar nicht mehr auf. Sie haben ihre eigene Praxis.

Sie fürchten die eheliche Bindung wie ihr Teufel das Weihwasser. Sie nehmen lieber jahrzehntelange Konkubinate in Kauf. Sie opfern ihre Geliebten auf dem Altar der Wahrheit. Noch im Oktober 1990 diskutiert eine Bischofssynode in Rom ernsthaft, ob die römische Kirche als Ausnahme auch verheiratete Männer zum Priesteramt zulassen dürfe. Als schließlich bekannt wird, daß es in Brasilien schon zwei solche Männer gebe, gerät alles in Aufregung. Die sogenannten Reformer sehen wesentliche Forderungen erfüllt (die Kirche ändert sich leibhaftig), die Konservativen sehen damit den Anfang vom Ende gemacht. Um derlei Probleme dreht sich die Moral einer Kirche, die Millionen von historischen Blutopfern verschweigt und Abermillionen von gegenwärtigen Gewissensopfern knebelt. Doch welche Moral hat denn diese Kirche?

Nun, der Papst weiß Rat, und in diesen wenigen Worten ist die »Moral« einer ehelos geführten Kirche greifbar. Sie richtet sich fundamental gegen die Ehe, und sie weiß, weshalb. Dispens vom allgemeinen Gesetz der priesterlichen Ehelosigkeit gibt es nur unter den folgenden Bedingungen: Der verheiratete Kandidat muß sich bewußt zu einem zölibatären Leben bekennen, obwohl seine (gültige!) Ehe nicht annulliert, sondern nur »suspendiert« wird. Seine Frau und seine Kinder müssen sich rechtsverbindlich mit der Priesterweihe des Mannes und Vaters einverstanden erklären. Die Ehefrau muß künftig »von ihrem Mann total getrennt leben«, sie darf weder »im selben Bett noch unter demselben Dach« anzutreffen sein. Die Angst der Männer vor den Frauen? Die uralte Furcht, Klerikerhände könnten nachts einen Frauenleib, morgens den Christusleib anfassen? Jeder Mensch, der Menschenrechte kennt und wahrnimmt, schüttelt sich. Doch Millionen Christen, denen solche Rechte versagt bleiben, schweigen, wie sie immer schweigen, weil sie zu schweigen gelernt haben. Sie schweigen und übertreten still die geltenden Ehegesetze und »Moralnormen«. Sie beseitigen so keine einzige Regel der Klerikermoral. Sie bestätigen sie, indem sie nach dem intakten Schema weitersündigen – und bei jenen, die ihre Gewissen gefesselt haben, »Vergebung« erlangen, Woche für Woche. Moraltheologen (ein schrecklich doppelmoralisches Wort!) können zufrieden sein: Das geltende Normensystem der Klerikerkirche ist nicht tangiert. Gesündigt wird nach wie vor, von Verheirateten wie von Zölibatären, und jeder Sünder und jede Sünderin erlangt, nach Reuebeweis, die Absolution just von den Pfaffen, die Verantwortung tragen für die Lage der FrevlerInnen.

Die Ehefrau, die noch vor Jahren im Beichtstuhl angebrüllt und als Mörderin diffamiert worden ist, weil sie Verhütungsmittel angewendet und dies als »Unkeuschheit« gebeichtet hat, zeugt gegen die Institution, welche sich heute nicht einmal für die eigenen Todsünden gegen das Leben der Menschen entschuldigt. Der pubertierende Junge, der noch vor wenigen Jahren jeden Samstag dieselbe »geheime« Sünde gebeichtet hat und dessen Leib und Leben Stück für Stück gedemütigt wurden, klagt den Kleriker an, der im Beichtstuhl für eine Institution tätig ist, die selbst weder öffentliche Scham noch öffentliche Reue kennt. Weil gegenwärtig die Beichtstühle leerer sind denn je, kann der Junge auf mehr Verständnis hoffen. Schließlich macht er die Institution Beichte noch nicht ganz überflüssig. Aber sind Sünden, die vor zehn Jahren noch unnachgiebig als solche galten, heute plötzlich keine mehr? Hat der Zeitgeist die Kleriker endlich eingeholt? Wer besonders unmoralisch und inhuman sein will, der erstelle Gesetze, die zu schwer sind, der lasse sie übertreten, der neige sich den Übertretenden zu und verspreche ihnen, bis zum nächstenmal, seine Absolution. Dies Vorgehen schafft wie kein zweites Herren und Knechte. So und nicht anders pflanzt sich die Unmoral der Kirche fort von Generation zu Generation. Beispiele für solch klerikale Unsittlichkeit, die im Vergleich zu den Übertretungen der ihr Unterworfenen ungeheure Ausmaße angenommen haben, sind Inhalte der offiziellen Kirchenlehre: Geburtenkontrolle, Zölibat, Ehescheidung, Normsexualität.

Wer kennt den »normalen Sex« am besten?

Die Frage ist kirchenamtlich längst beantwortet: Wenn schon Sexualität »ausgelebt« sein muß (ein Problem, mit dem Generationen von Theologen sich herumgeplagt haben), dann bloß auf geregelte Weise. Denn, so Pius XII. (einer der Geburtshelfer Hitlers), die nun einmal nicht wegzudiskutierende menschliche Lust wird nur akzeptiert, um »zum Dienst am Leben anzutreiben«. Wehrdienst und Liebesdienst? Kriegsdienst und Lebensdienst? Über alles wacht der Papst. »Geregelt« heißt: innerhalb der gültig geschlossenen Ehe, nicht vorher, nicht nebenher, und moralisch korrekt. Das bedeutet, die Kleriker haben sich ihre Gedanken gemacht und wissen inzwischen, was sie erlauben können und was nicht. Kondome sind nicht erlaubt (der Papst sagt das in Afrika und in Lateinamerika, wo immer er den Boden küßt). Das Messen der Temperatur zur Bestimmung empfängnisfreier Tage ist dagegen natürlich. Ehebruch aber ist ebenso Frevel wie Masturbation, vorehelicher Verkehr ebenso verwerflich wie Verkehr zwischen zwei Männern. Denn das eine ist natürlich, das andere nicht. Was Natur ist, bestimmt der Patriarch. In der Männergesellschaft kann der Heilige Vater mit Bestimmtheit sagen, daß es Tage der Frau und Nächte des Mannes geben muß – und was zu diesen Zeiten geschehen darf und was nicht. Wehe jenen, die dies nicht anerkennen! Sie stellen sich auf die Seite der schwarzen Schafe. Da den verstockten Sexualsündern entweder der Kirchenbann oder der Liebesentzug durch Vater Bischof und Vater Papst droht, muß der heutige Gläubige andere Wege suchen. Er klatscht dem Papst bei einer von dessen »Pastoralvisiten« Beifall und denkt gleichzeitig an seine Freundin. Diese applaudiert ebenfalls dem Mann in Weiß – und trägt die Pille im Handtäschchen. Auf diese Weise sind alle zufrieden, denn der Papst denkt, er habe die Volksmassen überzeugt, und die Volksmassen haben ihre private Lösung der wichtigsten Probleme des Vatikans bereits gefunden.

Freilich geht es nicht in jedem Fall so friedlich zu. Es gibt auch Opfer der vatikanischen Sexualmoral, die nicht mehr applaudieren können. Hier seien nur diejenigen genannt, deren Selbstverwirklichung den harten Priestermännern als »Sünde gegen die Natur« gilt. Homosexuelle Menschen sind im Lauf der Kirchengeschichte immer verfolgt und oft ermordet worden. Sie reihen sich ein in die Gruppe der »Abweichler«, auf die beide patriarchale Institutionen – Kirche und Staat – Jagd gemacht haben, um sich selber und ihre Ideologie vor »Ansteckung« zu schützen. Das historisch vorerst letzte Beispiel bietet die Hitler-Diktatur: Von einem Protest der Kirche gegen die Verfolgung Homosexueller ist nichts bekannt. Die Kirche hat die Verfolgung und Tötung von Menschen einer sogenannten Minderheit geduldet – und wurde einmal mehr mitschuldig. In der Regel stehen kirchliche Amtsträger und Ideologen nicht auf der Seite der Diskriminierten. Die Regel heißt: Homosexuelle sind – auch beruflich – zur Diskriminierung durch sogenannte gute Christen freigegeben. Nach (inzwischen verschwiegener) katholischer »Moraltheologie« war es einmal verwerflicher, sich homosexuell zu betätigen oder die Empfängnis zu verhüten, als eine Frau zu vergewaltigen oder mit der eigenen Mutter zu schlafen. Denn das eine war »natürlich«, das andere nicht.

Die Diskriminierung der Homosexuellen ist von der menschenfeindlichen patriarchalen Tradition der Kirche gefordert. Eben diese Tradition kann jederzeit – guten Willen vorausgesetzt – abgebrochen werden. Fehlt der gute Wille zum Umdenken bei den Hirten, dann muß dieser Mangel an Humanität öffentlich angeprangert werden. Ohne grundsätzliches Umdenken in der Kirche können Homosexuelle keinen Frieden mit dieser machen. Das ketzerische Potential der Homosexuellen muß aktiviert werden: Die Zeit, in der sie ihre Verfolgung hingenommen haben, ist unwiderruflich zu Ende. Niemand sollte sich künftig verpflichtet fühlen, eine Institution, die ihn schädigt, finanziell mitzutragen.

Die Evangelische Akademie Tutzing will ab sofort ihre Räume der Deutschen Aids-Hilfe nicht mehr zur Verfügung stellen, weil »einige Teilnehmer... ihr Schwulsein vor den anderen Gästen öffentlich in einer Weise demonstriert« hatten, »die als nicht notwendig und deplaziert empfunden wurde«. Deplaziert in kirchlichen Räumen? Haben die Homosexuellen etwas anderes getan, als dies unter heterosexuellen Menschen üblich ist? Sind Umarmungen, Küsse, Handhalten »nicht notwendig und deplaziert«? Die Doppelmoral der Kirche sagt: Du darfst sein, wie du willst. Aber konfrontiere mich bitte nicht damit, sonst muß ich die Konsequenzen ziehen.

Darf sich jemand auch »auf katholisch« scheiden lassen?

Einmal mehr mögen Nichteingeweihte die Köpfe schütteln. Scheidungen – das wissen alle – sind im Geltungsbereich des katholischen Kirchenrechts nicht möglich. Es gibt sie einfach nicht. Auch das Bonner Grundgesetz, welches allgemeine Menschenrechte verteidigt, ist sich darüber klar: Katholiken, die im Dienst der Kirche stehen, können sich nicht scheiden lassen und wieder heiraten, ohne ihre Arbeitgeberin schwer zu beleidigen und eine fristlose Kündigung zu riskieren. Wer streng katholisch ist, weiß genau, daß eine Scheidung für ihn nicht in Frage kommt. Die Ehe, so wenigstens die ehelosen Kleriker, ist »unauflöslich«. Daran haben die Päpste nie rütteln lassen. Dies ist eine der letzten moralischen Bastionen Roms. Man beruft sich dabei auf das indiskutable »Herrenwort«, daß der Mensch nicht lösen dürfe, was Gott verbunden habe. Freilich ist Rom auch in diesem Fall nicht sehr auskunftsfreudig, geht es darum, die ganze Wahrheit zu sagen. Es gibt in der Tat eine Scheidung auf katholisch. Nur muß der Gläubige sie kennen. Das als völlig unantastbar erklärte Herrengebot von der absoluten Treue in der Ehe und deren »Unauflöslichkeit« ist längst ausgehöhlt. Auch die katholische Kirche, die auf andere Kirchen herabsieht wie auf Abtrünnige, kennt nur ein bedingtes, nicht ein absolutes Scheidungsverbot. Sie hat diese Scheidungsmöglichkeiten selbst erfunden, denn einmal mehr steht in der Heiligen Schrift nichts zu diesem Thema.

Der Papst löst eine »gültige« (hier: »sakramentale«) Ehe in einem einzigen Fall auf: wenn sie »geschlechtlich nicht vollzogen« ist. Zwar schweigt Jesus aus Nazareth genau zu diesem Punkt. Denn nirgendwo ist nachzulesen, der Herr habe Schlafzimmerprobleme erörtert. Defloration und Penetration sind Angelegenheiten, die der katholische Klerus unter sich ausmacht. Und steht – durch Experten nachgewiesen – fest, daß ein »Jungfernhäutchen« nicht beschädigt ist, kann der Papst eine solche Ehe annullieren. Im Vatikan gibt es ein eigenes Büro für derlei Aktivitäten, und auch die einzelnen Diözesen haben ihre Fachmänner. Alle suchen, von Fall zu Fall, nach faktischen Beweisen für ihre Theorie, lassen Unterkörper von Frauen beschauen und trennen Jahr für Jahr einige hundert solcher »nichtkonsumierter« Ehen. Das geschieht selbstverständlich streng nach der Bibel und mit verachtenden Seitenblicken auf die anderen Kirchen, die gar eine »Wiederverheiratung Geschiedener« kennen wie die Ostkirche.

Noch eine römisch-katholische Ausnahme: Eine unter Ungetauften geschlossene Ehe, die sogar »vollzogen« ist, kann ebenfalls aufgelöst werden. Hier handelt der Papst »um des wahren Glaubens willen«. Denn von einem Heidenmann, der seine heidnische Ehefrau verstoßen will, kann nicht verlangt werden, daß er dieser treu bleibt, auch nachdem er katholisch geworden ist. Er kann sie verstoßen. Das Ganze nennt sich »Privileg des Apostels Paulus«. Und da nicht nur Paulus solche Mätzchen mitmachen soll, sondern auch Petrus, gibt es auch ein »Petrinisches Privileg«, das es dem »Nachfolger« zu Rom ermöglicht, von den Bedingungen des Paulus selbst wieder zu dispensieren. Ein Trauerspiel. Traurig, weil sich eine Kirche zu Lasten der ihr Verfallenen Macht sichert. Traurig, weil die wenigsten Gläubigen jemals über solche Ausbeutungsmechanismen informiert worden sind. Traurig, weil jährlich ein paar tausend Frauen auf ihre »Jungfräulichkeit« hin untersucht werden (Kleriker schauen nicht selbst, sie »lassen schauen«). Traurig, weil Millionen auch diese Schandtaten hinnehmen, ohne eine menschenverachtende Kirche für immer zu verlassen.

Muß Geburtenkontrolle »sündhaft« sein?

Die Meinung der Kirchenvertreter zur Frage der Empfängnisverhütung scheint eindeutig. Aber sie ist es nicht. Zum einen
lehren nichtkatholische Kleriker etwas ganz anderes als katholische, und zum anderen ist selbst unter katholischen Theologen
die »richtige« Wahrheit umstritten. Neuerdings haben Oberhirten in diesem Zusammenhang sogar das »Gewissen« wieder-
entdeckt. Zwar nicht ihr eigenes, doch das der »Laien«, die
überhaupt noch auf derlei Spitzfindigkeiten hören. »Laien«
sollten sich ohnedies hüten, von amtskirchlichen Wahrheiten
allzuviel zu halten. Denn nicht selten haben die Hirten schwer
geirrt, als sie von der Wahrheit sprachen. Häufig haben sie
baren Unsinn erzählt, als sie meinten, Dogma und Moral zu
verteidigen. Ein Beispiel für viele: Um 1789 – zur Zeit der
Französischen Revolution –, als wichtigste Menschenrechte
verhandelt wurden, spaltete eine Diskussion um den rechten
Gebrauch der Unterhosen die deutschen Protestanten. Pastoren
meinten, die Einengung der Genitalien schade der Samenpro-
duktion und sei daher nach göttlichem Recht untersagt. Dasselbe gelte, weil enge Unterhosen Männer zum Masturbieren
ermunterten. Masturbation aber, so lehrte die ererbte christliche Angst vor »illegaler Sexualität«, sei die Männersünde
schlechthin.

Warum? Weil die »Keimstoffvergeudung« (so ein dem
christlichen Dunstkreis entlehnter Begriff nationalsozialisti-
scher Sexualpädagogik) nicht nur die Manneskraft schwäche,
sondern auch die »natürliche Bestimmung« des Spermas, Kinder zu zeugen, ins Gegenteil verkehre. Die Masturbation, eine
christliche und eine bürgerliche Hölle, war seit jeher ein Objekt
der Theologie. Masturbation, diese skandalumwitterte Freund-
lichkeit gegen sich selbst, wurde einerseits unter dem Gesichtspunkt der »Ausschweifung« abgehandelt, andererseits mit den
verschiedenen verdammenswerten Formen der Verhütung in

Zusammenhang gebracht. Das Vergnügen der Verschwendung zielte gegen einen der folgenschwersten Grundsätze der Patriarchatskirche: Das nach Gottes Willen lebenschaffende Sperma ist heilig. Auf Körper reduzierte Frauen hatten in diesem Männerdenken keinen anderen Platz als den, gleichsam wie Blumentöpfe den Samen aufzunehmen und sprießen zu lassen.

Wie die Frau hat die Kirche – sosehr sie es bestreitet – durch fast 2000 Jahre auch die Ehe diffamiert. Angefangen bei den heiligen Kirchenvätern bis zum heutigen Papst, loben Kleriker den Eunuchen um des Himmelreiches willen mehr als den Ehemann. Laut Kirchenlehrer Hieronymus leben Verheiratete »nach Art des Viehs«. Sie unterscheiden sich im Beischlaf »in nichts von den Schweinen und unvernünftigen Tieren«. Der Kirchenlehrer Augustinus predigt, daß Verheiratete im Himmel schlechtere Plätze erhalten als die Eunuchen; daß nur die »Josephsehe« (die der Namengeber am wenigsten kannte) eine »wahre Ehe« sei. Von Geschlechtlichem hält sich der Erwählte am tunlichsten frei (sagt er öffentlich), denn es befleckt ihn. Menschen, die ein zweites Mal heiraten, wälzen sich, so ein geflügeltes Wort des Mittelalters, »wie die Sau nach der Schwemme wieder im Kot«. Der Witwenstand ist ungleich heilsamer, sagen die Ehelosen. Am besten werden Frauen in vorgerücktem Alter (über 30) bei Unterleibsoperationen durch den Gynäkologen »ganz zugenäht«; am besten tragen Frauen (in südlichen Ländern Katholiens) nach ihrer Hochzeit tiefes Schwarz.

So mußte der Verkehr rigoros eingeschränkt werden. Die Moralisten der Kirche waren mit Verboten schnell zur Hand. Was ihnen selbst (offiziell) ganz verboten war, sollten andere nur zu bestimmten Zeiten genießen dürfen. Untersagt war Geschlechtsverkehr in vielen Jahrhunderten des Mittelalters an Sonn- und Feiertagen, Buß- und Bittagen, allen Mittwochen und Freitagen oder Freitagen und Samstagen, um Ostern und

Pfingsten, während der vierzigtätigen Fastenzeit, während der vierwöchigen Adventszeit, vor der Kommunion, mitunter auch danach, während der Schwangerschaft und zu Zeiten der Menstruation. Den Übertretungen folgten Kirchenstrafen und -bußen, den »Ausschweifungen« schreckliche Racheakte des Patriarchengottes: aussätzige, epileptische, verkrüppelte, besessene Kinder. Besser hatten es unter diesen Vorzeichen die Tiere. Als sittliches Vorbild galten in Klerikerpredigten das Kamel, das nur einmal pro Jahr, und die Elefantenkuh, die lediglich alle drei Jahre koitiere.

Der einflußreichste Moraltheologe seiner Zeit, H. Noldin, sagte 1911 mit bischöflichem Segen: »Der Schöpfer hat die Lust und das Verlangen nach ihr in die Natur hineingelegt, um den Menschen zu einer Sache anzulocken, die in sich schmutzig und in den Folgen lästig ist.« Wenn schon geliebt werden mußte, dann ohne »Gier«. Ohne unerlaubte Hilfsmittel, ohne streng verbotene – und daher sündhafte – Verhütungsmittel, auf die korrekte (gottgewollte) Art, in der klerikal empfohlenen (gottgewollten) Lage, die Frau unten, wo sie hingehörte, auf dem Rücken, der Mann obenauf, die »Missionarsstellung« also, ein bedeutender – und vielbelächelter – Beitrag des Abendlandes zur Mission der »Wilden« in Afrika. Liebten sich zwei Menschen auf andere als die behördlicherseits angeregte Art, galt dies als Verbrechen, schlimm wie Mord. Sich »nach Art der Hündlein« zu lieben: Verboten! (In einigen Staaten der USA noch immer) Sich vor unerwünschter Schwangerschaft zu schützen: Streng verboten! (Für Vatikan-Hörige noch immer.) Die Gläubigen, so verkündigten die deutschen Bischöfe 1913, sollten lieber jede Not tragen, jeden Vorteil preisgeben, als Kondome zu benutzen. Die einschlägige Industrie (besitzt der Vatikan keine einschlägigen Aktienpakete?) wurde wegen »verbrecherischer Beihilfe« als »fluchwürdig« bezeichnet, da ihre »verruchten Artikel ... unser armes deutsches Volk nicht mit seinem Geld allein, sondern auch mit seinem Blut, mit der

Gesundheit des Leibes und der Seele, mit dem Glück der Familie« zu bezahlen hat. Hersteller von Gummiartikeln und Antibabypillen können demnach, so die klerikale Moral, verdammt werden. Die Rüstungsindustrie hat es da entschieden besser. Bis zu ihr reicht kein kirchlicher Fluch. Granaten, Kanonen, Bomben sind augenscheinlich weniger fluchwürdig als Präservative, ja, sie sind es gar nicht. So war es im Ersten, so war es im Zweiten Weltkrieg – so ist es noch heute. Der gegenwärtige Papst ist der amtlichen Meinung, selbst die »Lustseuche« Aids sei nicht Grund genug, Kondome zu benutzen. Krieg also den Verhütungsmitteln, kein Krieg dem Krieg! Selbst der Verkauf von Präventivmitteln gilt als »formelle Mitwirkung mit der Sünde des Käufers«. Der Verkauf von Granaten nicht.

Doch die Kleriker sind ja gar nicht so. Auch sie geben – geht es gar nicht anders – einmal nach. So hat Papst Paul VI., unrühmlich bekannt für seine Pillenmoral, die Ausnahme erforscht und als »natürlich« erlaubt. So ist »Die Heiligsprechung von Knaus-Ogino, dargestellt durch die Schauspieltruppe des Altersheimes St. Peter zu Rom unter Anleitung Papst Pauls VI.« erfolgt. Die Schafe werden sich danach zu richten wissen. Erlaubt aber haben die Kleriker den Koitus unter Eheleuten nur, um den möglicherweise lustvolleren außerehelichen zu verhindern. »Drumb«, sagt Luther, »hat das Meidlein ihr Punzlein, daß es ihm ein Heilmittel bringe, damit Pollutionen und Ehebrüche vermieden werden.« Und auch zum Zwecke der »Zeugung von Nachkommenschaft« mußte der Beischlaf gestattet werden, denn woher sonst zum Beispiel die neuen Kleriker nehmen? Wieder zeigt Luther, was er bei den Mönchen gelernt hat: »Ob sie (die Ehefrauen) sich aber auch müde und zuletzt todt tragen, das schadet nichts, laß sie nur todt tragen, sie sind darum da.«

Übervölkerung der Erde? Verhungern von Millionen? Kein Thema vatikanischer Moral. Der jetzige Papst meint: »Es ist eine lebensfeindliche Haltung entstanden, die sich bei vielen

Diese Karte entnahm ich dem Buch

Wodurch sind Sie auf dieses Buch aufmerksam geworden?

☐ Empfehlung eines Bekannten
☐ Rat des Buchhändlers
☐ Buchbesprechung
☐ Rundfunksendung
☐ Anzeige
☐ Prospekt
☐ Schaufensterauslage
☐ Interesse für den Autor

Vielen Dank für Ihre Bemühungen und viel Spaß beim Lesen.

Rasch und Röhring Verlag

Bitte als Postkarte frankieren

Rasch und Röhring Verlag

Hoheluftchaussee 95

2000 Hamburg 20

Wir freuen uns über Ihr Interesse, das Sie einem Buch aus dem Rasch und Röhring Verlag entgegenbringen. Wenn Sie uns diese Karte mit Ihrer Adresse einsenden, werden wir Sie gerne laufend über unsere Neuerscheinungen informieren.

Herr/Frau
Name, Vorname

Straße

Ort

aktuellen Fragen bemerkbar macht. Man denke etwa an die gewisse Panik, die von demographischen Studien der Ökologen und Futurologen ausgelöst wird, die manchmal die Gefährdung der Lebensqualität durch das Bevölkerungswachstum übertreiben. Aber die Kirche ist fest überzeugt, daß das menschliche Leben ein herrliches Geschenk der Gnade Gottes ist. Gegen Pessimismus und Egoismus, die die Welt verdunkeln, steht die Kirche auf der Seite des Lebens.« So verantwortungsvoll denkt und handelt der selbsternannte oberste Hirte der Weltmoral: Er bezweifelt wissenschaftliche Ergebnisse, er ignoriert die lebensfeindliche Vergangenheit der eigenen Kirche, er hofft auf bessere, »unegoistische« Zeiten, er erwartet Hilfe von der Vorsehung – und er ruft die Eheleute zum Weitermachen auf. Am 12. November 1988 hat er die Verwendung von Kondomen durch Aids-Kranke als »schweres Delikt« verdammt. In einer Ansprache an katholische Apotheker hat er im Oktober 1990 den Verkauf von empfängnisverhütenden Mitteln untersagt, weil es sich um Medikamente handle, die »direkt oder heimlich gegen das Leben benutzt« werden könnten. Zwar hat sich an dieses Verdikt die Mitteilung aufgeschreckter deutscher Oberhirten angeschlossen, Johannes Paul II. habe gar nicht die Pille gemeint, sondern sich grundsätzlich zum Leben geäußert. Doch wird dieser Papst, der keine Gelegenheit ausläßt, sich über Kondome auszulassen, mit den »Medikamenten gegen das Leben« wohl kaum Rattengift gemeint haben.

Warum kämpft die Kirche für das ungeborene Leben?

Wozu Frauen und Kinder da sind, ist unter Klerikern aller Couleur ganz klar. Die einen sollen dafür sorgen, daß auch die nächste Generation von Christen bereitsteht – und Hirten wie Schafe sich nicht verlieren. Die anderen stellen diese neue Generation dar. Beide, Frauen wie Kinder, sind funktionalisiert, sind von vornherein in den Status von Opfer- und Beutemenschen verbracht. Das ist der Kirche systemimmanent: Wo Väter und Männer herrschen, werden Opfer benötigt. Diese Opfer zählen, was Morde an Frauen und Kindern betrifft, nach Hunderttausenden. Was die »denkerischen Totschläge« angeht, die in der Männergesellschaft durch die »Erziehung« (von Kindern und Frauen) erfolgen, reichen Millionen nicht aus.

Die gegenwärtig virulenten Auseinandersetzungen um den § 218 StGB sind nicht nur aktuell; sie werden von den Klerikal-Konservativen als Kämpfe von zeitloser Gültigkeit gesehen. Es geht dabei nicht bloß um eine typisch »katholische Wahrheit«, noch nicht einmal um eine spezifisch »kirchliche« (obgleich solche Wahrheiten bereits Millionen Tote gefordert haben). Es geht um ein »allgemein menschliches Problem«. Denn hier kämpfen Mannmenschen gegen Fraumenschen vor einem archaischen Hintergrund, streiten ganze Weltanschauungssysteme gegeneinander, und das macht dies so gefährlich erregend, läßt die Probleme zu einem wesentlichen Stück Kampf zwischen Vater, Mutter und Kind werden. Kein Wunder, daß sich alle patriarchal verfaßten Institutionen und die von deren Denken befallenen Charaktere fast selbstverständlich auf die eine Seite schlagen, und ebensowenig ist verwunderlich, daß die nicht (mehr) patriarchal denkenden und fühlenden Menschen sich auf der anderen wiederfinden. Beide Seiten setzen den uralten Kampf in dessen neueren Erscheinungsformen fort.

Hinter dem nur scheinbar errungenen Sieg der Frauen über die mannmenschliche Reproduktionskontrolle lebt nach wie vor der Männer- und Väterdiskurs über die Reproduktion als solche weiter. Dieser Diskurs stärkt sich selbst durch immerwährende Hinweise auf die Notwendigkeit des Kinderkriegens und -erziehens: Wir, die Patriarchen, brauchen Kinder (am besten viele echte Söhne und dazu ein nettes Töchterchen), um unsere Väterreihe (»Tradition«) der Herrschaftsausübung und Privilegierung fortzusetzen. Solange wir dafür auf Frauen angewiesen bleiben, müssen diese ran (»Sie sind darum da«, sagte Luther).

Ihre Männer haben dafür zu sorgen, daß sie sich nicht verweigern. Die Grundprinzipien des Patriarchats bestehen weiter, und manche Moralisten würden sich wundern, wagten sie einmal nachzulesen, woher sie ihr Wissen über die »Natur« beziehen. Von Autoren, deren einzige Denkleistung es war, die Angst der Männer vor der Frau zu verschleiern. Ausgekeimt muß in einer Männergesellschaft werden, der kostbare Männersamen darf nicht verschleudert sein, auch wenn Millionen Kinder hungern und verhungern.

Verschleierung kann und soll auch durch Überhöhung geschehen. Je stärker sich das eine Faktum vernebeln muß, desto wichtiger muß sich das andere nehmen. Je weniger über die Atomkraft (männlich) gesprochen werden darf, desto häufiger muß für das ungeborene Leben (fraulich, kindlich) demonstriert werden. Aussagen der Geistlichen zum einen Thema finden sich nur sehr sporadisch, zum zweiten Thema plappern sie ungefragt und ungebrochen. Solange Kirche und Staat aber sanktionieren, daß beispielsweise die Belastung menschlicher Ei- und Samenzellen mit Gemischen toxischer Fremdstoffe andauern darf, ist deren Behauptung unglaubwürdig, der § 218 StGB schütze ungeborenes Leben.

Nach einer Studie des US-amerikanischen Worldwatch-Instituts werden weltweit pro Jahr 50 Millionen Abtreibungen vorgenommen, davon die Hälfte illegal. Mehr als 200000 Frauen überleben den Eingriff nicht; eine weit höhere Zahl stirbt an späteren Komplikationen. Die Zahl der Schwangerschaftsabbrüche nimmt bei einer restriktiven Gesetzeslage keineswegs ab. Die Zahl der Todesfälle bei illegalen Abbrüchen nimmt aber drastisch zu. In Ländern, in denen Empfängnisverhütung aus religiösen Gründen eine geringe Rolle spielt oder in denen kaum eine Information über Verhütungsmittel erfolgt, ist die Abtreibung die gebräuchlichste Form der Geburtenregelung. Am schnellsten ist die Zahl der Abbrüche in jenen Ländern gesunken, die sie zu einem legalen Teil freiwilliger Familienplanung gemacht haben. In Staaten wie Dänemark, Frankreich, Italien und den Niederlanden steht der Schwangerschaftsabbruch sogar erst an vierter Stelle der Kontrollmaßnahmen. Im dezidiert päpstlich-katholischen Polen nimmt er die erste Stelle ein.

Hat auch der Zölibat seine Folgen zu tragen?

Der regierende Papst hat den Pflichtzölibat im Jahr 1979 eine »apostolische Lehre« genannt. Zwar wären die – durchweg verheirateten – Apostel sehr erstaunt gewesen ob dieser Doktrin aus Rom, doch über zwei Tatbestände kann keine Diskussion mehr geführt werden: Die römische Kirche muß die Ehelosigkeit ihrer höheren Amts- und Würdenträger offiziell beibehalten (Zölibat), und sie muß – wie stets in ihrer Geschichte – damit fertig werden, daß die wenigsten der von diesem Gesetz Betroffenen sich normgerecht verhalten. Ein Diskurs über Wohl und Wehe des Eunuchentums um des Reiches Gottes willen ist anachronistisch. Die Oberhirten lassen nicht davon ab, sich der Richtigkeit ihres Gesetzes zu versichern, und die niederen Kleriker wissen, warum und wie sie in aller Stille auch viel Gutes tun können. Das Priesterleben ein »Opferleben«? Gewiß nicht, weil es an dienstbaren Frauen fehlte. Die waren den Willigen stets zur Hand. Eher ein Opferleben, aber ein selbstgewähltes, weil der Kleriker sich als allzeit disponibles, nicht an Frau und Kinder gebundenes Menschenwerkzeug erwiesen hat, mittels dessen die Oberhirten herrschen konnten. Empfand der Kleriker sich noch als sündig, weil er einmal mehr sein Gelübde gebrochen und eine Frau angefaßt oder mit den Augen begehrt hatte, war er ein besonders qualifiziertes Instrument: Niemand gehorcht so willig wie der reuige Sünder demjenigen, der ihm Erlösung zusagt. Verzeihung freilich nur für den Reuevollen. Der ließ – seine nächste Gelegenheit zur Sünde im Auge – sich auch schon mal bespitzeln und denunzieren. Der schaute zu, wie ertappte »Mitbrüder« gefoltert und getötet wurden (im Mittelalter der Kirche) oder wie sie, falls sie nicht nur Kinder gezeugt, sondern auch geheiratet hatten, aus dem Amt gejagt worden sind (in der Gegenwart). Priesterkinder und Priesterfrauen: ein noch unaufgearbeitetes Thema klerikaler Mordgeschichte.

Ungleich lustvoller als die Blut- und Gewissensopfer lassen sich die Bettgeschichten der Eunuchen erzählen: Zölibatäre haben, anstelle des ihnen versagten einen Weibes, Liebchen in hellen Scharen gehabt. Keine Klerikerehe, doch ein Klerikerharem ist die Regel. Im 8. Jahrhundert spricht Bonifatius bereits von Geistlichen, die sich »vier, fünf, auch noch mehr Konkubinen nachts im Bette halten«. Später wird es – in Basel, in Lüttich – Bischöfe mit 20, ja 61 Kindern geben. Im 13. Jahrhundert nennt Papst Innozenz III. seine Priester »sittenloser als Laien«, bestätigt Papst Alexander IV., »daß das Volk, anstatt gebessert zu werden, durch Kleriker vollständig verdorben wird«. Geistliche »verfaulen wie das Vieh im Miste«, sagt ein anderer Papst dieser Epoche. Im nächsten Jahrhundert sieht ein Prediger die Kirche Christi als ein »Bordell des Antichrist«. Im 15. Jahrhundert suchen »stinkende Menschenkadaver« Bischofssitze zu erobern. Beim Konzil zu Konstanz, das den sittenstrengen »Ketzer« Jan Hus zur höheren Ehre Gottes verbrennt, sind 300 Bischöfe zugegen und 700 Huren zu deren Bedienung, nicht gerechnet jene, die die Oberhirten schon selber mitgebracht hatten.

Papst Pius II. hat 1460 dem Kardinal Borgia (und späteren Papst Alexander VI.) vorgeworfen, er habe in Siena ein Fest veranstaltet, bei dem »keine Verlockung der Liebe fehlte« und zu dem die Ehemänner, Väter und Brüder der anwesenden Frauen nicht eingeladen worden waren, »auf daß der Wollust keine Grenzen gesetzt seien«. Solche Vorwürfe konnten die Nachfolger sich schenken; sie kümmerten sich gar nicht mehr um das, was zur Regel geworden war. Papst Sixtus IV. baute nicht nur die nach ihm benannte Sixtinische Kapelle im Vatikan, sondern auch ein Freudenhaus. Er führte – einer der Geilsten seines Standes, der seine Schwester, seine Töchter beschlief – 1476 das Fest der »Unbefleckten Empfängnis« ein – und er kassierte von seinen Huren auch 20000 Golddukaten Luxussteuer jährlich. 1490 weist eine Statistik in Rom, das damals kaum 100000 Einwohner zählte, 6800 Dirnen auf. Papst Pius II. hatte recht, als er dem böhmischen König, unter Berufung auf einen Kenner, den hl. Augustinus, beteuerte, ohne ein geordnetes Bordellwesen könne die Kirche nicht leben. Papst Alexander VI. präsidierte einem Bankett, das in den Annalen der Pornographie unter dem Namen »Kastanienballett« berühmt geworden ist. Fünfzig Dirnen tanzten nach dem Mahl, »zuerst in Kleidern, dann nackt«. Man stellte Kandelaber auf den Boden und streute zwischen ihnen Kastanien aus, »die die nackten Dirnen«, so der päpstliche Sekretär Burchard, »auf Händen und Füßen zwischen den Leuchtern durchkriechend, aufsammelten«. Der Papst und seine Kurie schauten zu, gewannen Einblicke und geilten sich auf, so daß alsbald die Gastgeber sich mit den Kurtisanen paarten – und Preise denen ausgesetzt wurden, »welche mit den Dirnen am häufigsten den Akt vollziehen konnten«. Alexander VI. hatte bereits sieben Kinder gezeugt, als die Vaterschaft des achten sogar in der eigenen Familie strittig wurde: Zwei päpstliche Bullen legitimierten dieses Kind, die eine als Nachkomme des Papstsohns Cesare Borgia, die andere als Sohn des Papstes selbst.

In den ländlichen Gegenden der Champagne, wo viele Pfarrer im 15. und 16. Jahrhundert eine Konkubine hatten, bestand der verbreitete Brauch, diese am Sonntagvormittag zu entführen und gruppenweise zu vergewaltigen. Nicht alle »Laien« achteten Kleriker, die ohne weiteres die Nacht in einer Herberge zu zweit verbrachten, gemeinsam mit einem Mädchen, dem sie einen ihrer Talare geliehen hatten. Bischöfe erlaubten, so nebenbei, ihren Priestern Nebenfrauen und nahmen dafür einen eigenen »Hurenzins«. Noch im 17. Jahrhundert hatten die Hirten nicht nur Schafe, sondern auch Frauen und Kinder. Salzburgs Erzbischof von Raitenau allein 15. Am lustvoll ehelosen Leben der Pfaffen mag sich bis heute nicht viel geändert haben, doch dürfen sie es nicht mehr gar so offen treiben. Denn inzwischen gehört die Heuchelei zum Geschäft: »Wenn du schon nicht keusch leben kannst«, sagt ein Klerikerwort, »so wenigstens vorsichtig.« Nun ist die alte katholische Unterscheidung zwischen einer heimlichen und einer bekanntgewordenen Sünde wieder wichtig. Die geheime und allerorten grassierende Unzucht der Priester mag noch hingenommen werden, aber nicht die schwangeren Leiber und schreienden Kinder ihrer Konkubinen. »Was schreit, macht Ärger«, nennt die Moral ihren eigenen Zustand. Damit genug mit dem »6. Gebot« des Kirchengottes.

Machen Kleriker gute Geschäfte?

Daß sich Geistliche auf weltlichem Terrain betätigen, ist so neu nicht. Als im 11. Jahrhundert mit der aufkommenden Geldwirtschaft kaufmännische Tugenden gefragt zu werden begannen, waren Kleriker von Anfang an dabei. Rechnungsführung und Wirtschaftskorrespondenz verlangten Leute, die rechnen und schreiben konnten. Wer bot sich dafür besser an als die geistlichen »litterati« (Schreibkundigen)? Wer auf einer Dom- oder Klosterschule ausgebildet worden war, wem auch einige Lateinkenntnisse nicht fehlten, hatte die besten Chancen auf einen auskömmlichen Arbeitsplatz. Kamen noch etwas Geschäftsgeschick und -praxis hinzu, konnte aus dem Kleriker bald ein brauchbarer Gehilfe für weltliche Geschäfte werden. Als aber die Praktiken dieser Gehilfen über das gesunde Maß hinausgingen und die Gewinnsucht der Herren überhandnahm, wurden die kirchlichen Vorschriften verschärft. 1079 exkommuniziert eine Synode bereits Kleriker, die sich unerlaubten

Finanzaktionen widmen. Erlaubte Geschäfte, das heißt Tätigkeiten, die sich für die Institution und nicht für den einzelnen auszahlten, waren vom Verdikt freilich immer ausgenommen. Dieser Gummiparagraph machte alles möglich. In die eigene Tasche zu wirtschaften, unter dem Vorwand, für das große Ganze tätig zu sein, ist eine sehr alte und erfolgversprechende Übung. Sie begann bereits in der Antike, und zwar schon in vorkonstantinischer Zeit.

Die »Laien« des Mittelalters sahen zu, wie sich der elitäre Stand in ihren eigenen Branchen bediente. Wie er vorgab, aufgrund besonderer Erwählung auch in ökonomischen Fragen das bessere Wissen, die höhere Wahrheit zu kennen. Wie er sich bemühte, staatliche Privilegien (Steuerbefreiungen u. ä.) für sich und seinesgleichen zu gewinnen. Wie er stets erfolgreicher war, als es der Konkurrenzneid zuließ. Daß sich in allen Jahrhunderten kirchenrechtliche Regelungen für das leidig-erfreuliche Geschäft des Klerus mit der Welt finden, beweist zweierlei: Zum einen hat es solche Geschäfte stets gegeben, zum anderen haben die oberhirtlichen Mahnungen nichts genutzt. Immer wieder wurde als geläufiger Grund, es doch zu tun, angeführt: Wir arbeiten nicht für uns, sondern für das Reich Gottes. Das päpstliche Ministerium für die Heidenmission zum Beispiel konnte ein Lied von seinen Versuchen singen, einerseits die Mittel für die Mission beschaffen zu lassen, andererseits den Unternehmergeist der Missionare einzuschränken. 1893 erlaubt es schließlich, was längst schon fromme Übung war, den Handel mit Aktien.

Dieses Verhalten ist nicht nur eine Frage des Geschmacks, sondern es zeigt das Problem der Theologen, die richtige Antwort auf eine drängende Frage zu finden. Alle wissen sie, daß das Reich ihres Herrn »nicht von dieser Welt« (Jo 18, 36) ist. Alle wissen sie um das eindeutige Gebot des armen Jesus, nicht zwei Herren zu dienen, »Gott und dem Mammon« (Mt 6, 24). Sie kennen sogar das harte Wort vom Reichen, der es schwieriger hat, in den Himmel zu kommen, als ein Kamel durch ein Nadelöhr (Mt 19, 24). Aber sie haben auch den Spruch im Ohr, daß man sich Freunde machen soll »mit dem ungerechten Mammon« (Lk 16, 9). Und sie haben es auch geschafft, den Reichtum ihrer Kirche nicht zum Selbstzweck zu erklären, sondern ihn ausschließlich altruistisch zu interpretieren. Reich sind wir, sagen sie, weil es Arme gibt, die von unserem Geld zehren... »Die Kinder dieser Welt sind in ihrer Art klüger als die Kinder des Lichtes.« (Lk 16, 8) Auf der römischen Bischofssynode wurde im Oktober 1990 gefordert, Priesterseminaristen künftig auch in Ökonomie auszubilden, um »getreue Verwalter des kirchlichen Eigentums und Vermögens« zu haben.

Zensiert die Kirche noch immer?

Schnüffler gibt es überall, doch es ist kaum bekannt, daß die Denunziation zu den erprobtesten Methoden kirchlicher »Seelsorge« gehört. Dabei spricht allein das Blutwort »Inquisition« (Nachforschung) Bände. Die Kirche kann es sich und ihrer Tradition zurechnen, nicht nur Bücher zensiert zu haben (»Index librorum prohibitorum«), sondern auch Menschen. In beiden Fällen hat das Feuer die schlimme Arbeit der Schreibtischtäter, Hetzer und Denunziatoren vollendet. Auf dem »Index der verbotenen Bücher« finden sich große Namen der deutschen Geistesgeschichte wie Heinrich Heine, Immanuel Kant, Gotthold Ephraim Lessing und Arthur Schopenhauer. Wer vor diesem Hintergrund noch immer von den »unvergänglichen kulturellen Großtaten der Kirche« redet, denunziert die Opfer. Ein Zensurdekret des Papstes Innozenz IV. von 1487 stellt lapidar fest, daß es dem Geschenk der göttlichen Vorsehung – der Buchdruckerkunst – widerspreche, werden Bücher übersetzt und gedruckt, die dem Glauben und der guten Sitte der Kirche schaden. Künftig haben alle Buchdrucker vor der Drucklegung

ein »Imprimatur« einzuholen. Verstöße werden durch Geld-
strafen (zugunsten des Baus der neuen Peterskirche) geahndet.
Hinzu komme die Exkommunikation – und das beanstandete
Buch werde verbrannt.

Die Oberhirten hatten und haben einfach Angst. Bücherzen-
sur ist ein probates Mittel, Angriffe gegen sich selbst und die
eigenen Geschäfte zu unterbinden, die Wahrheit über die bischöflichen Machenschaften zurückzuhalten, die »Laien« igno-
rant und glaubensgehorsam zu halten. Zensur ist auch in der
heutigen Kirche – die sich so viel auf die ungestörte Kontinuität
zum eigenen Gestern zugute hält – nichts zufällig Hinzuge-
kommenes, Nebensächliches, sondern ein Wesensmerkmal. Sie
ist nicht nur institutionalisiert, sie ist institutionell vorgegeben.
Der Klerus, der einen bestimmten, klar umrissenen »Glaubens-
schatz« vertritt und weitergibt, unternimmt erst gar nicht den
Versuch, die Existenz einer Kirchenzensur zu leugnen. Zensur
wird als alltägliche Erscheinungsform des eigentlich Kirchlichen akzeptiert. Ein ziemlich großer Teil der Bevölkerung ist
prinzipiell zensurfreundlich bis chronisch zensurwillig. Die
meisten Kirchentreuen sind im Ausüben wie im Ertragen von
Zensur durchaus geübt; derlei Maßnahmen, Berufsverbote für
Abweichler inbegriffen, gehören nun einmal zu ihrem gesunden Empfinden – und sind ein gottgefälliges Werk. Der »Volks-
wartbund«, eine Art katholische Literaturpolizei, hat mit Hilfe
eines Heeres anonymer Denunzianten allein von 1959 bis 1962
nicht weniger als 700 Strafanzeigen erstattet sowie 271 Anträge
auf interne Indizierungen »jugendgefährdender Schriften« gestellt (in 92 Fällen mit Erfolg).

Als die deutschen Bischöfe 1971 die katholische Wochenzei-
tung »Publik« einstellten – ausgerechnet wegen »finanzieller
Schwierigkeiten« –, blieben die Massenproteste aus. Inzwischen unterstützen die Bischöfe ihre Hofblätter, auch dies ohne
großen Protest. Und die Deutsche Bischofskonferenz hat im
Februar 1976 den römischen Zensurerlaß vom 19. März 1975

118

zum Thema »Die Aufsicht der Hirten der Kirche über die Bücher« übernommen und adaptiert. Das Grundgesetz, das in diesem Fall die Weimarer Verfassung zitiert (Art. 137, 3), leistet Schützenhilfe. Religionsgesellschaften ordnen und verwalten »ihre Angelegenheiten selbständig«. An diesem Verfassungsgebot scheitern alle Reformvorschläge. Die Kirchen dürfen selbständig regeln. Das bedeutet in der Praxis Berufsverbote gegen Menschen, die ihr Grundrecht auf Meinungs- und Wissenschaftsfreiheit wahrnehmen (»Lehrzuchtverfahren«), und fristlose Kündigungen wegen »Lebenswandels« solcher, die im Kirchendienst (Kindergarten, Krankenhaus) stehen. Kündigungen von Arbeitsverhältnissen gab es in der Bundesrepublik unter anderem wegen Verstoßes gegen die Ehelehre der Kirche, wegen Befürwortung einer Reform des § 218, wegen verspäteter Taufe von Kindern und »Verunglimpfung christlicher Politiker«. Beanstandungen von Andersdenkenden betrafen Hochschullehrer, Religionslehrer und – in Bayern – Schüler, die den Religionsunterricht »störten«.

Damit werden im Geltungsbereich des Grundgesetzes rechts- und demokratieferne Räume geschaffen und genutzt. In welchem Maß sich diese grundgesetzwidrigen Praktiken rentieren, zeigt die Tatsache, daß die »Schere im Kopf« gerade beim kirchentreuen Bevölkerungsteil funktioniert. Fälle von Selbstzensur in Hochschulen, bei konfessionellen Verlagen und Akademien, im Rundfunkbereich, bei den konfessionell betriebenen Sozialeinrichtungen sind an der Tagesordnung. Die Betroffenen, wenn sie sich ihrer unwürdigen Lage überhaupt bewußt werden, können stets neue Fälle nennen. Die Kirchen »Horte der Freiheit« – eine krasse Lüge!

Hat sich die Kirche als Ausbeuterin bewährt?

Daß Worte und Taten auseinanderfallen müssen, darf als historisch gesichertes Prinzip klerikaler Fürsorge gelten. Wasser predigen und Wein trinken: in Kirchenkreisen nichts Besonderes. Die Themen der hohen Kirchenmoral liegen denn auch im allgemeinen fest. Schon ein mittelalterlicher Bischof sagt über die Lieblingsbeschäftigungen der Seinen: »Alles nur um Irdisches und Zeitliches, um Könige und Königreiche, um Prozesse und Streitigkeiten. Kaum ein Gespräch über geistliche Dinge war erlaubt.« Der deutsche Chronist Burckhard von Ursperg sieht im Geld die einzige Gottheit der römischen Kurie. »Freue dich, Mutter Rom«, spottet er, »die Schleusen der weltlichen Schätze haben sich weit geöffnet, und von allen Seiten fließt das Geld als ein Strom zu dir und häuft sich in Bergen an. Es gibt kein Bistum, keine religiöse Würde und keine Pfarrkirche, um die kein Prozeß geführt würde, welche dir nicht Leute mit gespicktem Geldbeutel zuführen würde. Die Schlechtigkeit der Menschen ist die Quelle deines Wohlergehens. Aus ihr ziehst du deinen Vorteil.«

Von nichts kommt nichts. Da die Kirchenleute stets mit dem Realistischeren unter Menschen, mit der Bosheit, gerechnet und nicht auf die Güte der Menschen gesetzt haben, konnten sie Berge von Geld und Gut anhäufen. Die Päpste, Meister im Ausbeuten des menschlichen Bedürfnisses nach etwas Besserem, durften sich jeden Luxus erlauben. Sie standen stets auf der Sonnenseite des Lebens. Sie kassierten in jedem Fall: für die Schwärze der menschlichen Natur, die sie in ihren Fensterpredigten beschworen, ebenso wie für das Deckweiß, das jene Not hienieden übertünchen sollte, da drüben im sogenannten Himmel. Während der Zeit ihres freiwilligen Asyls in Avignon (1309–1376) hat eine päpstliche Krönungsfeier um die 10000 Goldgulden verschlungen, das Jahreseinkommen von etwa 2000 Bauern. Allein das Festmahl zur Inthronisation kostete 5000

Gulden. Von diesem Betrag hätten 1000 Landarbeiterfamilien mindestens ein Jahr lang leben können. Kardinäle erhielten bei der Wahl eines Papstes, je nach Abstimmungsverhalten, Gratifikationen in Millionenhöhe (nach heutiger Kaufkraft). Papst Eugen IV. (1431–1447), ein zur persönlichen Armut verpflichteter Augustinermönch, bestellte bei einem Goldschmied in Florenz eine Papstkrone im Gegenwert von zwei Millionen Franc. Papst Paul II. (1464–1471) hat sich Edelsteine geleistet, die auf acht bis zehn Millionen Franc geschätzt worden sind. Aber auch die Gegenwart trägt ihre Zahlen bei: Die Krone des Papstes Johannes XXIII. (1958–1963), die als Erbe an die Nachfolger ging, wog etwa sechs Pfund an Gold. Paul VI., sein unmittelbarer Nachfolger, ließ sich eine weitere anfertigen (oder: »schenken«).

Schätze und Gelder kamen nicht von ungefähr. Sie wurden den Untertanen, den »Gläubigen«, abgepreßt, sind Resultate nackter Ausbeutung. Das vatikanische Gold stammt von lebendigen Menschen, nicht von Engeln. Es schuf soziale Not. Und während die einen darbten, praßten die anderen. Ein durchaus papsttreuer Kurialer aus der Zeit von Avignon berichtet, wann immer er die päpstlichen Gemächer betrat, traf er die geistlichen Herren beim Zählen von Geld. Nahezu alles haben Päpste, Nachfolger Petri, um Güter und Privilegien verschachert, fast alles haben sie zu Geld gemacht – Jahrhundert für Jahrhundert leuchtende Vorbilder an Korruption und Verdorbenheit. Früher verkauften sie jeden Bischofsstuhl, jeden Abtssitz, jede Domherrenwürde, verkauften sie sogar die Anwartschaft auf solch heilige Ämter, manchmal an mehrere Kandidaten zugleich. Sie verschacherten jede Bulle, jede Dispens, jeden Ablaß, jedes Urteil. Sie haben die heiligsten Schätze vermittelt und verklopft, haben jeden »frommen Betrug« im Reliquienhandel gedeckt. Von 19 überprüften Heiligen existieren noch heute in Kirchen und Kapellen 121 Köpfe, 136 Leiber und eine stupende Fülle anderer Glieder.

Päpste lassen den geistlichen Schacher auf diesem Gebiet

noch immer zu: Da es aber nur noch wenige echte Partikel von Heiligen gibt, kann die massenhafte Nachfrage nur befriedigt werden, indem »Berührungsreliquien« verkauft werden: Gegenstände (Stoffteilchen u. ä.) also, die mit einem Originalteil vom jeweiligen Heiligen in Berührung gekommen sind – und sich auf diese Weise wunderbar multiplizieren lassen. Papst Johannes Paul II. ist stark mit der Suche nach solchen und anderen Geldquellen beschäftigt, sei seine Kirche doch »ärmer, als die meisten Menschen denken«. Sie muß somit auch an das Geld anderer Leute kommen. Ergo kostet der päpstliche Segen, auf einer eigenen Urkunde ausgefertigt, 5000 DM. Orden werden verhökert (je nach Höhe bis zu 120000 DM), Adelstitel desgleichen. Der Preis für einen päpstlichen Freiherrn-Titel liegt bei 300000 DM. Wer mehr sein will als ein bloßer Baron, muß mehr anlegen: Fürstentitel liegen bei 2,5 Millionen DM. Nach einer gewissen Wartezeit (Schamfrist) wird die Erhebung im Petersdom gefeiert. Die Nebenkosten für eine solche Prozedur, etwa anläßlich der Ostermesse dort, belaufen sich auf weitere 50000 DM.

Über solche Gelder kann gespottet werden. Wer unbedingt meint, er brauche einen akademischen Titel aus dem Vatikan oder einen päpstlichen Orden oder einen Grafentitel, der soll dafür zahlen. Schlimmer wird die geistliche Ausbeutung in Millionen anderer Fälle. Wenn es um diejenigen geht, die nicht nur kein Geld haben, um sich beim Vatikan Titel zu kaufen, sondern deren Pfennige auch noch vom selben Vatikan erpreßt worden sind. Die Rede ist von den Armen und Besitzlosen dieser Welt. Für sie hat sich der Klerus nur in Worten stark gemacht, wenn überhaupt. Taten hat er keine aufzuweisen. Sein eigenes Vermögen rührt er für diesen Zweck so gut wie nie an. Was tut er? Er fordert andere auf, sich praktisch um das Problem zu kümmern.

Wer hat sich bis zuletzt für die Sklaverei engagiert?

Jesus aus Nazareth erschien als Freund der Ausgestoßenen und Entrechteten, Zöllner und Sünder, der Kranken, Krüppel, Gezeichneten, Ausgegrenzten, Abweichler. Er ging mit ganz anderen Kreisen um als dann die Kirchenleute. Er hat die Armen gepriesen, den Reichen gedroht, und diese Radikalität zog schon früh die wirklich Armen des Römischen Reiches an, die Sklaven, die Freigelassenen, die Arbeiter und die kleinen Handwerker, die vertriebenen Bauern und Tagelöhner. Für sie alle versprach die neue Religion Erlösung aus dem sozialen wie geistlichen Elend der ersten Jahrhunderte. Wer sich taufen ließ, rechnete damals nicht nur damit, von diesem Jesus – dem von Paulus zum Christus hochgeschriebenen Herrn – erlöst zu werden und »in den Himmel zu kommen«. Er konnte auch Befreiung aus wirtschaftlicher Not erhoffen, zumal sich das Christentum anfangs auch als eine Art Erfüllung proletarischer Hoffnungen auf Erden dargestellt hat.

Doch sehr bald dachte die neue klerikale Herrenclique nicht mehr im Traum daran, irgendwelche Gesellschaftsstrukturen zu ändern. Im Gegenteil. Die »Laien« hatten ihre Unterwerfung akzeptiert, oder sie waren tot, und der Klerus konnte mit dem Erreichten zufrieden sein. Er stand auf der richtigen Seite, er genoß »den Reichtum der Heiden«. Seine Kirche, ohne Bezug zum wirklichen Jesus, entwickelte sich konsequent zu einer konservativen Großmacht ersten Ranges. Die sozialen Traditionen des kleinen, armen Häufchens der Urchristen wurden relativiert oder ganz aufgegeben. Das althergebrachte Wirtschaftssystem fand eine neue Legitimation durch die christlichen Wortführer. Bereits Paulus – Kirchengründer und -ideologe – gibt die Devise aus, jeder Mensch bleibe in dem Stand, in dem er sich befinde. Der Freie bleibt nach Gottes und des Apostels Willen frei, der Sklave versklavt. Bischof Ignatius verlangt im 2. Jahrhundert, daß ein Sklave nicht nur unfrei bleibe, sondern »zur Ehre Gottes noch eifriger Sklavendienste tue«. Kirchenlehrer Ambrosius nennt die Sklaverei ein »Gottesgeschenk«. Kirchenlehrer Augustinus, ganz auf der richtigen Seite, propagiert das Ideal der »arbeitsreichen Armut«. Arm bleiben und viel arbeiten, ist einer seiner Ratschläge an die Betroffenen sowie einer der wichtigsten Beiträge zum Jahrtausendproblem des Umgangs mit armen und reichen Schafen. Die religiöse Gleichberechtigung der Sklaven geht 257 wieder verloren, als ihnen Papst Stephan I. den Zugang zum Klerus verbietet. Ausgestoßene, Unfreie, Verkrüppelte, unehelich Geborene und so fort: alles keine Kandidaten für die Hirtenschaft (bis heute). Wo kämen wir Kleriker hin, wenn wir solchen Untermenschen den Zugang zu uns erlaubten! Papst Leo I., der »Große«, meint 443, ein Verbot sei angebracht und Milde untersagt, »als wäre ein schäbiger Sklave einer solchen Ehre würdig«. Sklaven bleiben Untermenschen in der Christenherde. Sie gehören mit der Zeit, als Sachen, zum »Kirchengut«. Nicht von ungefähr profitieren die Kleriker am meisten von diesem »christlichen Institut« der Sklaverei (Ägidius von Rom), nicht ohne Grund hält die päpstliche Hauptstadt Rom unter allen westlichen Städten am längsten an der Sklavenhaltung fest. Diese Arbeitskräfte im Weinberg des Herrn sind die billigsten. Und um sich solche Untermenschen zu halten, ist den Klerikern jedes Predigtmittel recht. Noch die moderne amerikanische Negersklaverei, eine unmittelbare Fortsetzung der mittelalterlich-christlichen Sklavenhaltung, wird durch die althergebrachten theologischen Argumente gestützt: Gottgewolltheit (jedem das Seine) und »wesentliche« (religiöse) Gleichheit vor Gott bei andauernder sozialer Ungleichheit vor den Herrenmenschen.

Was haben Kleriker gegen Bauern?

Ebenso wie die Hirten alle Emanzipationsversuche der Sklaven bekämpften, sprangen sie mit den Freiheitsbewegungen anderer Unterdrückter um. Zwar engagierten sich auf der Seite der Ausgebeuteten immer auch Prediger; Thomas Müntzer ist der gewaltigste von ihnen. Doch waren dies Einzelfälle. Die offizielle Kirche hat sich nie zur Sprecherin solcher Bewegungen gemacht, hat vielmehr – im Verein mit den übrigen Herren – die Entrechteten durch ihr Mitleid verspottet, ihnen von Fall zu Fall den theologischen Garaus gemacht – und sie hat geholfen, ihre Führer, die »abgefallenen« Prediger zuerst, zu ermorden.

Bauernaufstände grassierten derart im Abendland, daß die Historiker sie bis in unser Jahrhundert nicht selten übersehen. Das 11. Säkulum schon ist voll von Revolten. In Frankreich, wo sich die Landsklaven erheben, kostet einer von ihnen 38 Sous, ein Pferd dagegen 100. Im französischen Bauernaufstand des 14. Jahrhunderts werden 20000 Bauern vom Adel hingerichtet. Die Kirche schaut beiseite oder segnet das Morden. Die Bauernerhebung der Deutschen wendet sich im 16. Jahrhundert dezidiert gegen Adel und Klerus. Und beide rächen sich so furchtbar, daß den deutschen Revolten über Jahrhunderte hinweg die Angst vor weltlichen und geistlichen Potentaten in den Knochen steckt. Pfaffen und Ritter, Thron und Altar – mindestens ein Jahrtausend lang haben sie die Menschen da unten verachtet, unterdrückt, ausgesogen. Und mochten sie sich noch so oft befehden, sozial hielten diese Herren zusammen, eine auf Macht und Gewinn versessene, nur vom Schweiß und Blut der Ausgebeuteten lebende Klasse. Wieviel Moral hat denn die Kirche? Auch Luther versagte sozial. Er hat – trotz gelegentlichen Tadels der Fürsten – Hand in Hand mit ihnen gearbeitet und seine Kirche den Bauernmördern anvertraut. Er hat die abgründige Not der Bauern ignoriert, ja in einer Schrift wider die

Rotten der Bauern, von aller Welt verlangt, die Aufständischen »zu würgen, zu stechen wie tolle Hunde«. Die Reformation Luthers verdient keinen Vorzug vor der alten Kirche. Auch die neugläubigen Herren waren geneigt, diese Reformation mitzumachen »bis zur äußersten Grenze ihres eigenen Vorteils« (Theodor Lessing). Noch in der Nationalversammlung von 1848 findet sich unter 600 Abgeordneten ein einziger Bauer. Die Herren blieben in Staat und Kirche unter sich. Sie haben die Bauern geschunden, erst zu Hörigen, dann zu Leibeigenen gemacht – mit fortschreitender »christlicher Zivilisation« immer mehr. Bauern blieben fortan Objekte. Oft galten sie den Herren weniger als Vieh. Der Hochmeister des Deutschritterordens, Siegfried von Feuchtwangen, pflegte um 1300 zu sagen, es schmecke ihm kein Bissen, habe er zuvor nicht ein paar Bauern aufknüpfen lassen. Was unbarmherziger gegen die armen Leute sei als die Geistlichkeit, fragt Paracelsus.

Daß sich Päpste, Bischöfe, Kleriker selbst schadlos gehalten haben, ist geschichtlich erwiesen. Daß sie für ihre eigene Verwandtschaft sorgten, desgleichen: Päpste sanieren ganze Hundertschaften von »Neffen« (Nepotismus), sie beschäftigen ihre Favoriten rings um den Heiligen Stuhl, sie zimmern sich Wirtschaftsmacht zusammen, sie hinterlassen – wie noch vor wenigen Jahrzehnten Papst Pius XII. – selbst ein Privatvermögen in fast dreistelliger Millionenhöhe (in DM!). Moral? Ausbeutung?

Wer hat die »Soziale Frage« nie beantwortet?

Zwar hat sich Jesus aus Nazareth, wie ihn die Evangelisten darstellen, gerne »in schlechter Gesellschaft« aufgehalten und sich um diejenigen gekümmert, die zu den Verachteten seiner Zeit gehörten. Doch kann keine Rede davon sein, daß er die damals bestehenden Herrschaftsverhältnisse auch nur in Ansätzen in Frage gestellt hätte. So weit haben es die Evangelien nun doch nicht kommen lassen wollen, und die Kleriker, die sich auf die »Frohbotschaft« berufen, haben eigentlich gar nichts dagegen. Die sogenannte »Bergpredigt«, in der Jesus sich in die Sehnsüchte der Ärmsten hineingefühlt haben soll, ist denn auch in der heutigen Kirche zur Fensterpredigt verkommen. Bewegen darf sie heute sowenig wie eh und je. Auf dem Stuttgarter Evangelischen Gemeindetag 1985 löste der Mathematikprofessor Bodo Volkmann Heiterkeit und Beifall aus, als er darauf hinwies, daß die Bergpredigt nicht wörtlich und politisch verstanden werden dürfe. Denn dann müßten die Gerichtsbarkeit (»Richtet nicht!«) und die Polizei (»Widersteht nicht dem Bösen!«) abgeschafft werden; ebenso die Rentenversicherung (»Sorget nicht ängstlich!«), die Banken (»Sammelt euch keine Schätze auf Erden!«) und die Gewerkschaften (»Wenn dich jemand anstellt, um vierzig Stunden für ihn zu arbeiten, dann arbeite freiwillig achtzig Stunden«). Wie unschwer zu erkennen ist, hat nicht einmal die Kernaussage des rebellischen Mannes aus Nazareth eine praktische Bedeutung für jene, die seinen Namen feiern.

Die gelenkte innerkirchliche Geschichtsschreibung (wer sollte gelenkt sein, wenn nicht sie?) hat in den Köpfen vieler Unheil angerichtet, hat bare Unwahrheiten zur Wahrheit hochgejubelt, hat Menschen glauben lassen, ihre eigenen Päpste hätten die soziale Not anderer zu lindern gesucht, theoretisch wie praktisch. Die Realität sieht völlig anders aus. An den klerikalen Beteuerungen ist kein wahres Wort. Bis ins 19. Jahrhundert hinein hat kein einziger Papst für die Armen und sozial Bedrängten mehr übrig gehabt als ein Almosen; hat keiner praktische Vorsorge getroffen, um wenigstens das schlimmste Leid zu lindern. Soziale Neuerungen, die Erfolg hatten, kamen von nichtkirchlicher Seite. Und erst als sich diese Neuerungen durchzusetzen begannen, bequemten sich auch die Kleriker dazu, im nachhinein statt der üblichen Verdammung ein vorsichtiges »Ja, aber« zu formulieren.

Päpstliche Rundschreiben, die hin und wieder den euphemistischen Namen »Sozialenzykliken« führen (1991 steht wieder eine ins Haus), gehen durchweg von allgemeinen und daher ungefährlichen Betrachtungen aus. Sätze wie »Alle Gewalt kommt von Gott und nicht vom Volk« passen ins klerikale Menschen- und Gesellschaftsbild. Sie stützen die Institution, und sie tangieren die Betroffenen so wenig, daß diese sich zufrieden zeigen können. Kommen die Päpste schließlich zum Kern der Frage und sollen sie konkrete Innovationen nennen, die den Herren der Welt übel aufstoßen könnten, reden sie drum herum. Sie haben bis heute noch kein wesentliches Mittel genannt, das den Grund für die Mißstände träfe und helfen könnte, sie zu beseitigen. Sie wissen gut, warum sie solche Konkretionen unterlassen. Sie dürfen die nicht vergraulen, denen sie ihr Wohlleben verdanken. Wenn Pius XII. 1943 sagt, seine Kirche habe »sich immer der gerechten Ansprüche der Arbeiterschicht gegen jede Unbilligkeit angenommen«, dann sagt er die blanke Unwahrheit.

Leo XIII., der »Arbeiterpapst« aus dem edlen Hause der Grafen Pecci, hat 1891 bestätigt, was die Seinen gerne von ihm hören wollten: Das Privateigentum ist und bleibt Naturrecht. Die Armen sollen nicht danach streben, mehr zu erlangen, als ihnen zukommt. Denn »vor allem ist von der einmal gegebenen unveränderlichen Ordnung der Dinge auszugehen, wonach in der Gesellschaft eine Nivellierung von hoch und niedrig, von arm und reich schlechthin nicht möglich ist«. Reiche genießen (der Papst gehört selbst dazu), und Armen wird bestätigt, daß »Leiden und Dulden nun einmal der Anteil unseres Geschlechtes« sei. Es wird niemanden verwundern, daß Kaiser Wilhelm II. bekannt hat, in der Arbeiterfrage »durchaus mit dem Papst übereinzustimmen«. Kein Wunder auch, daß Leo XIII. ein Exemplar seiner Enzyklika an Zar Alexander III. gesandt hat, weil er allzugut wußte, gerade für den russischen Alleinherrscher würden die päpstlichen Sozialprinzipien akzeptabel sein.

Noch zur Zeit Leos XIII. hatte Lenin der Welt anhand der Guthaben von fast drei Millionen Sparkassenbüchern vorgerechnet, wie lukrativ es seinerzeit in Rußland war, Pope zu sein. Pro Buch besaßen Zivilbeamte durchschnittlich 202 Rubel, Händler 222 Rubel, Grundeigentümer 268 – und Popen mit 333 Rubeln die höchste Summe. Die Sorge für das Seelenheil der Armen war demnach kein unvorteilhaftes Geschäft. Jahrzehnte zuvor hatte Victor Hugo gerufen: »Erhebt euch doch, ihr Katholiken, Priester, Bischöfe, Männer der Religion, die ihr da in dieser Nationalversammlung sitzt und die ich da mitten unter uns sehe! Erhebt euch! Das ist eure Rolle! Was macht ihr da auf euren Bänken?« Die einzige Reaktion: Gelächter.

Erst als die entstehende Arbeiterbewegung Europas begann, selbst einige Christen aufzuwecken, sahen sich die Päpste – über Jahrhunderte hinweg Herrenmenschen und nichts als das – genötigt, die Bewegung zu »taufen« und scheinheilig in die eigenen Bahnen zu lenken. Dieses Süppchen mußte mitgekocht werden. Der sogenannte »Arbeiterbischof« Freiherr von Ketteler hatte als einer der ersten die neue Zeit richtig einschätzen können. Ketteler, der arm zu arm und reich zu reich legte wie gewohnt, sah das Risiko der Revolte und nutzte die Chance, alles prinzipiell beim alten zu lassen, indem er an den Rändern kleine soziale Erleichterungen schuf. Der Klerus mußte handeln, nicht kraft eigener Einsicht, sondern aus Selbstschutz. Nicht ohne Grund geben alle päpstlichen Botschaften das eine Thema wieder: Die gottgewollte Weltordnung ist nun einmal so, wie sie ist, und alle Not der jeweiligen Zeit kommt allein vom Schwund des Glaubens, alle Arznei vom neu entfachten Glauben an uns, die Hirten. Pius XII. hat 1939 in einem Schreiben an die Bischöfe der USA diese Meinung bekräftigt: »Die Erinnerung an jedes Zeitalter bezeugt, daß es immer Reiche und Arme gegeben hat; und daß dies auch immer so sein wird, läßt die unabänderliche Beschaffenheit der menschlichen Dinge voraussehen... Die Reichen, wenn sie rechtschaffen und redlich sind, üben das Amt von Austeilern und Verwaltern der irdischen Gaben Gottes aus; als Werkzeuge der Vorsehung helfen sie den Bedürftigen ... Gott selbst hat bestimmt, daß es zur Ausübung der Tugend und zur Erprobung der menschlichen Verdienste in der Welt Reiche und Arme geben soll.«

Ob der Papst – privat ein Multimillionär – je darüber informiert worden ist, was der angebliche Kirchengründer Jesus aus Nazareth über die Reichen gesagt hat? Ob ein Gott, der nicht gerade zufällig ein Gott der Edlen und Reichen ist, wirklich der Reichen bedarf, um irdische Güter zu verteilen? Ob ein Gott, der nicht von Klerikalen erfunden wurde, wirklich daran interessiert ist, daß täglich 40 000 Kinder auf der Welt verhungern? Wozu es überhaupt eine Kirche gibt? Wenn diese doch nur bestätigt, was alle wissen: hier arme Leute, dort reiche? Warum Päpste keine »soziale Frage« beantworten? Nicht, weil sie zu dumm dazu wären. Nein, weil sie zu klug sind, um ihre eigene Basis zu gefährden. Alle Antworten, die wirkliche Antworten sind, gefährden den Reichtum der Kirche und infolgedessen deren soziale und politische Privilegien. Da macht man besser von »Sozialenzyklika« zu »Sozialenzyklika« viele nette Worte für arm wie reich und beläßt im übrigen alles beim alten.

Ist der Kirchendienst für ArbeitnehmerInnen gefährlich?

Arm bleibt arm, und reich bleibt reich. So will es der Kirchengott, sagen seine Stellvertreter auf Erden. Unternehmer bleibt Unternehmer und Arbeitnehmer Arbeitnehmer, so praktizieren es hierzulande die beiden Großkirchen, die Unternehmerinnen, die mehr Leute beschäftigen als die Deutsche Bundespost. Weil die Großkirchen ihre Monopolstellung in Sachen Caritas weidlich ausnützen, haben Menschen mit nichtkirchlicher Weltanschauung, sofern sie sozial tätig sein wollen, keine echte Berufschance gegenüber diesen Tendenzbetrieben. Obwohl der Staat bis zu 90 Prozent der Kosten solcher Einrichtungen trägt, läßt er darin die Kirche völlig frei als Arbeitgeberin walten – und damit, unter Bezug auf den angeblich undemokratischen Willen Gottes in Kirchensachen, demokratieferne Räume schaffen. Kirchliches Dienstrecht – so Stimmen aus dem Klerus – sei weder Arbeitsrecht noch öffentliches Recht. Es sei schlicht Kirchenrecht und damit dem Zugriff des Klerus freigegeben. Ergo möchte dieser schalten und walten, wie er will, und seine Einflußzonen ausdehnen. Nach seinem Selbstverständnis könnten nicht nur sämtliche konfessionellen Krankenhäuser, sondern auch kirchliche Kindergärten, Sozialstationen, Altenheime als »Stätten der Religionsausübung« unter den besonderen Grundrechtsschutz der Verfassung fallen. Die Kleriker versuchen zu bestimmen, welche Bereiche unseres Staatslebens von der speziellen Kirchenfreiheit (Glaubens-, Religionsfreiheit) erfaßt werden. Gegenüber einer solch expansiven Deutung werden die »Schranken des für alle geltenden Gesetzes« praktisch bedeutungslos. Religion wird damit in einem Sektor ausgeübt, der dem Staat verschlossen bleibt.

Es gibt in der Bundesrepublik eine große Zahl konfessioneller Arbeitsplätze. Der Deutsche Caritasverband hat schon 1979 den Durchschnittswert des pro Arbeitsplatz investierten Vermögens auf 300 000 DM geschätzt: ein Aufwand an Gesamtinvestitionen von über 50 Milliarden DM. Aber was geschieht mit und an diesen Arbeitsplätzen? Nicht ohne Grund kritisieren Gewerkschaften wie die ÖTV immer wieder die unter demokratischen Gesichtspunkten unhaltbaren Zustände in kirchlichen Sozialeinrichtungen. Zwar sind die Kleriker sofort bereit, überall dort soziale Aufgaben an sich zu ziehen, wo Ansprüche gegenüber dem Staat oder den Sozialversicherungsträgern und Krankenkassen geltend gemacht werden können. Doch weigern sie sich strikt, die Arbeitsbedingungen ihrer MitarbeiterInnen tariflich ebenso festzulegen und abzusichern, wie das den Regeln des demokratischen, sozialen Rechtsstaats entspricht. Caritas? Oder bloß »Caritasverband«?

Es ist unglaublich, aber wahr: Die katholische Kirche, in der Bundesrepublik eine der größten Arbeitgeberinnen gerade auf karitativem Sektor, schränkt die – in Verfassung und Gesetz verbrieften – Rechte ihrer Bediensteten ein. Aus vorgeblich »dogmatischen« Gründen. Es zeigt sich ein Prinzip kirchlicher Arbeitsmarktstrategie: Zum einen sind Kleriker nicht von dieser Welt, zum andern beanspruchen sie alle Privilegien dieser Welt. Also bedecken sie sich, was ihre Institution und alle ihre Einrichtungen und Besitztümer (Brauereien eingeschlossen) betrifft, mit dem Schutzmantel einer »öffentlich-rechtlichen Körperschaft«. Zum anderen fordern sie ständig Ausnahmen von den für alle geltenden Gesetzen unter Berufung auf ihren unvergleichlich »höheren Zweck«. In beiden Fällen bringt dieses doppelmoralische Verhalten erhebliche finanzielle Vorteile. Das Bundesarbeitsgericht hat erst vor kurzem entschieden, daß in öffentlich-rechtlich organisierten, also auch kirchlichen Betrieben das Betriebsverfassungsgesetz nicht gilt. Anlaß war die Klage von Beschäftigten der Andechser Klosterbrauerei, die einen Betriebsrat bilden wollten. Zuvor hatte das Münchner Verwaltungsgericht entschieden, daß gewerbliche Betriebe in Kirchenbesitz – wie zum Beispiel Brauereien – nicht dem Tendenzschutz unterliegen. Auch müsse ein Personalrat – wie bei Behörden – eingerichtet werden. Die beklagten Benediktiner, klerikale Arbeitgeber, waren aber in die Berufung gegangen.

Wer darf sich nicht scheiden lassen und wieder heiraten, ohne fristlos gekündigt zu werden?

Bürgerinnen und Bürger im Geltungsbereich des Grundgesetzes, die in kirchlichen Einrichtungen beschäftigt sind, tun gut daran, sich auch in ihrem Privatleben an die »Grundsätze der katholischen Kirche« zu halten. Scheidungen und Wiederverheiratungen, Abtreibungen, Geburten unehelicher Kinder oder auch nur Stellungnahmen gegen kirchliche Anschauungen (wie die zum § 218 StGB) gelten als unvereinbar mit eben diesen Prinzipien – und führen zum Verlust eines Arbeitsplatzes, der zu 90 Prozent aus Steuermitteln bezahlt wird. Prozesse vor Arbeitsgerichten haben den Betroffenen immer wieder deutlich gemacht, was es heißt, in einem Land zu leben, das klerikale und damit undemokratische Räume zuläßt. Daß die Religionsgemeinschaften hierzulande »ihre Angelegenheiten selbständig regeln«, wie es das Grundgesetz sagt, gilt als Freibrief für arbeitsrechtlich skandalöse Zustände. Kirchliche ArbeitnehmerInnen bleiben ArbeitnehmerInnen minderen Rechts.

Der Arzt eines von der katholischen St.-Elisabeth-Stiftung getragenen und vom Staat wesentlich mitfinanzierten Krankenhauses in Bochum hat sich 1989 lediglich an einer Unterschriftenaktion des »stern« gegen den § 218 beteiligt. Die Folge war fristlose Kündigung. Ein weiterer katholischer Fall zur Illustration der tatsächlichen karitativen Verhältnisse: Nach 16jähriger Tätigkeit wurde eine Buchhalterin von der Caritas fristlos gekündigt, weil sie zur evangelischen Kirche übergetreten war. Zusätzlich hatte die Caritas dem von ihr abhängigen Malteser-Hilfsdienst den »Verstoß« der neuen Mitarbeiterin gemeldet. Das Arbeitsgericht Münster hat die fristlose Entlassung für rechtswidrig erklärt – und eine fristgerechte Kündigung angemahnt. Die Caritas verpflichtete sich ihrerseits, auf den neuen Arbeitgeber keinen weiteren Druck auszuüben.

Einige Beispiele aus dem evangelischen Bereich: Das Diakoniewerk Neuendettelsau hatte einem 39jährigen Gymnasiallehrer wegen »ungenügender Leistungen« gekündigt, nachdem dieser an Krebs erkrankt war. Da der Personalchef der kirchlichen Einrichtung öffentlich argumentiert hatte, »mit Verwundeten kann man keine Schlacht gewinnen«, folgte das Arbeitsgericht dieser Darstellung nicht. Es erkannte die »ungenügenden Leistungen« nicht an, sondern verurteilte das barmherzige Werk zur Nachzahlung der Gehälter und zu einer Abfindung. Diakonie? Ein Einzelfall? Frauen von evangelischen Pfarrern, die in der

Gemeinde ihres Mannes mitzuarbeiten hatten, sind nach einer Scheidung nahezu völlig rechtlos. Da sich Scheidungen in diesen Kreisen häufen (in Ballungsgebieten soll die Zahl geschiedener Pfarrersehen bei 50 Prozent liegen), geht es nicht mehr um ein Randproblem. Die Kirche versucht einen weiteren Zuwachs zu verhindern. Daß sie sich dabei nicht scheut, die geschiedenen Pfarrersfrauen wenig karitativ zu behandeln, ist keine Empfehlung. Dasselbe gilt für die menschenunwürdige Vorschrift der evangelischen Kirche, nach der ein Geistlicher keine Jüdin heiraten, wohl aber mit ihr zusammenleben darf. Haben die Hirten vergessen, daß derjenige, nach dem sie sich nennen, selbst Jude gewesen ist – und nicht Christ?

Erzieherinnen in evangelischen Kindergärten klagen 1988 auf einer Bundestagung ihres Fachverbands über unzumutbare Arbeitsbedingungen. Die Rechtsträger – häufig durch evangelische Pfarrer vertreten – ließen erzieherische Fachkompetenz zuwenig gelten. In Personal- wie in Sachfragen gebe es kaum ein Recht auf Mitbestimmung. Manche kirchlichen Träger nutzten die katastrophale Arbeitsmarktlage aus, indem sie Dienste im Kindergarten nur vergaben, wenn zusätzlich innerkirchliche Dienste – wie Orgelspielen am Sonntag – verrichtet wurden. Auch hat 1989 die arbeitsrechtliche Kommission der evangelisch-lutherischen Kirche in Bayern beschlossen, künftig Wegezeiten nicht mehr der bezahlten Arbeitszeit der im Kirchendienst Tätigen zuzurechnen. Eine Schrittmacher-Leistung in Sachen Diakonie?

Nach Auffassung der Gewerkschaft ÖTV koppelt die geplante »Arbeitsvertragsgrundordnung« der Kirche das Arbeitsrecht der kirchlich Beschäftigten vom geltenden Tarifrecht im öffentlichen Dienst ab. Die Kirche, Wegbereiterin des Unsozialen? Die sozialen Nachteile liegen auf der Hand. Sie betreffen die Umsorgten wie die Umsorgenden. Sich auf klerikale Art sozial versorgen lassen zu müssen ist für die Menschenrechte nicht weniger gefährlich, als bei den Einrichtungen klerikaler

Caritas beschäftigt zu sein. Wer heute noch freiwillig in den Kirchendienst geht, ist selber schuld.

Was hat denn Jesus mit alldem zu tun?

Jesus aus Nazareth in einem Atemzug mit einer Kirche zu nennen, die sich auf ihn als ihren »Stifter« beruft, fällt schwer, auch wenn die heutigen Kirchen alles versuchen, um sich den Menschen als Jesus-Kirchen vorzustellen. Oder als Christus-Kirchen? Ganz einig sind sich die »gestifteten« Kirchen nicht. Jedenfalls kann zum einen nachgewiesen werden, daß »Jesus« – wenn es ihn gegeben hat – keine einzige Kirche gegründet oder auch nur angeregt hat. Das bringt jene Gläubigen, die einen festen Grund, eine unfehlbar sichere Basis für ihren Kirchenglauben brauchen, um überleben zu können, in schwere Bedrängnis. Sie rechnen nämlich ständig mit »Kraft« und »Festigkeit« ihrer Kirche und gründen diese höchst unsicheren Begriffe auf den »Herrn Jesus Christus«. Doch dieser verläßt sie, falls er als »Gründer« einer Kirche in Betracht gezogen werden soll. Selbst wenn eine solche Gründung nachgewiesen werden könnte, rechtfertigte sie nur ein bestimmtes klerikal-autoritäres Bewußtsein, das Wert auf derlei legt. Die Kontinuität zwischen Jesus und Kirche ist nicht durch Gründungsurkunden zu erweisen, sondern durch den Selbstvollzug einer Gemeinschaft. Und gerade daran hapert es bei der Kirche gewaltig. Ihr »Selbst« fußt auf Gehorsam, auf Fremdbestimmung, auf Klasseneinteilungen und Hierarchiebildungen, auf Bedürfnissen nach Absicherung. Ihre Gehorsamen brauchen eine Kirche, die die Garantie geglückten Lebens übernimmt, die Himmel und Hölle verwaltet, wenn sich der einzelne ihr nur ganz und gar anvertraut, ihr absolut gehorcht, an sie »glaubt«, sie »liebt«. Mit diesen extremen Verobjektivierungen des Menschen kann Jesus aus Nazareth überhaupt nicht dienen. Es sei denn, sein eigenes Leben werde umgeschrieben, umgedichtet und angepaßt.

Zum anderen ist jener »Christus«, den die dogmatisch verfaßten unter den vielen Kirchen so lieben, gegenwärtig nicht gar so attraktiv, wie ihre Werbung es verspricht. Es ist nämlich nicht jedermanns (und nicht jederfrau) Sache, sich einem »Gottessohn« auszuliefern, der förmliche Hoheitstitel auf sich versammelt, der präexistent, allmächtig, allwissend und so fort sein soll – und der nichts mit dem geschichtlichen Jesus zu tun hat. Die »Christen« befinden sich in einem Dilemma, und die »Jesuaner«, die noch hoffen wollen, weil sie nicht kämpfen können, nicht weniger. Beide Religionen kommen sich nicht näher, und die Menschen, die weder die eine noch die andere wollen, werden zahlreicher.

War dieser kreuzbrave »Jesus« vielleicht ein Rebell?

Leichter als zu sagen, wer oder was »Jesus« gewesen ist, fällt die Aussage, wer er nicht gewesen ist. Ob er überhaupt gelebt hat, ist weder sicher zu bestreiten noch sicher zu erweisen. Für beide Annahmen sprechen Gründe. Es ist möglich, daß Jesus gelebt hat, vielleicht sogar wahrscheinlicher als das Gegenteil; doch auch dies ist nicht ganz auszuschließen. Wer es von vornherein abtut und die Geschichtlichkeit Jesu für zwingend erwiesen erklärt, ist befangen. Ein sicherer Beweis fehlt, und ein solcher ist auch kaum mehr zu erbringen, wenn keine neuen Quellen erschlossen werden. Die damalige Geschichtsschreibung jedenfalls schweigt. Das ganze nichtchristliche 1. Jahrhundert – das Jahrhundert Jesu – ignoriert ihn. Kein Historiker nimmt von ihm Notiz, weder in Rom noch in Griechenland oder Palästina.

Kein »christlicher« Lehrsatz, der sich nicht auch schon bei anderen finden ließe, so beispielsweise bei den »Essenern«. Die 1947 entdeckten Schriften der »Essener«-Sekte (Qumran am

Toten Meer), die zur Zeit Jesu entstanden und die in unmittelbarer Nähe seines Wirkens verfaßt worden sind, erwähnen keinen Jesus aus Nazareth. Und daß die Historiker des 1. Jahrhunderts der christlichen Zeitrechnung schweigen, ist um so erstaunlicher, als eine ganze Reihe von ihnen ausführlich über die damalige Situation Palästinas schrieb. Im Gegensatz zum Nazarener Jesus ist der Täufer Johannes eine historisch einwandfrei belegte Persönlichkeit. Selbst Philon von Alexandrien (etwa 20 v. bis 50 n. Chr.), der ungerechtfertigte Hinrichtungen durch Pontius Pilatus anprangert, erwähnt die eines Jesus aus Nazareth nicht. Und nicht jeder »Jesus«, der in zeitgenössischen Schriften erscheint, meint den Nazarener. Jesus war seinerzeit ein so beliebter Name wie zu anderen Zeiten Wilhelm oder Otto.

Seine Existenz aber vorausgesetzt, ist dieser Jesus nicht Christ, sondern Jude. Die Mitglieder seiner Urgemeinde heißen Hebräer (die neuere Forschung nennt sie »Judenchristen«). Jesus propagiert eine Mission nur unter Juden, Jesus ist stark von der jüdischen Apokalyptik beeinflußt, Jesus glaubt daran, daß das Gottesreich bald komme. Ob dieses Reich freilich jenes sein sollte, das uns die – mittlerweile gereinigten – Evangelien präsentieren, ist eine andere Frage. Ob der historische Jesus überhaupt der überbrave Gottessohn gewesen ist, der nach Meinung der Evangelisten von Gehorsam gegen den Vater überfließt? Vielleicht war alles ganz anders. Vielleicht war Jesus ein trotziger Sohn, der so wenig von »Vater« und »Vaterliebe« gehalten hat, daß ihn die Werteväter seiner Zeit umbringen mußten. Vielleicht haben sich die Evangelien nur deswegen durchsetzen können, weil sie aus dem rebellischen Sohn einen Bestätiger patriarchaler Gesellschaften im Himmel wie auf Erden gemacht haben, wer weiß. Jesus ist jedenfalls nicht der notorische Jasager gewesen, der zu allem, was auf ihn zukam, »Amen, lieber Vater« gesagt hat. Dieser Sohnesgehorsam paßt freilich auffallend gut in die Interessenlage der Evangelien.

Jesus hat das unmittelbar bevorstehende Weltenende gepredigt und sich im Zentrum seiner Verkündigung vollständig getäuscht. Dies gilt als die sicherste Erkenntnis der gesamten modernen historisch-kritischen christlichen Theologie. Nicht um des Wahren willen, das Jesus gepredigt hat, sondern wegen einer Vorhersage, in der er sich geirrt hat, konnte dieser Mensch zum Mittelpunkt einer neuen Religion werden. Wäre das Weltenende wirklich so schnell eingetroffen, wie Jesus das gemeint hatte, wäre keine Kirche notwendig geworden. Nur sein Irrtum hat die Kirche gebracht; eine Selbsttäuschung hat ermöglicht, daß andere, wesentlich machtinteressiertere Kreise sich seiner Person bemächtigen und eine Täuschung größten Ausmaßes inszenieren konnten: Nicht Jesu Reich ist auf die Welt gekommen, sondern die Kirche Christi. Zwischen beiden klaffen Abgründe, und jeder Versuch muß kläglich scheitern, Brücken von Jesus zu Christus, vom »Reich« zur »Kirche« zu bauen. Wer solche Hilfsbrücken konstruiert hat, nennt sich zwar »Brückenbauer« (Pontifex maximus) wie der römische Papst, aber gelungen ist ihm eine tragfähige Konstruktion nie. Im übrigen ist selbst jener Petrus, der in Rom als Apostelfürst und »erster Papst« eine Gemeinde gegründet haben und hingerichtet worden sein soll, eine ahistorische Legende. In Wirklichkeit wurde über das Schicksal des Fischers Simon (»Petrus«) nichts bekannt, insbesondere nicht über Zeit und Umstände seines Todes. »Jesus aus Nazareth« mußte rekonstruiert werden, damit er zu dem paßte, was heute »seine Kirche« genannt wird. Er ist kein lebendiges Wesen mehr, sondern die Kunstfigur eines an bestimmten Aussagen interessierten Glaubens. Entsprechend unhistorisch ist alles, was sich auf seine Existenz beziehen soll und in den Evangelien berichtet oder in den klerikalen Dogmen ausgesagt wird:

▷ Geburtstag, Geburtsjahr und Geburtsort, wie sie die Evangelien und die fromme Tradition überliefern, sind historisch falsch. Jesus ist nicht in Bethlehem geboren worden. Der

25. Dezember hat eine heidnische Vorgeschichte und wurde im 3. Jahrhundert als Feiertag im Römischen Reich eingeführt zu Ehren des »Sonnengottes«.

▷ Es kann kaum ein blinder Zufall sein, daß Mithras, der Heiland und Sonnengott der Römer, von einer Jungfrau in der Krippe am 25. Dezember geboren worden sein soll, daß Hirten ihm gehuldigt haben, daß er der Welt den Frieden versprach, nur um später gekreuzigt zu werden, zu Ostern aufzuerstehen und in den Himmel zu fahren, um nur die auffallendsten Ähnlichkeiten zwischen seiner Legende und der des Jesus Christus zu erwähnen.

▷ Jesus ist nicht das Kind einer Jungfrau; er stammt aus der Ehe einer Frau namens Maria mit einem Mann namens Joseph. Er hat selbst nicht ein einziges Mal etwas anderes gesagt. Der aufkommende Marienkult der Kirche mußte Legenden erfinden und präsentieren: Die neue Göttin konnte nicht gut als Witwe eines jüdischen Zimmermanns vorgestellt werden.

▷ Die Geschichte vom Kindermord des Königs Herodes ist ebenso unhistorisch wie die Legende von der Flucht der Zimmermannsfamilie mit dem Jesuskind nach Ägypten.

▷ Auch daß Jesus unverheiratet gewesen sein soll, ist kaum historisch. Daß er zu einer Art »männliche Jungfrau« stilisiert worden ist, hatte Methode. Sexualität mit ihm oder mit einem seiner Gefolgsleute zu verbinden erschien einer Kirche, die von Ehelosen gelenkt wurde, unpassend.

▷ Daß die über Jesus tradierten Wunderberichte fromme Ausschmückungen eines Heroenbildes darstellen, steht außer Zweifel. Eine spezielle Doktrin, die ihren Ursprung in Jesus aus Nazareth hätte, gibt es nicht. Es gibt auch kaum ein Wort Jesu, das in der jüdischen Literatur vor ihm nicht bereits – wenn auch modifiziert – nachzulesen gewesen wäre.

▷ Jesus hat keinen »Zwölferkreis« von Jüngern oder Aposteln ausgewählt. Die »Zwölf Apostel« sind, von der Symbolzahl einmal abgesehen, eine spätere Konstruktion.

▷ Das Gebot der Feindesliebe, mittlerweile als edelste Forderung des Christentums präsentiert, findet sich in den Urtexten überhaupt nicht, wohl aber, rigoroser, schon bei Platon.

▷ Jesus hat niemals einen spezifischen Anspruch erhoben, der Messias der Juden zu sein. Er hat keinen der vielen messianischen Titel angenommen, die die Tradition ihm angeboten hätte. Sich »Christus« zu nennen oder nennen zu lassen wäre ihm nicht in den Sinn gekommen. An den messianischen Huldigungen, die die Evangelien überliefern, ist – historisch gesehen – kein wahres Wort.

▷ Die Passionsgeschichte ist legendarisch ausgeschmückt und hat sich niemals so zugetragen, wie sie die Evangelien berichten. Jesu Passion muß alttestamentarische Weissagungen bis ins Detail hinein »erfüllen« – und wird entsprechend zurechtgebogen. Den Evangelisten stand hierzu biographisches Material so gut wie nicht zur Verfügung; Paulus schweigt sich aus. Augen- und Ohrenzeugen fehlen.

▷ Entgegen der allgemeinen Annahme, ein Judas habe Jesus verraten, ist diese Darstellung tendenziös. Auch wenn nach einer Umfrage von 1967 noch bare 91 Prozent der Befragten (die sonst wenig genug glaubten) an den Judasverrat geglaubt haben, ist dieser unhistorisch.

▷ Einen aufsehenerregenden Prozeß Jesu hat es ebensowenig gegeben wie bei den Hunderten und Tausenden anderen Verurteilten, die unter Pontius Pilatus hingerichtet worden sind. Der römische Oberbeamte war – entgegen der evangelischen Schilderung – keineswegs mild gestimmt, sondern ein ausgesprochen harter Richter mit Vorliebe für standrechtliche Verfahren. Wenige Jahre nach Jesu Tod wurde Pontius Pilatus auf jüdischen Protest hin aus seinem Amt abberufen.

▷ Eine eigene Verhandlung vor dem Hohen Rat der Juden fand mit großer Wahrscheinlichkeit nicht statt. Pontius Pilatus war es, der das Todesurteil gefällt hat. Dieses ist dann von seinen Legionären (wahrscheinlich Syrern) vollstreckt worden.

▷ Ungewiß bleibt das genaue Todesdatum Jesu. Gegenwärtig wird der 7. April 30 als der wahrscheinlichste Termin angenommen. Jesus aus Nazareth, der sieben Jahre vor dem offiziellen Geburtsjahr geboren worden ist, wäre damit 37 Jahre alt geworden.

▷ Der genaue Ort der Hinrichtung ist nicht zu ermitteln. Wo sich heute die Grabeskirche erhebt, dürfte er nicht gelegen haben. Daß jemals das Kreuz Jesu aufgefunden worden sei (nach 300 Jahren durch die Mutter des Kaisers Konstantin!), ist eine Lüge. Die auf die Welt verteilten Splitter vom »wahren Kreuz« sind Fälschungen.

▷ Die Behauptung, Jesus habe seinen Kreuzestod freiwillig auf sich genommen, ist absurd. Todessehnsucht ist dem jüdischen Denken ganz fremd.

▷ Jesus hat kein einziges »Sakrament« selbst eingesetzt. Getauft hat er niemanden. Sogar das Abendmahl hat er nur eingenommen, nicht aber als Sakrament der Kirche – von der er nichts ahnte – begründet.

Heißt der Stifter der Kirche »Paulus«?

Es gab einen Menschen mit einem starken Interesse daran, den historischen Jesus aus Nazareth umzudeuten und – zugunsten der paulinischen Gemeinden – zum Christus der Welt zu erheben. Ihm gebührt die Palme; er hat das Christentum begründet. Der erste »Christ« aus einer Reihe von Millionen und Abermillionen war nicht Jesus aus Nazareth, sondern Paulus aus Damaskus, wo er seine »Bekehrung« erlebt haben soll. Er ist der früheste christliche Schriftsteller. In vieler Hinsicht lehrt er gänzlich anders als der Jesus der Bibel (der sogenannten historisch-kritischen Theologie). Paulus, der Jesus selbst nicht kennengelernt hat, gibt dessen Endzeitglauben auf. Er beweist nicht nur in diesem Fall ein gesundes Gespür für die Zukunft des Christentums. Taufbefehl und Missionsbefehl sind ganz und gar paulinisch; sie sollen – Jesus in den Mund gelegt – die vielen Reisen des »Völkerapostels« legitimieren (und sie sind für millionenfaches Leid der Menschen verantwortlich geworden). Paulus führt die Erbsündenlehre ein und die Lehre von der Erlösung. Er, der nachgeborene Apostel, ist ein besonders ehe- und leibfeindlicher Einzelgänger, dessen Haß sich nicht nur gegen die Frauen richtet (er bleibt unverheiratet), sondern auch gegen die, mit denen er keine Gemeinschaft pflegen darf, die wirklichen Urapostel, oder aus »Glaubensgründen« will, die Juden und die »Ketzer«.

Auf diesem Haß des Ausgeschlossenen errichtet er eine neue Gemeinschaft, seine Religion, seine Gemeinde, seine Kirche. Noch heute tragen Millionen Menschen schwer an diesem Erbe. Der bedeutende Theologe und Arzt Albert Schweitzer urteilt, Paulus scheine »nicht im entferntesten ein Bewußtsein davon zu haben..., persönliche Erlebnisse als etwas Nachzuerlebendes mitzuteilen«, sondern propagiere »alles als ein aus den Tatsachen unmittelbar und objektiv sich ergebendes System«. Und der jüdische Autor J. Klausner meint: »Er gehörte zu jenen ›geistigen Tyrannen‹, denen ihre Person und ihr Werk eins werden und die im Namen dieses Werkes sich unbewußt das zu tun erlauben, was ihnen ihr Egoismus eingibt...«

Daß, nach einem Wort des Theologen Franz Overbeck, »Jesus gerade dem Paulus unbegreiflich« gewesen ist, läßt sich begreiflich machen. Das Judesein Jesu ist für Paulus nur noch eine Beiläufigkeit. Statt dessen vermittelt dieser Apostel den Eindruck, als habe sich Jesus in einer ständigen Auseinandersetzung mit dem Judentum, vor allem mit den Pharisäern befunden. Die echten Zeugen waren demgegenüber unbrauchbar; Paulus mußte alles daransetzen, sie abzuwerten und ihnen einen nur geringen Einfluß auf die Gestaltung seines »Christusbildes« einzuräumen. Jesus aus Nazareth soll nicht mehr nach dem beurteilt werden, was er wirklich gewollt und getan hatte. Er ist »von Ostern her« wichtig geworden. Was Paulus über den Nazarener sagt, ist wenig genug: Jesus war ein loyaler Jude (Gal 3, 16), nicht von einer Jungfrau geboren, sondern von einer Frau (Gal 4, 4). Er hatte mehrere Geschwister (Röm 8, 29), er war allzeit Gott gehorsam (Phil 2, 8). Die Passionsgeschichte, in den Evangelien von zentraler Bedeutung, bleibt bei Paulus unerwähnt.

Die Jerusalemer Urapostel, über die direkte Zeugnisse fehlen, haben sich mit dem Emporkömmling Paulus, der Jesus nicht gekannt hat wie sie, doch alles über den Christus zu wissen vorgab, immer wieder angelegt. Die Judenchristen, die Paulus schließlich das Heidenapostolat absprechen, behaupten, er rede den Menschen nach dem Mund, sei ein angeberischer, gleißnerischer Mensch, er mache den Zugang zu Jesus viel zu leicht, er predige nicht Jesus, sondern Paulus. Sie beschuldigen ihn des finanziellen Betruges und der Feigheit. Sie halten ihn für verrückt und fallen zuletzt in seine Gemeinden ein, um sie ihm abzunehmen: Der Kampf um das richtige Lehren wird bereits – typisch für die Dogmengeschichte – zu einem Kampf um Einfluß und Macht. Paulus wäre nicht Paulus gewesen, hätte er dies hingenommen. Er steckt nicht nur ein, er gibt vielfach zurück. Seine Feindschaft wird unerbittlich. Sie hält bis zu seinem Tod, und nur unhistorisch Denkende glauben dem frommen Märchen vom »idealen Apostelfürstenpaar Petrus und Paulus«, wie es in Roms Legenden zum Nationalfeiertag des Vatikans (29. Juni) als postume Versöhnungsfeier auftaucht. Von allem Anfang an gab es keine »Orthodoxie« im Christentum, sondern Streit um eben diese – und Mord und Totschlag als notwendige Folge solchen Streits.

Siegreich ist schließlich nur der späte Paulus; von seinen urchristlichen Gegnern verliert sich die geschichtliche Spur. Paulus aber weiß seine Religion durchzusetzen. Er öffnet dem Zeitgeist Tür und Tor, und während sich die Jesuaner politisch und sozial nicht halten können (sondern durch Staat und Kirche leicht unterdrückt werden), überflutet der Paulinismus die ganze westliche Welt. Paulus ist der nüchterne Organisator, der ein wesentliches Element guter Politik kennt, die Anlage auf Dauer. Der seine Kirche so anlegt, als ob es kein Weltenende gäbe. Der mit Rücksicht auf die scharfe Kontrolle des römischen Herrschaftsapparates die ursprünglich politische Seite des »Messias-Gedankens« eliminiert. Der die Frage nach der Legitimation tatsächlicher Macht gar nicht stellt, sondern sich in seiner Lehre von der »Obrigkeit« jeder Herrschaft unterordnet und anpaßt. Der das vorgegebene römische Verwaltungssystem optimal zu nutzen versteht, der seine Gemeinden mit dem Diesseitigsten, dem Geld, an sich zu binden sucht. Der maßgeblich jene Entwicklung fördert, die aus Jesus den Christus werden ließ, den als Erlöser aller Bedürftigen ausgerufenen Gott und Heiland. Paulus hat die Wende von der Naherwartung zum »ewigen Leben« eingeleitet und die neue Doktrin maßgeblich befestigt. Glaubte die Urgemeinde noch an die Verwirklichung des Gottesreiches auf Erden durch den wiederkommenden Herrn, lehrte Paulus das profitablere Gegenteil: Dieses Reich sei mit Jesu »Opfer-Tod« und seiner »Auferstehung« bereits angebrochen. Kein Jesus kommt mehr auf die Erde zurück, zumindest nicht in absehbarer Zeit, sondern der einzelne Christ kommt nach seinem Tod zu ihm in den Himmel – falls er auf dieser Erde seinen Gott nicht reuelos enttäuscht hat.

Paulus weiß, was er sagt. In seinen Schriften steht der Name Jesus nur 15mal, der Titel »Christus« jedoch 378mal. Paulus, der historische Fakten um-schreibt und sich seine Religion zurechtformt, entlehnt aus der zeitgenössischen Geisteswelt alles, was in sein Konzept paßt. Er malt die Seligkeit des Christen mit lauter griechischen und hellenistischen Wendungen aus, seine Schriften strotzen vom religiösen Formelschatz des Heidentums, seine Inhalte decken sich oft frappierend genau mit Vorstellungen der zeitgenössischen Mysterienreligionen und der griechischen Philosophie. Beispiel »Erlösung«: Hier hat die Doktrin des »Völkerapostels« Elemente der Antike übernommen und auf die Kunstfigur des »Christus« übertragen. Jesus aus Nazareth erhält nur noch die Funktion eines Kleiderständers, auf den das jeweils passende (»modische«) dogmatische Gewand gehängt wird. Nach allem, was von Jesus überliefert worden ist (und das ist herzlich wenig!), lag seinem Denken die paulinische Erlösungslehre fern. Daß dieser Jesus sich selbst als »Erlöser und Heiland der Welt« gesehen hätte, ist nach historischen Erkenntnissen undenkbar. Der jüdische Prophet wollte kein Gottessohn der Christenkirchen, und auch die jüdische Jesussekte wollte um alles in der Welt nicht zur christlichen Kirche werden. Aus Rom war für Israel noch nie das Heil gekommen. Wer freilich den paulinischen Christus nicht anerkannte, der verfiel dem Bann nicht nur des Paulus, sondern auch dem der Kirche, die sich zu Unrecht auf Jesus statt auf Paulus gründet.

Welche Rolle haben die Evangelisten gespielt?

Als eine Religion des Buches hat das Christentum bei den Seinen stets um Respekt gegenüber einer Anzahl heiliger Texte geworben. Doch sind Texte, heilige Texte und die Zahl dieser Texte bis heute strittig. Frohbotschaft, Drohbotschaft? Für welche der beiden Lösungen sich die Evangelien entschieden haben, die – in hunderttausend Abweichungen – auf uns gekommen sind, bleibt wie so vieles unklar. Das Bild ihres Gottes spricht dafür, daß Gottvater ein strenger Gott ist, mit dem sich folgenlos nicht spaßen läßt und der früher oder später seine Rache an den Reuelosen nimmt. Mit diesem »Gottesbild« stehen die Hauptschriften des Christentums nicht allein. Der Gott, den sie der Welt verkünden, hat keine Vorsprünge vor seinen patriarchalen Mitbewerbern. Auch »Heilige Schriften« (oder, besser, »von der Kirche heiliggesprochene Schriften«) wie die Evangelien sind in der Religionsgeschichte nichts Auffälliges, sie sind üblich. Historisches Interesse ist ihnen fremd.

Sie wollen missionieren. Sie richten sich – als Stütze – an die bereits Gläubigen oder – als Aufmunterung – an jene, die es werden sollen. Mit Jesus haben die Evangelien wenig zu tun. Nicht eines seiner Worte wurde direkt aufgezeichnet. Was er gesagt hatte, kursierte mündlich, und nach seinem Tod waren nur Einzelstücke im Umlauf, kleine Geschichten, Gleichnisse, Sprüche, Spruchgruppen. Wann Jesus was gesagt hat, wie er es genau gemeint hatte, war zu diesem Zeitpunkt nicht mehr sicher. Da weder das Wann noch das Wo, noch das Wie festgehalten werden konnte, durften die Evangelisten Stück um Stück und Wort um Wort glätten, umgruppieren, ergänzen. Wunder wurden hinzugedichtet, passende Sinnstücke und »Herrenworte« desgleichen, Orts- und Zeitangaben stimmen historisch nicht. Die »Heilige Schrift« ist ein bereits beträchtlich über Jesus hinausentwickeltes, aus gläubigem Überschwang entstandenes Literarprodukt, eine Sammlung von religiösen Erbauungs- und Missionierungsschriften, wie sie der damaligen »Gemeinde« nützlich erschien.

Kein Evangelium ist von einem Augenzeugen verfaßt worden. Die Verfasser sind durchweg geschichtlich unbekannte Personen. Bei keinem von ihnen handelt es sich um einen der gleichnamigen Apostel oder Jünger Jesu. Auch der Verfasser der Petrus-Briefe hat nichts mit dem im Evangelium aufgeführten Petrus zu tun. Hier und in anderen Fällen schmücken sich die Autoren mit fremden Federn. Kein historischer Jünger Jesu wäre – auch wenn er hätte schreiben können – überhaupt imstande gewesen, theologische Schriften zu erstellen. Die Diskrepanz zwischen Namengebung und wirklicher Autorenschaft ist besonders groß beim sogenannten Johannesevangelium. Dieses wurde von außen, von der frühchristlichen Gnosis, beeinflußt, einem, wie der evangelische Theologe Hans Conzelmann formuliert, »ungeheuerlichen mixtum compositum aus iranischen, babylonischen, ägyptischen Ideen«. Es ist bei diesem späten Evangelium ganz auszuschließen, daß es sich um authentische Jesus-Texte oder eine authentische Botschaft Jesu handelt. Die »schönen Worte«, die der Autor Johannes findet (der kein Jünger gewesen ist), klingen zwar für theologische Ohren sehr bedeutend, aber sie stammen nicht von Jesus selbst. Der Nazarener sagte beispielsweise nie von sich, er sei »das lebendige Brot, das vom Himmel herabgekommen ist«. Er verlangte von niemandem, um des Heiles willen sein »Fleisch und Blut« zu sich zu nehmen.

Aber die Ansicht des Johannes hat sich dennoch durchgesetzt. Einigen wenigen (den besten oder den siegreichsten?) unter den Hunderten von rivalisierenden Lehrern, die alle behaupteten, die einzig wahre Lehre Jesu zu kennen und zu vertreten, und die alle anderen des Betrugs bezichtigten, ist der Durchbruch gelungen. Daß sich unter den besonderen Umständen, unter denen die Evangelien entstanden sind, nicht nur (Abschreibe-)Fehler eingeschlichen haben, sondern auch Widersprüche, ja Unwahrheiten, ist verständlich. Schon von den Schriften des sogenannten Neuen Testaments sind mehr als die Hälfte unecht, das heißt entweder ganz gefälscht, oder sie stehen unter einem falschen Verfassernamen, was anscheinend ihrem Charakter als »Gotteswort« keinen Abbruch tut. Die offizielle Kirche weiß wie stets einen Ausweg: Was sie, wenn auch erst Jahrhunderte später, als Originaltext deklariert hat, ist authentisch, ist »vom Heiligen Geist inspiriert«, ohne Fehl und Tadel, ohne Abstriche. Wieder muß sich das Prinzip der Catholica bewähren: Was gefälscht ist und was nicht, was irrig und was wahr, bestimmt nicht die Wissenschaft, nicht der denkende Mensch, sondern das bestimmen die Kleriker – und der Heilige Geist. In der Praxis sieht das so aus: Um der heillosen Verwirrung der Heiligen Schrift ein Ende zu machen, beauftragte Papst Damasus (zu diesem sonderbaren Heiligen später) im Jahr 383 den Hieronymus (einen heiliggesprochenen Verleumder und Fälscher), einen einheitlichen Text herzustellen. Der Beauftragte tat sein Bestes. Er änderte den Wortlaut der

Vorlagen an etwa 3500 Stellen. Diese Übersetzung des Hieronymus, die sogenannte »Vulgata« – als »allgemein Verbreitete« bezeichnet –, hat die Kirche selbst über Jahrhunderte hinweg angefochten, im 16. Jahrhundert aber durch das Konzil zu Trient als »authentisch« erklärt. Und für Katholiken wurde das Dogma von der göttlichen »Inspiration« der biblischen Texte auf dem Ersten Vatikanischen Konzil 1870 nochmals bestätigt. Darüber gibt es bis heute keine erlaubte Diskussion. Die nichtkatholischen Kirchen wundern sich.

Die kanonischen, das heißt die nach langem Streit kirchenoffiziell anerkannten Evangelien des Markus, Matthäus, Lukas und Johannes sind erst Jahrzehnte nach dem mutmaßlichen Kreuzestod Jesu entstanden. Keine Schrift des Neuen Testaments, der Bibel insgesamt, ist original erhalten. In einem 1966 in Istanbul entdeckten Manuskript, das Aufschluß über die frühen christlichen Jahrhunderte gibt, wird von achtzig verschiedenen Versionen der Evangelien berichtet. Das heute vorliegende Neue Testament entspricht dem Zustand, in dem es um das Jahr 380 in der östlichen Christenheit verbreitet war. Ursprünglich dachte niemand an die Möglichkeit einer »Kirche« und an deren Geschichte oder Zukunft. Interessant würden solche Aufzeichnungen erst, als das Weltende nicht eintrat und der »Herr« partout nicht wiederkommen wollte. Je weniger von diesem Herrn zu sehen war, desto mehr mußte er – für die Evangelisten, Jünger, Gläubigen – vergottet werden. Ein gewaltiger Prozeß des Umdeutens und Umschreibens setzte ein. Die Naherwartung wurde zur Fernerwartung und noch etwas später zum »ewigen Leben« umgemogelt, die Wunder Jesu steigerten sich systematisch an Zahl und Qualität, und der Herr selbst avancierte unter der Hand zum »Messias« für die Juden, zum »Christus« für die Christen, zum »Gottessohn« für die Menschen aller Länder und Zeiten. Damit hatte die Zwangsidee »Dogma« endgültig den armen Mann aus Nazareth besiegt, war die »Kirche Christi« definitiv zur Institution überhöht, mit deren Hilfe die Menschen einer von Elitegruppen organisierten Ausbeutung unterworfen werden konnten.

Ausbeutung? Die Stichwörter Ablaß, Hölle, Fegefeuer, Buße, Spende, testamentarische Schenkung stehen für viele Details dieses geistlichen Geschäfts mit der Angst. Jeder einzelne dieser Mechanismen religiösen Schröpfens hat seine unheilvolle Tradition; jeder von ihnen lebt bis heute fort. Noch in der Mitte unseres Jahrhunderts wurde beispielsweise der Ablaß als »einer der größten Faktoren der Wirtschaftsgeschichte« gerühmt, der »die strahlenden Bischofsdome und lieblichen Münster« erbauen half, »die Landschaft mit trauten Kapellen und Bildstöcken« füllte und »die Sakristeien und Schatzkammern« ebenso. Ein 1971 mit kirchlicher Druckerlaubnis erschienenes Buch schwärmt: »Die Lehre vom Ablaß, aus Unwissenheit oft bekämpft, ist etwas vom Schönsten unseres Glaubens. Am besten läßt sich der Ablaß mit einer Aktie vergleichen. Je mehr Aktien einer besitzt, um so größeren Anteil erhält er am Kapital und am Gewinn der betreffenden Firma. Die ›Firma‹, der wir angehören, ist die Kirche; wer einen Ablaß gewinnt, wird ›Aktionär‹ der Kirche.«

Und die Beichte, neuerdings »Bußsakrament« geheißen? Der Jesuit Adolf von Voß schreibt: »Gib Almosen, pflege Kranke, begrabe Tote, faste, wache, bete, quäle dich, kasteie dich, weine dir die Augen blind; – nichts von alledem ersetzt die Beichte.« Kleriker brauchen die Sünden und die reuigen Sünder; sie leben davon, und sie leben davon nicht schlecht. »Sei ein Sünder und sündige wacker«, animiert Luther, »aber vertraue und freue dich in Christus.«

Was Kirchen Menschen antun oder: Wer wäscht da seine Hände in Unschuld?

Der Katholische Erwachsenenkatechismus, den die Deutsche Bischofskonferenz 1985 herausgegeben hat, ist seiner Sache ganz sicher: »Schließlich ist die Kirche als Tempel des Heiligen Geistes selbst heilig.« Diese Heiligkeit wird gedeutet als »Ausgesondertsein aus dem Bereich des Weltlichen und Zugehörigkeit zu Gott«. Stark kontrastiert zu dieser Katechismus-Wahrheit die historisch begründete Meinung der katholischen Theologen Gertrude und Thomas Sartory, die – wie wachsende Minderheiten in der Kirche – kritisieren: »Das Christentum ist die mörderischste Religion, die es je gegeben hat.« Zwar kann auch der Katechismus im Jahr 1985 nicht mehr die geschichtlichen Schandtaten der Kirche unterschlagen, doch hat er eine Ausrede parat. Er spricht davon, daß die »Spannung zwischen der Heiligkeit der Kirche und der Sündigkeit ihrer Glieder« ein »erschreckendes Ausmaß annehmen« könne – aber nur »zuweilen«, »etwa im späten Mittelalter«. Daß die Gesamtgeschichte der Kirche mörderisch ist und keine Ausnahmen zuläßt, gibt der Katechismus wohlweislich nicht zu.

Sonntag für Sonntag beten Kirchengläubige im sogenannten Apostolischen Glaubensbekenntnis, dem »Credo«, den uralten Satz nach: »Ich glaube an die eine, heilige, katholische und apostolische Kirche.« Kapierten aber die Gläubigen wirklich, was sie plappern, müßte ihnen der fromme Satz im Mund stekkenbleiben. Denn kein einziges schmückendes Beiwort ist wahr: Die Kirche, für die sie sich vollmundig stark machen, ist weder die »eine« (sondern eine von vielen) noch die »apostolische« (sondern eine selbsternannte), noch eine »katholische« (sondern, aufs Weltganze gesehen, zunehmend eine Minderheit). Vor allem ist sie keine pauschal »heilige« Kirche. Wer »progressiv« argumentiert, von einer »Kirche der Zukunft« plaudert, die schließlich einmal heilig sein werde und zumindest reformiert, hat nichts dazugelernt. Er handhabt eine verdächtig unhistorische Methode. Er ist zu schnell bereit, seiner Utopie 2000 Jahre Kirchengeschichte zu opfern. Er gibt offen oder insgeheim zu, daß bisher so gut wie alles falsch gelaufen ist. Er blickt, radikal und voller Weltveränderungswillen, in die große Zukunft einer an Haupt und Gliedern erneuerten Kirche, als stünde die Wende unmittelbar bevor. Er tut gut daran, diesen Glauben beizubehalten, denn davon lebt er – und von nichts anderem. Er hat eine Lebensstellung, er wartet auf die Reformation der Kirche.

Weil mancher Oberhirte partout nicht länger Exzellenz sein will, sondern »Vater Bischof«, weil Pfarrer jetzt Krawatten und mausgraue statt rabenschwarze Pullis tragen, die Nonnen kürzere Röcke, weil Galilei nun schon vor Jahren rehabilitiert und so mancher hilfreiche Heilige – nur weil er nie gelebt hat – aus dem Kalender gestrichen worden ist, weil so vieles doch »aufbrach«, sich zur Welt hin »öffnete«, zum »Dialog«, weil Theologen evidenter denn je am »Wir-auch-Syndrom« leiden, einmal den Sozialismus preisen und neuerdings wieder nicht, weil selbst Theologieprofessoren in Lateinamerika Kaffee ernten und dafür in Randspalten auftauchen: Das alles mag manche glauben lassen, der Katholizismus sei liberal, seine Theologie fortschrittlich geworden. Ob das aber reicht, vor dem Hintergrund von 2000 Jahren Kriminalgeschichte an eine neuerdings »heilige Kirche« glauben zu können? Ob Theologieprofessoren wirklich daran glauben? Franz Schubert, dessen geistliche Musik man nicht ungern auch in Domen aufführt, wußte schon vor 150 Jahren, was das klerikale »Credo« taugt. Bei dessen Vertonung hat er den Satz von der einen, heiligen, katholischen und apostolischen Kirche, an die er glauben sollte, ausgelassen. Ob diese Konsequenz den katholischen Hörern Schuberts je aufgefallen ist? Noch dürfen sie nichts von der katholischen Wirklichkeit wissen.

Darf es ein bißchen Mord und Totschlag sein?

Wer die Bibel wörtlich nimmt, kennt das sogenannte 5. Gebot. Es lautet knapp und klar: »Du sollst nicht töten!« Der überlieferte Text des 5. der Zehn Gebote macht keine Umstände und keine Ausflüchte. Er sagt, was er will. Zumindest könnte der unbefangene Gläubige das meinen. Doch so naiv darf niemand sein, sagt ihm seine Kirche. Denn sie hat längst schon den Klartext des Gottesgebots umgesetzt in bedingte Tötungsverbote. Sie kennt eine Regel – und einige Ausnahmen davon. Getötet werden darf nicht, sagt sie. Das gilt für private Morde oder für Abtreibungen. Da läßt die offizielle Kirche vorerst nicht mit sich reden. Aber sie meint auch, daß es legitime Ausnahmen gibt: offiziell erlaubte Morde, Abweichungen vom Gottesgebot. Zum Beispiel »gerechter Krieg«, »Glaubenskrieg« oder »Todesstrafe«. Kardinal von Galen, dessen Widerstand gegen Hitler sich in wenigen Predigten, dessen Zustimmung zu Hitler sich in vielen Bekenntnissen gezeigt hat, ist ein leuchtendes Beispiel für den Umgang der Kirche mit Gottes 5. Gebot: In derselben Predigt, in der er die Vernichtung von Geisteskranken in Heil- und Pflegeanstalten anprangert, unterstreicht er das Recht zur Tötung von Millionen gesunder Menschen in einem »gerechten Krieg«, dem des Adolf Hitler. Wie immer handelt es sich um eine Machtfrage. Wer die gesellschaftliche Macht hat, bestimmte Definitionen von Moral aufzustellen und durchzusetzen, ist gut dran. Wer diese Macht nicht hat, kann es mit Argumenten versuchen, mit dem gesunden Menschenverstand, mit einer Berufung auf Humanität. Ob er Erfolg haben wird, bleibt nach unseren Erfahrungen mit den Definitionsmächtigen der Welt- und Kirchengeschichte ausgesprochen zweifelhaft. Von daher gesehen, ist es sehr chancenreich, Papst zu sein und unfehlbar. Dann kann einer ex cathedra feststellen, daß Sterbehilfe inhuman ist und Gentechnologie auch, daß fremde Kriege Sünde sind und die eigenen »gerecht«. Dann läßt sich ein göttliches Gebot so lange zurechtbiegen, bis es den eigenen Wünschen und Ansprüchen entspricht.

So ist beispielsweise der Freitod (klerikal als »Selbstmord« diffamiert) streng untersagt; er richtet sich gegen das Gottesgeschenk Leben. Allerdings kann das Gebot, andere umzubringen, unter Umständen Vorrang haben vor dem Gebot, sich selbst nicht umzubringen. Wenn andere Menschen im »gerechten Krieg« zu töten sind, kann sogar – so die Moraltheologie – der eigene Tod mit in Kauf genommen werden. Auch die Todesstrafe wird von Christen nicht völlig abgelehnt; auch für sie führen gerade Christen »zureichende Gründe« an. Luther schreibt über die weltliche Obrigkeit: »Die Hand, welche das Schwert führet und würget, ist nicht mehr Menschen Hand, sondern Gottes Hand, und nicht der Mensch, sondern Gott hänget, rädert, enthauptet, würget, krieget.«

Das ist folgerichtig: Der Gott, den sich solche Theologen ausgedacht haben, unterscheidet sich nicht im geringsten von seinen Vätern und deren Mordinteresse. Noch heute – so 1973 ein katholisches Lexikon – sind »die meisten katholischen und evangelischen Theologen die wohl bedeutsamste Gruppe der ernst zu nehmenden Verteidiger der Todesstrafe«. Sie haben aus ihrer eigenen Geschichte gelernt: Seit das Christentum zur Herrschaft gelangt ist, wurde die Anwendung der Todesstrafe im Römischen Reich nicht vermindert, sondern vermehrt. Kaiser Konstantin verhängte sie auch für jene Delikte, die den sogenannten Heidenkaisern vor ihm noch als nicht schwerwiegend gegolten hatten. Gegenstimmen aus der Kirche gab es so gut wie keine. Zwar hat sich im 15. Jahrhundert Kardinal Borgia, später Papst Alexander VI., einmal gegen die Todesstrafe ausgesprochen. Er hatte seine Gründe, die Verurteilten gegen Kaution freizulassen: »Der Herr wünscht nicht den Tod des Sünders, sondern daß er lebt – und zahlt.«

Es wird doch noch gerechte Kriege geben?

Für Mord hatten die frühesten Synoden keine Strafe festgesetzt. Sie waren davon ausgegangen, unter Christen käme so etwas nicht vor. Doch um dieselbe Zeit, als der Kirchenlehrer Basilius für Soldaten noch eine jahrelange Verweigerung des Abendmahls gebot, pries ein anderer Oberhirte bereits das Töten im Krieg: der hl. Athanasius, der berühmte »Vater der Rechtgläubigkeit«, ein ebenso kampferfahrener wie intrigenerprobter Mann. Der seltsame Heilige, von Eidbrüchigen zum Bischof gewählt und fortan ein besonders eifriger Gegner zeitgenössischer »Irrlehren«, erklärte zwar den gewöhnlichen Mord für unerlaubt, fand es aber »sowohl gesetzlich als auch lobenswert, Gegner zu töten«. Sein Beispiel machte Schule, und bald war die Privatmeinung des Theologen allgemeine Kirchenlehre und Moral. Sein Kollege Ambrosius, der viel über die Nächstenliebe schrieb, schwieg sich über die Feindesliebe instinktsicher aus – sie hätte seiner Kirche nicht ins politische Konzept gepaßt. Christen wie er hetzten schon bald in den »gerechten« Krieg, während nichtchristliche Denker der Epoche durchaus noch zwischen den Parteien zu vermitteln suchten.

Ausschlaggebend für die Durchsetzung des legitimen Mordens aber wurde jener hl. Augustin, der auch die schlimmsten sozialen Gegensätze gerechtfertigt hat und dessen Ratschlag an die Armen hieß, »im ewig gleichen unverändert harten Joch des niederen Standes« auszuharren. Dieser Schreibtischtäter, der

lehrte, »wer härter straft, zeigt größere Liebe«, traf die folgenschwere Unterscheidung zwischen »gerechten« und »ungerechten« Kriegen. »Was hat man denn gegen den Krieg, etwa, daß
Menschen, die doch einmal sterben müssen, dabei umkom-
men?« fragt Augustin. Der heilige Mann, der die Zwangsbekehrung Andersgläubiger, die Konfiskation ihres Vermögens,
die Verbannung Andersdenkender betrieb, auch schon die Folter erlaubte, sie sogar »leicht« im Vergleich zur ewigen Höllen-
strafe nannte, eine förmliche »Kur« für den Menschen, verteidigte den »gerechten Krieg« als Weg zum Frieden, zumal der
Erfolg des Guten eine gewisse Verlustquote rechtfertige. Diese
Doktrin stammte von einem Täter, der als »Zunge des Heiligen
Geistes« gefeiert worden ist, von einem Verbrecher des Wortes,
»der, wenn auch irdischer Mensch, doch ein Engel vom Himmel« geheißen wurde, zumal er »in überirdischen Visionen wie
ein Engel immerfort Gott schaute«. Augustinus hat das blutige
Handwerk rückhaltlos anerkannt und von Grund auf legitimiert. Wahrheit und Irrtum können und dürfen sich nicht ver-
tragen, meinte der Große, und deshalb müsse alles, was nicht
im klerikalen Sinn wahr sei, mit Stumpf und Stiel ausgerottet
werden. Der frühe Theologe Theodoret gestand, »uns bringt
Krieg mehr Nutzen als Frieden«, und hatte in bezug auf die
Kirche nicht unrecht. Als Christ unter »Heiden« zu leben kann
hart sein. Als Christ oder als Jude oder Heide unter Christen zu
leben ist viel schlimmer.

Was macht einen Krieg gerecht? Alles, was der Kirchenlehre
nützt, alles, was deren Gegner schädigt. Von hier bis zu der
Meinung, alles antiklerikale Leben sei irrig und daher wertlos,
war nur ein kleiner Schritt. Das reale Töten hatte seinen Ursprung in der vorhergehenden Vernichtung des anderen durch
das Wort. Kardinal Nikolaus von Kues, nur einer unter Hunderten, hetzt den Christen im 15. Jahrhundert gegen den Türken, »das Tier der Apokalypse«, »den Feind aller Natur und der
ganzen Menschheit«.

Während die agnostisch denkenden Römer im Bereich der Religion sehr tolerant waren und alle Kulte duldeten, die nicht den Gang des öffentlichen Lebens störten, während sie auch die Christen erst verfolgten, nachdem diese Sektierer das Volk aufzuwiegeln begonnen hatten, haben sich die orthodox denkenden Christen ihre Feinde systematisch zurechtgebogen, um sie bewußt auszurotten. Christliche Feindbilder und Ressentiments lassen sich austauschen: »Heiden«, Türken, Juden, »Ketzer«, »Hexen«, Kommunisten. Wer als irrend definiert ist, hat sein Leben verwirkt. Zunächst war das Abschlachten der sogenannten Heiden geboten. Dann galt jedes Gemetzel als gottgefällig, bei denen die Guten und Gerechten den Bösen die Feindesliebe mit dem Schwert beibrachten. Um der guten Sache willen durfte schon etwas härter als gewöhnlich zugelangt werden, besonders in jenen Kriegen, die man nicht nur gerecht, sondern »heilig« nannte. Jetzt konnten die Guten guten Gewissens töten, jetzt war das Gottesgebot endgültig ausgehöhlt. Der römische Kaiser Konstantin hatte 313 den Christen die volle Religionsfreiheit gewährt, und schon im folgenden Jahr beschlossen sie die Exkommunikation fahnenflüchtiger Soldaten. Wer die Waffen wegwarf, galt als gebannt. Vordem war es umgekehrt. So schnell ändern sich die heiligsten Traditionen. So schnell sind statt der pazifistischen Christen die kirchlichen Feldpfaffen zu sehen, statt der getöteten christlichen Kriegsdienstverweigerer die tötenden christlichen Krieger. Die Kirche war plötzlich militärfreundlich, und die Namen der frühen Soldatenmärtyrer wurden aus den Heiligenkalendern getilgt. Soldatengötter, Christus und Maria, diverse Heilige hielten dafür Einzug und übernahmen genau die Funktion der heidnischen Kriegsidole. Im Jahr 416 schließt der Erlaß eines Christenkaisers alle Nichtchristen vom Heeresdienst aus; Massenmord im gerechten Krieg ist von nun an allein Sache von Christen.

Noch bis nach Vietnam reichte dieser Gedanke. Im Spiel der Allianzen war die westlich geprägte Kirche des Landes zur bevorzugten Partnerin des US-Apparats aufgerückt. Kirche und Armee traten als mächtige Verteidiger einer etablierten Ordnung auf. Beide hatten im Gegner den Todfeind erkannt, die Verleiblichung des Teufels, dessen radikale Bekämpfung banale Selbstverständlichkeit unter Christen war. Der Krieg wurde de facto zur Religionsausübung. Das Adjektiv »gerecht«, durchaus ein schmückendes Beiwort, stand dem Kriegführen, an dem Christen beteiligt waren, stets gut an. Katholische Theologen haben es bis heute nicht auf die Empfängnisverhütung angewandt. Geburtenkontrolle ist − von der »natürlichen« Papst Pauls VI. abgesehen − auch nicht aus »noch so schwerwiegendem Grund« gerecht. Kinder zu zeugen und zu gebären ist ungleich wichtiger, als sich um deren Los zu kümmern. Zum Nationalfeiertag 1872, nach dem von Frankreich gegen Deutschland verlorenen Krieg, wandte sich Kardinal Mermillod an Frankreich und löste die Schuldfrage: »Du hast dich von Gott abgewandt, und Gott hat dich geschlagen, du hast in abscheulicher Berechnung Gräber geschaufelt, anstatt Wiegen mit Kindern zu füllen, deshalb hat es dir an Soldaten gefehlt.«

Mit der Zeit kamen die Christen freilich in Bedrängnis, da sie immer häufiger und mit einer gewissen Regelmäßigkeit über ihresgleichen herfielen. Daß sie auf beiden Seiten durch Fasten, Gebete, Feldgottesdienste, Feldpredigten auf den heiligen Krieg vorbereitet worden waren, verschärfte ihr Problem. Was taugte ein gerechter Krieg, dessen Teilnehmer an allen Fronten durch Predigt und Abendmahl gestärkt, zu gleichen Teilen mit einem glücklichen Ausgang der gerechten Sache rechnen konnten? Das Dilemma hat sich noch nicht lösen lassen, bis heute nicht. Die »Waffen des Worts«, die »Waffen des Lichts« unterstützen dann, wenn es erst richtig losgeht, den Donner der Kanonen. Dann finden die Christen sich auf den Schlachtfeldern, dann morden sie millionenfach, dann werden sie zu Millionen ermordet. Dann gehen die Theologen, meist recht weit weg vom Schuß, an ihre Trauerarbeit, dann trösten sie Witwen und Waisen, und zum guten Ende stehen sie – wie ihre Oberhirten – wieder auf der richtigen Seite. Gerecht ist stets die Sache der Sieger, und da die Kirche Wahrerin der Gerechtigkeit (auch und gerade im Krieg) ist, wird es niemanden wundern, läßt sie sich immer wieder als Siegerin feiern. Verlegen wird die Kirche nie, daher kennt sie auch keine Scham. Wer sich für Kinder ausspricht, muß sich ebenso dezidiert gegen Kriege entscheiden. Sonst entscheidet man sich für »Kinder für den Krieg«.

Luther zum gerechten Krieg, den er als ein »Werk der Liebe« bezeichnet, als »köstlich und göttlich«: »Also muß man auch dem Kriegs- und Schwertamt zusehen mit männlichen Augen, warum es so würgt und greulich tut. So wird sich's selbst beweisen, daß es ein Amt ist, an ihm selbst göttlich und der Welt so nötig und nützlich wie Essen und Trinken oder sonst ein anderes Werk.« Der evangelische Theologe Althaus meint 1929, die »kriegerischen Zeitalter« seien der Jugend nicht als »moralisch tieferstehend« zu schildern oder als »barbarisch zu verleiden«. Solch einer ethischen Begriffsverwirrung müsse gerade die Kirche scharf entgegentreten. Sie habe den Mißbrauch aufzudecken, der mit Begriffen wie »Abrüstung« und »Versöhnung« getrieben wird. Kardinal von Galen, noch immer als »Widerstandskämpfer« gefeiert, hat 1938, ausgerechnet zur Zeit des großen Judenpogroms, einen »Fahneneid« auf Hitler autorisiert, der mit den Worten schloß:

> »Was Frost und Leid!
> Mich brennt ein Eid.
> Der glüht wie Feuerbrände
> Durch Schwert und Herz und Hände.
> Es ende drum, wie's ende –
> Deutschland, ich bin bereit!«

Die deutschen Bischöfe haben ihre Schafe in einen objektiv verbrecherischen, also ungerechten Angriffskrieg gejagt und den Hitler-Eid von ihnen verlangt. Sie haben die katholischen Soldaten aufgefordert, »aus Gehorsam zum Führer ihre Pflicht zu tun und bereit zu sein, ihre ganze Person zu opfern«. Sie haben den Überfall des Diktators auf die Sowjetunion »mit Genugtuung« begleitet, ihn mit dem »heiligen Willen Gottes« identifiziert. Und während sie unermüdlich für den Verbrecher beten und ihre Glocken läuten ließen, verlangten sie von »jedermann ganz und gern und treu seine Pflicht«, die »ganze Kraft« und »jedes Opfer«, priesen sie Hitler als »leuchtendes Vorbild«, seinen Schreckensstaat als »Retter und Vorkämpfer Europas«, seinen Angriffskrieg als »Kreuzzug« und »heiligen Krieg«. Kardinal von Galen 1936: »... ich als deutscher Mann und Bischof ... danke dem Führer unseres Volkes für alles, was er für das Recht, die Freiheit und die Ehre des deutschen Volkes getan hat.« Was er damit konkret meinte, sagte der »Widerständler« auch: »Der Führer, dem Gottes Vorsehung die Leitung unserer Politik und die Verantwortung für das Geschick unserer deutschen Heimat anvertraut hat, hat in mutigem Entschluß die Ketten zerrissen, in denen nach dem unglücklichen Ausgang des Krieges feindliche Mächte unser Volk dauernd gleichsam gefangenhielten.« Die feindlichen Mächte macht derselbe Bischof 1945, nach seiner Bekehrung, wieder aus, doch wieder anderweitig: »Das Gift der nationalsozialistischen Irrlehre hat offenbar auch andere Völker angesteckt, selbst solche, die sich ihrer Demokratie zu rühmen pflegten. Selbst die Nationalsozialisten gestatteten den Häftlingen in Konzentrationslagern, zweimal im Monat Briefe mit Angehörigen zu wechseln und von ihnen Lebensmittelpakete zu erhalten. Solche Vergünstigungen gibt es bei den Engländern nicht.« Schluß: Die KZs der Briten, in denen Nazis saßen und keine Briefe schreiben durften, waren schlimmer als die der Nazis, in denen Massenmorde an Juden exekutiert wurden.

Der Katholik Hitler war eben besser als die britischen Anglikaner. Der damalige Papst, Pius XII., wünschte dem Führer folgerichtig »nichts sehnlicher als einen Sieg«. Als es dann anders kam als erwartet, fand sich derselbe Papst sehr schnell auf der Seite der wahren Sieger. Seine Kirche hatte doch den bösen Mann Hitler schon vor 1933 tapfer bekämpft, und nach 1945 bekämpfte sie ihn wieder. Hatte sie nicht jedes moralische Recht, auch künftig zu definieren, was gut war und was böse? Was gerecht und was ungerecht? Der Kölner Kardinal Frings hatte schon 1950 den Mut, als erster öffentlich die Wiederaufrüstung der Deutschen zu fordern. Du sollst nicht töten?

Auf zu neuen gerechten Kriegen, wo immer diese sich lohnten, hieß die klerikale Devise. Kriegsdienstverweigerung aber galt deutschen Oberhirten als »eine verwerfliche Sentimentalität«. 1956 wurde der stellvertretende Armeebischof Hitlers, Werthmann − der einst hakenkreuzgeschmückt katholische Kriegsdienstverweigerer »ausgemerzt und einen Kopf kürzer gemacht« hatte sehen wollen −, Generalvikar in der Bundeswehr. Du sollst nicht töten? 1959 verkündete der Jesuit Gundlach, einer der wichtigsten Berater Papst Pius' XII., als Resultat der päpstlichen Lehre über den gerechten Krieg: »Die Anwendung des atomaren Krieges ist nicht absolut unsittlich.« Und die Folgen? Der Moraltheologe meint zum möglichen Weltuntergang: »... wir haben erstens sichere Gewißheit, daß die Welt nicht ewig dauert, und zweitens haben wir nicht die Verantwortung für das Ende der Welt. Wir können dann sagen, daß Gott der Herr, der uns durch seine Vorsehung in eine solche Situation hineingeführt hat oder hineinkommen ließ, wo wir dieses Treubekenntnis seiner Ordnung ablegen müssen, dann auch die Verantwortung übernimmt.«

Jesuit Hirschmann bejahte »unter Aussicht auf millionenfache Zerstörung menschlichen Lebens in der heutigen Situation das Opfer atomarer Rüstung«. Ein Gremium katholischer Theologen billigte »die Anlegung eines Atomwaffenvorrates« und tat die Massentötung Unschuldiger als erlaubte »Nebenwirkung« des Atomschlages ab. Die katholische Militärseel-

sorge der Bundeswehr bereitete ihre Soldaten darauf vor, daß
»Christus mehr von uns verlangt, als selbst Hitler...«. Du
sollst nicht töten? Doch all dies ist keine römisch-katholische
Spezialität: Nach dem Zweiten Weltkrieg belehrt der protestan-
tische Bestseller-Theologe Thielicke seine Leser: »Christen, die
ihren Kriegsdienst unter den Augen Gottes ableisten, haben ihr
Handwerk des Tötens immer so verstanden, daß sie es im Namen der Liebe übten!« Und sein Kollege Künneth erklärt 13
Jahre nach Hiroshima: »Selbst Atombomben können in den
Dienst der Nächstenliebe treten.« In einem österreichischen
Prozeß um Waffenschiebereien hat der katholische Moraltheologe Andreas Laun noch 1990 in einem Gutachten behauptet,
Waffenexporte seien nicht grundsätzlich verwerflich. So könne
im vorliegenden Fall der Export von Raketen an den Iran nicht
als in sich unmoralisch bezeichnet werden. Wer das sage, müsse
zuerst beweisen, daß der Iran einen Aggressionskrieg geführt
und die gelieferten Waffen »in unmoralischer Weise« eingesetzt
habe. Waffenlieferungen könnten sogar »eine gute Tat« sein.

Die Kirche ist bis in die Gegenwart hinein ein erheblicher
Faktor des Unfriedens. Auch das Zweite Vatikanische Konzil
hat die Idee vom »gerechten Krieg« nicht beerdigt; es hat keine
ausdrückliche Verurteilung des Angriffskrieges ausgesprochen
und Kriegsdienstverweigerung nicht direkt anerkannt. Der
gegenwärtige Papst hat am 11. Juni 1982 vor der UNO die Ab-
schreckung mit Atomwaffen als moralisch vertretbar bezeichnet, wobei er wie selbstverständlich nur die westliche Ab-
schreckung gemeint hat und nicht die von der anderen Seite.
Ähnlich haben es die westdeutschen Bischöfe in ihren Verlautbarungen zum Thema gehalten und sich als Hilfsbischöfe der
NATO bezeugt. Der New Yorker Erzbischof O'Connor hat vor
dem Ausschuß für Außenpolitik des Repräsentantenhauses
dargelegt, daß die Kirche die Anwendung von Atomwaffen
durchaus billige, wenn eine »geringstmögliche Schädigung von
Zivilpersonen gewährleistet ist«.

Die Theologin Uta Ranke-Heinemann fragt, was der Oberhirte darunter verstanden haben wolle. Darf nur ein Zivilist
unter Milliarden nuklear verheizt werden? Darf nur eine Stadt
unter tausend Städten verstrahlt werden? Darf nur ein Land
unter vielen verbrannt, nur ein Kontinent unter anderen ato-
mar beseitigt werden? Darf nur ein Planet unter Millionen
anderen ausgelöscht werden? Und was ungeborene Zivilpersonen im Mutterleib betrifft, bis zu welcher Zahlenobergrenze
stimmt die Kirche den nuklear bewirkten Abtreibungen zu?
Und was ist schließlich mit dem Erbgut der Zivilpersonen? Ist
eine Schädigung des Erbgutes bis in die dritte oder bis in die
siebente Generation als »geringstmögliche Schädigung« für den
katholischen Bombenkatechismus noch tragbar? Die Bischöfe
der Bundesrepublik antworten in ihrem einschlägigen Hirtenbrief von 1983 nicht auf diese Fragen. Diese Megaphone der
Rüstung, deren eine Vorgänger die Hexenverfolgung belobigt
und deren andere Vorgänger Hitlers Angriffskrieg unterstützt
haben, machen es sich noch einfacher. Ihre Bombenmoral ist
schon zufrieden, wenn sich die Atomwaffeneinsätze nicht gegen »Bevölkerungszentren« oder »vorwiegend zivile Ziele«
richten.

Den Theologen, die ständig mit Himmel und Erde jonglieren
(darunter tun sie's nicht gern), geraten Situationsdeutungen
sehr leicht und schnell zu Global- und Weltinterpretationen.
Weltkrisen müssen es sein, mit denen sie sich befassen, und die
»Welt im Wandel« ist ein Lieblingsthema solch pauschaler
Deutungsversuche. In jedem Fall muß das Feindbild umfassend
sein; seine Errichtung und Legitimation sind christliches
Gedankengut seit eh und je. Innere aggressive Bedürfnisse,
so der Theologe Friedhelm Krüger, werden ebenso wie Trieb-
spannungen in der Weise verarbeitet, daß man sie in Fremd-
gruppen hineinprojiziert, die damit automatisch als aggres-
sionsgeladene »Feinde« erscheinen. Die Tötungshemmung
braucht ein solch potenziertes Feindbild, um aufgehoben wer-

den zu können. Das 5. Gebot Gottes, Du sollst nicht töten!,
bedarf der theologischen Ergänzung durch ein spezifisch christliches Feindbild (Irrlehrer, Heiden, Juden), um übertreten werden zu können. Die wahren Kriegsgründe sind gekonnt ver-
schleiert: Der Landnahme-Trieb (»verheißenes Land«) ist einer
von ihnen.

*Haben Päpste und Bischöfe sich wenigstens selbst an
das 5. Gebot gehalten und »nicht getötet«?*

Der Krieg von Christen gegen Christen, von Oberhirten gegen
Oberhirten ist keine Ausnahme der Kirchengeschichte gewesen, sondern die Regel. Päpste haben jahrhundertelang gegen
ihre Konkurrenten (»Gegen-Päpste«) gekämpft, und Bischöfe
gegen Bischöfe oder auch gegen Klöster, ja Mönche gegen ihre
Äbte. Keiner schont den Mitchristen. Du sollst nicht töten?
Päpste sind bald mit Helm, Panzer und Schwert auf der Welt-
bühne erschienen. Sie hatten eigene Heere, ihre eigene Marine,
ihre Waffenfabrik. Um Schlösser, Grafschaften, Grundbesitz
führten sie Krieg. Ganze Herzogtümer wurden von den »Nachfolgern des hl. Petrus« geraubt. Überall warben sie Söldner
und schlachteten ihre Gegner ab. Papst Leo IX. ignorierte 1053
die Friedensbestrebungen der Reformer von Cluny, ignorierte
sein eigenes Wehrverbot für Kleriker, ignorierte Treueid und
Lehensdienst, den ihm die getauften Normannen versprachen,
und bekriegte sie. Dabei verwandte er zum erstenmal den Begriff des »heiligen Krieges«, eine der folgenreichsten und ver-
hängnisvollsten Entscheidungen des Papsttums, die nicht nur
das Elend des Kreuzzugsjahrhunderts einleitet. Leo IX. erklärte
seine Soldaten zu Märtyrern und Heiligen; ein Beispiel, das
bald zum Mißbrauch des Begriffs »heilig« führen sollte. Vierzig Jahre später waren die Kreuzzüge, allesamt heilige Kriege,
geboren, um mit wechselnden Namen und Zielen die folgenden
900 Jahre zu überdauern.

Krieger müssen gestählte Körper haben – und geduckte Geister. Christlicher Kriegsdienst verlangte eine kollektive soziale Askese. Nur die Disziplin solcher verkappten Mönche, die auf Gehorsam und Verzicht eingeschworen worden waren, würde es schaffen, die Überlegenheit des Christenglaubens über alle Rivalen zu begründen und vor den Augen einer ganzen Welt durchzusetzen. Schöpferisch und aggressiv, weil diszipliniert und verdrängend, hieß die siegreiche Lebensanschauung der Glaubenskämpfer. Papst Gregor VII. (1073–1085) hatte ein Motto: »Verflucht sei der Mensch, der sein Schwert vom Blut zurückhält.« Er rief eine ganze Welt zur Bildung eines Heeres auf, an dessen Spitze er als »Führer und Bischof« marschieren wollte. Gregor IX. (1227–1241) zog gegen den siegreich vom Kreuzzug heimkehrenden Kaiser Friedrich. Urban VI. (1378–1389), ein Wahnsinniger auf dem Thron, der den Bischof von Aquila ermorden, fünf Kardinäle fürchterlich foltern und hinrichten ließ, focht mit seinen Söldnern im sizilianischen Erbfolgekrieg. Pius V., von dessen Heiligkeit noch die Rede sein wird, und Sixtus V. lieferten Türken und Briten gewaltige Seeschlachten. Julius II. (1503–1513) führte in fast jedem Jahr seiner Regierung einen Krieg: »Wenn mir schon Sankt Peters Schlüssel nicht weiterhelfen, so doch sein Schwert!« Papst Paul IV. (1555–1559) sah seinen Arm »bis zum Ellbogen in Blut getaucht«, war aber so moralisch, daß er Michelangelos »Jüngstes Gericht« übermalen ließ. Noch vor gut hundert Jahren rekrutierte Pius IX. (1846–1878) eigene Truppen. Und noch vor fünfzig Jahren hätten Päpste das Diktum Pauls IV. wiederholen können, sogar mit größerem Recht – obgleich auch sie sehr auf Moral hielten. Pius XII. (1939–1958) beispielsweise, der Ende 1939 als Ursache des »heutigen Elends« nicht Hitlers Weltkrieg sah, sondern die kurzen Röcke der Damen.

Bischöfe und Äbte hielten sich, das Vorbild der Päpste vor Augen, in ihren eigenen Territorien nicht zurück. Sie waren jahrhundertelang die Söhne, Brüder, Vettern des weltlichen

Adels, waren so machtgierig und habsüchtig wie dieser, auch gewiß nicht weniger verhaßt. Das bezeugen die Bischofs- und Abtsmorde im Mittelalter, die Pfaffenkriege und Pfaffenjagden sowie unzählige literarische Dokumente. Die »Kardinals-Verschwörung« – ein Beispiel von vielen – richtete sich 1517, dem Jahr von Luthers Thesenanschlag, gegen Papst Leo X. Der Giftanschlag scheiterte, und der Papst rächte sich furchtbar an den Verschwörern. Die Verhöre sollen grausige Enthüllungen erbracht haben, Geständnisse wurden erpreßt, geflüsterte Berichte über den Prozeß verwirrten den Kirchenstaat. Der 27jährige Kardinal Petrucci wurde mit einer angemessenen Schlinge aus purpurner Seide von einem Mohren erdrosselt; kein Christ durfte einen Kirchenfürsten hinrichten. Angesichts dieses Exempels winselten die übrigen Kardinäle um Gnade. Diese wurde ihnen gegen Zahlung riesiger Bußgelder gewährt; allein Kardinal Riario berappte 150000 Golddukaten, gut die Hälfte der päpstlichen Jahreseinnahmen. Leo X. kassierte – und ernannte gleich 31 neue Kardinäle auf einen Schlag. Nach politischen Gesichtspunkten, wie manche meinten, nach der Zahlungskraft der Kandidaten, wie Kenner wußten.

Die Oberhirten – Du sollst nicht töten! – kommandierten ganze Armeen. Manche Prälaten vollstreckten die Blutrache an den Irrenden mit eigener Hand. Kein Bistum, dessen Hirte nicht zuweilen jahrzehntelange Fehden führte. Oft wurden weder Frauen noch Kinder geschont, weder Greise noch Invaliden. Bischöfe kämpften mit den Königen gegen die Fürsten, mit den Adligen gegen die Könige, mit dem Papst gegen den deutschen Kaiser, mit dem Kaiser gegen den Herrn zu Rom, mit einem Papst gegen den anderen, mit den Pfarrgeistlichen gegen die Mönche und umgekehrt, im offenen Feld, in Straßen-, Kirchenschlachten, mit Dolch und Gift. In Katechismen und Büchern der Kirchengeschichte ist von solchen Dingen wenig bis nichts zu lesen. Die klerikal gelenkte Geschichtsschreibung baut lieber Nebenkriegsschauplätze auf. Sie ist beispielsweise bestrebt, die

Zahl der christlichen Märtyrer möglichst hoch anzusetzen, um ihre These zu bekräftigen, der christliche Glaube sei durch das Blut der Verfolgten zur Staatsreligion geworden. Doch diese Heldensage stimmt nicht. Sie wird auch durch Wiederholung nicht wahr. Die große Zahl wird bereits durch den Kirchenschriftsteller Origenes im 3. Jahrhundert stark relativiert, der schreibt, die christlichen Blutzeugen seien »leicht zu zählen«. Es wird freilich noch lange dauern, bis die offiziellen Katechismen auch in dieser Hinsicht redlich werden.

Wer meint, das 5. Gottesgebot habe jemals uneingeschränkt auch für Kleriker gegolten, irrt. Die Devise lautete: Du sollst Gottes Feinde töten, wo immer du auf sie triffst! Und du sollst zuerst definieren, wen du am meisten für Gottes Feind hältst! Und du sollst am tunlichsten deine eigenen Feinde als die der Kirche – und Gottes – ausgeben! Denn das verschafft dir freie Hand. Niemand vor Stalin und Hitler hat in Europa das menschliche Leben so unentwegt aufs äußerste verachtet, in den Staub getreten, ja diese Vernichtung als »gottgewollt« verkündet wie die christliche Kirche.

Wie oft mußte die Madonna als Kriegsgöttin dienen?

Waren die beschriebenen Taten nicht bloße Männeruntaten, wie sie im Patriarchat vorkommen? Gibt es nicht auch eine andere, feminine Seite des Christentums? Einen unpolitischen Marienkult? Wer so zu fragen gewohnt ist, verrät seine Ignoranz in Dingen klerikaler Wirklichkeit. Denn nichts in der Kirche ist harmlos, alles ist machtpolitisch kalkuliert. Gewiß gilt Maria als die »reine Jungfrau«, »unsere liebe Frau«, zu der Scharen von Beterinnen und Betern wallfahren. Aber die Madonna, von den Ihren seit eh und je funktionalisiert, ist keineswegs so friedlich: Wie ihre Vorläuferinnen – die Liebes- und Kampfgottheit Ischtar etwa oder die jungfräuliche Kriegsgöttin Athene – wurde auch sie die große Rachegöttin, »Unsere Liebe

Frau vom Schlachtfeld«, die »Siegerin in allen Schlachten Gottes«. Mit Maria zu morden ist alter römisch-katholischer Brauch. Daß Männer der Kirche mit Maria in jeden Religionskrieg ziehen konnten, ist eine Tatsache. Maria wird zum »Schlachtruf der Christen«: auf den Kreuzzügen der Ritterherren, auf den Ketzerjagden der Mönchsherren, in den Türkenkriegen der Abendlandsherren, im Kampf der guten Herren um ihre heiligsten Güter gegen die gottlosen Untermenschen der neueren Zeit, die Bolschewiken. Immer zieht die Jungfrau mit den Kriegern. Immer erweist sie sich den Ihren als siegreich, denn »ein Diener Mariens geht niemals verloren«. Selbst wenn er auf dem Feld der Ehre fällt, ist er nicht vergessen: Die Madonna hat es schon da drüben gerichtet.

Hienieden haben die Kleriker ihre Madonna nach Gusto hergerichtet. Wenn schon Gottvater ins Bild passen mußte und auch der Sohn Jesus, konnte die Mutter nicht zurückstehen. Beispiele für eine solche Zurichtung finden sich zuhauf. Dreihundert Jahre lang hatte sich der Klerus desinteressiert gezeigt, wie sich das Geschlechtsleben Marias im weiteren Verlauf ihrer Ehe mit Joseph gestaltet hatte. Dann aber kam der Jungfrauenkult auf und forderte sein Recht. Geschlechtliche Enthaltsamkeit ist, so der Jesus-Forscher Weddig Fricke, eine klerikale Erfindung, und diese Erfindung entsprach just der Interessenlage des römischen Kaisertums im 4. Jahrhundert: Menschen mögen sich paaren, eine Göttin tut so etwas nicht. Also hat Maria außer Jesus keine weiteren Kinder gehabt und ist »vor, in und nach der Geburt Jungfrau« geblieben, wie das Dogma lehrt. Im übrigen spricht der Jesus, den die Evangelisten zeichnen, seine eigene Mutter nicht ein einziges Mal mit einem respektvollen oder gar liebevollen Wort an. Diese Mutter ist – im Vergleich zum göttlichen Vater (auf den es patriarchalen Denkern und Schreibern auch allein ankommt) – nur das »Weib«. Im Neuen Testament findet sich nicht der geringste Ansatz für den später ausufernden Kult um Maria. Die Dogmen der römischen Patriarchatskirche mußten Stück um Stück hinzuerfunden werden, als es politisch angezeigt war. Maria unter dem Kreuz? Papst Johannes Paul II., dessen Regierungsdevise »totus tuus«, »ganz der deine« (an Maria gerichtet), lautet, interpretiert 1987 seine Maria als eine Mutter, die der Hinrichtung des Sohnes »in mütterlichem Geist... liebevoll zugestimmt« habe. Leicht zu sehen, wieviel Ahnung Kirchenmänner von mütterlichem Geist haben. Aber auf ihre Fahnen pflanzen sie ihre Madonna. Oströmische Truppen nahmen ihr Bild mit in den Krieg. Zahlreiche katholische Großschlächter waren innige Marienverehrer. Kaiser Justinian I., der mit päpstlichem Beistand zwei Germanenvölker ausgerottet hat, schrieb seine Blutsiege Maria zu. Ebenso erkor sie sein Neffe Justinus II. zur Schutzherrin im Kampf gegen die Perser. Ein Monstrum wie Chlodwig – nach dem Köln noch heute einen Platz benennt – führte seine brutalen Triumphe über die »ketzerischen« Gegner auf die Madonna zurück. Karl der Große, der über seinen vielen Frauen und Nebenfrauen immerfort Marias Bild auf der Brust trug, konnte in 46 Regierungsjahren auf fast fünzig Feldzügen ganze Völker dezimieren und Hunderttausende Quadratkilometer Land rauben. Dankbar errichtete er seiner »himmlischen Schützerin auf dem Schlachtfeld ehrwürdige Heiligtümer«.

Der Marien- und Schlachtkult wurde ausgebaut: Beim Ritterschlag empfing der Reisige das Schwert zu »Mariens Ehr«. Das Feldgeschrei hieß »Maria, hilf!«. Die Kreuzfahrer riefen die Madonna an, bevor sie mordeten, und danach lobten sie die jungfräuliche Siegerin. Im Osten standen die Ritter des Deutschen Ordens, die töteten und notzüchtigten, »allein im Dienste ihrer himmlischen Dame Maria«. Die fürchterliche Massakrierung der albigensischen »Ketzer« war »ein Triumphzug Unserer Lieben Frau vom Siege«, der das ganze Mittelalter durchziehende Krieg gegen den Islam ein Sieg der »Gottesmutter«. Im Kampf um Belgrad (1456), einer »marianischen Waffentat unter der Führung eines großen Marienpredigers«, sollen mit Mariens Hilfe 80 000 Türken erschlagen worden sein. 8000 »Ungläubige« fielen in der Seeschlacht von Lepanto, zu deren Andenken der Papst ein eigenes Marienfest eingeführt hat. Denn »weder Macht noch Waffen, noch Führer, sondern Maria vom Rosenkranz hat uns zum Sieg verholfen«. Auch das erste große Blutbad im Dreißigjährigen Krieg, die Schlacht am Weißen Berg von 1620, war ein Mariensieg. Der Heerführer Tilly, ein inbrünstiger Madonnenverehrer, erfocht »seine 32 Siege im Zeichen Unserer Lieben Frau von Altötting«. Die Hauptfahne der Katholischen Liga zeigte das Bild »Marias vom Siege«. So ging es weiter bis in unsere Zeit: Mussolinis Fliegertruppen hatten Maria zur Schutzpatronin, und selbst der Spanische Bürgerkrieg war in den Augen Francos von einem marianischen Endsieg gekrönt. Freilich machte die Madonna nicht auf Anhieb alle Finten mit, sondern half auch der falschen Seite: Obgleich der fanatische Marienpapst und Hitler-Unterstützer Pius XII. zum 31. Oktober 1942 die ganze Welt ihrem unbefleckten Herzen geweiht hatte, erfolgte an diesem Tag der Durchbruch der englischen Truppen bei El Alamein. Der nächste Mariensieg fiel mit Stalingrad zusammen: Am Fest Mariä Lichtmeß triumphierte die Rote Armee. Die Befreiung von Tunis und Nordafrika geschah am Fatimatag, die Kapitulation Italiens fiel auf Mariä Geburt, die japanische Kapitulation auf das Fest Maria Himmelfahrt. Auch in der jüngsten Vergangenheit will die himmlische Heerfrau offensichtlich nicht immer so, wie der Vatikan es gern hätte. Doch besteht noch die Hoffnung, daß sich die päpstlichen Dinge zum Guten wenden: Der gegenwärtige polnische Pontifex, bei dessen Visiten in aller Welt die Marienwallfahrtsorte Kulminationspunkte sind, erwartet von seiner Patronin die baldige Bekehrung der Sowjetunion. Die Marienverehrung des Wojtyla-Papstes ist Ausdruck seiner politischen Theologie, und Präsident Wałesa trägt die Schwarze Madonna am Revers.

Wozu sind Kreuzzüge geführt worden?

Über Jahrhunderte hinweg predigte der Klerus den Heiligen Krieg, zu dem Papst Urban II. im Jahr 1095, in richtiger Einschätzung der Angelegenheit, noch die Räuber aufrief. Er garantierte den Kämpfenden Sündenvergebung im Jenseits, im Diesseits reiche Beute und ein Land, in dem Milch und Honig fließen. »Gott will es, Christus befiehlt es!« hieß die Devise, die Tausende in den sicheren Tod trieb. Mit dem Kreuz, dem Siegeszeichen, zogen sie los. Auf Kleider, auf Fahnen hatten sie es nähen lassen. Schon an Rhein und Donau erschlugen sie in Seinem Namen Tausende von Juden. Dann vergewaltigten und mordeten sie die christlichen Ungarn. Bei der Einnahme Jerusalems im Sommer 1099 – an einem Freitag, zur Stunde der Kreuzigung, wie entzückte Chronisten jubeln – massakrierten sie fast 70000 Sarazenen. Sie töteten, da sie alles zu rauben beschlossen, »jeden Einwohner«, wie ein Erzbischof schreibt. Sie troffen von Blut und hängten an den Eingang der »gesäuberten« Häuser zum Zeichen ihrer Besitzergreifung den eigenen Schild, das »Wappen«. Mord, Totschlag, Landnahme wurden eins. Im Tempel Jerusalems metzelten sie derart, daß sie »durch Gottes wunderbares und gerechtes Urteil bis zu den Knien und sogar bis zu den Sätteln der Pferde in Blut wateten«. Dann, so ein Augenzeuge, gingen sie »glücklich und weinend vor Freude hin, um das Grab Unseres Erlösers zu verehren«.

Für die katholische Welt wurden die Kreuzzüge freilich bald ein einziges Fiasko. Ganze Heere verschwanden fast spurlos, auch 50000 Kinder, die perverse Prediger gegen die »Ungläubigen« gehetzt. Andererseits erstarkte der Islam, das dauerhafteste Resultat der Kreuzzüge überhaupt. Den Muslims von heute Fanatismus, Mordlust, Fundamentalismus, heilige Kriege vorzuwerfen verkennt die historische Ausgangslage. Für jeden einzelnen Vorwurf stehen Tausende von historischen Beweiszeugen im christlichen Lager. Papst Gregor XIII. stellt 1584 die

Nichtkatholiken auf eine Stufe mit Seeräubern und Verbrechern. Als man den Westfälischen Frieden schließt, nach Dreißigjährigem Krieg und in totaler Erschöpfung der ausgebluteten Völker, ist es Papst Innozenz X., der feierlich gegen den Friedensschluß protestiert. Die Päpste treiben immer wieder in den Krieg. Die Kreuzzugsidee wird zum beherrschenden Gedanken ihrer Außenpolitik, und dies bis zum Ende des Mittelalters. »Die höhere Seeräuberei«, wie Nietzsche urteilt, bringt Gewinn. Die religiöse Idee, falls es eine solche je gegeben hat, wird mit den militärischen, wirtschaftlichen und politischen Aspekten des Unternehmens in eins gesetzt. Der Heilige Krieg ist Angriffs- und Landnahmekrieg, und mit der Zeit machen sich die Päpste nicht einmal mehr die Mühe, diesen Sachverhalt zu kaschieren.

Haben etwa die »Ketzer« die Inquisition erfunden?

Von Augustinus, dem Prototyp der späteren Ketzerjäger, führt eine gerade kirchenpolitische Linie zur Inquisition. Der Begriff selbst wurde relativ spät gefunden und legitimiert. Die Sache ist wesentlich älter. Die »Suche nach dem bösen Feind« (Inquisition) begann in der Karolingerzeit mit der Einrichtung von bischöflichen Sendgerichten und führte allmählich zur systematischen Sektenfahndung, zur bewußten Produktion eines Terrors, der über Jahrhunderte hinweg ungezählte Menschen vernichtet hat. Von einer Entschädigung für die Opfer ist unter den Klerikalen nie die Rede gewesen. Eine öffentliche Bitte um Vergebung für diese Morde kommt keinem Papst über die Lippen; es gibt weder einen (wenn auch nur symbolischen) Fonds in der Kirche zur Wiedergutmachung noch irgendeinen Gedenktag im Festkalender, der an die eigenen Blutopfer erinnert. Unter den Tausenden Festtagen, die Jahr für Jahr den Kirchenkalender füllen und sich mehrfach auf jeden einzelnen Tag des Kirchenjahres legen, findet sich kein einziger, der die eigene Schuld bekennt. Die Institution, die aller Welt Sünden vorrechnet und Reue verlangt, ist selbst zwar hunderttausendfach schuldig geworden, aber völlig reueunfähig.

Die historische Inquisition gipfelte im Herausschneiden der Zunge, im Erdrosseln, im Feuertod. 1194 wurde sie zunächst in Spanien, dann in Italien, Deutschland und Frankreich gesetzlich geregelt. Papst Innozenz IV. stellte 1252 alle nichtkatholischen Christen auf eine Stufe mit Banditen und verpflichtete die weltlichen Herrscher, schuldige Ketzer innerhalb von fünf Tagen umzubringen. Die Dominikaner, Schüler des Thomas von Aquino, der energisch die Vernichtung »verpesteter Menschen« verlangt hatte, richteten eigene Bluthunde für die Ketzerjagd ab. Nun wurden die »Schuldigen« gemartert und mit Weihwasser besprizt, auf den Folterbock gebracht, auf die Wippe, in glühende Kohlen, Spanische Stiefel. Die Guten schlugen Kreuzzeichen und zerschlugen Andersdenkende. Sie riefen beim Zusammentritt des Tribunals zum Heiligen Geist und erlaubten während des Schauprozesses alle Mittel des Betrugs. Jeder Katholik mußte eidlich die Mithilfe bei der Ketzersuche geloben und den Schwur alle zwei Jahre wiederholen. Kam es zum Brennen, wurden die besten Plätze am Scheiterhaufen meistbietend verkauft. Gläubige, die das Brennholz heranschleppen halfen, bekamen vollkommene Ablässe zugesagt. Alles geschah auf legale und gottgefällige Weise. Die vatikanische Jesuitenzeitschrift lobt noch 1853 die Inquisition als »ein erhebendes Schauspiel sozialer Vollkommenheit«. Denn der Mord kannte sein Rezept und hatte seine Kunst. Du sollst nicht töten?

Ketzerverfolgungen geschahen – so die offizielle Lehre –, um der Wahrheit gegen den Irrtum zum Sieg zu verhelfen, aus Wahrheitsliebe. Papst Urban II. (1088–1099), seliggesprochen und somit unfehlbar im Himmel beheimatet, sah im Erschlagen und Verbrennen von Gebannten »aus Eifer für die Mutter Kirche« keinen Mord. Die Seinen hielten sich denn auch daran.

Allein der Großinquisitor Torquemada schickte in Spanien 10220 Menschen in den Feuertod und 97371 auf die Galeeren. Und auch die Strafe der »Sippenhaft« ist keine nazistische Erfindung: Papst Gregor IX. (1227–1241) hat bis in die siebte Generation exkommuniziert. Tote, deren Irrlehre erst später aufgedeckt wurde, mußten exhumiert und wie zu Lebzeiten behandelt werden. Berüchtigte frühe Beispiele bieten Päpste selbst. Stephan VI., ein grauenhaft pathologischer Pfaffe, befahl 897, den Vorgänger Formosus (891–896) auszugraben. Dann wurde der Ketzerpapst offiziell verurteilt; sein Nachfolger schlug ihm zwei (»Segens«-)Finger der rechten Hand ab. Es war freilich eine der letzten Schandtaten des Papstes Stephan, bevor ihn das Volk von Rom in den Kerker werfen und erwürgen ließ. Doch Sergius III., eine der Leitgestalten der päpstlichen Pornokratie im 10. Jahrhundert, ließ den Leichnam des Formosus 905 nochmals ausgraben, ihn in päpstliche Gewänder hüllen und auf den Thron setzen, bevor dem Toten, neuerlich verdammt, drei weitere Finger und der Kopf abgehackt wurden. Sergius III. hatte, was das Bild des Papsttums seiner Zeit abrundet, eine Mätresse namens Marozia, die nach dem Urteil des Historikers Hans Kühner umsichtig begonnen hatte, »Päpste einzusetzen, abzusetzen, zu morden und zu gebären«.

Verfolgung über den Tod hinaus? In Sachen Inquisition nichts Ungewöhnliches. Nachdem der Züricher Reformator Zwingli erschlagen worden war, wurde er unter rechtgläubiger Aufsicht geviertelt und verbrannt. Um seine Asche zu verunehren, mischte man Schweinemist unters Feuer. Nichts Neues: Bereits unter den Scheiterhaufen des Jan Hus, den die Kirche 1415 in Konstanz verbrannte, hatte man ein verfaultes Maultier gesteckt, um den tumben Gläubigen den Gestank des Teufels zu demonstrieren. Solche Fälle können den Blick auf die Mordwut nicht verstellen, die ganz Europa überzog. Wer nicht katholisch war und es partout nicht werden wollte, sollte vom Erdboden verschwinden, Europa voll von guten Katholiken sein. Diese Devise galt bis ins 20. Jahrhundert hinein, im klero-faschistischen Spanien etwa oder in Kroatien, wo »Söhne des hl. Franziskus« sich zwischen 1940 und 1942 als KZ-Komman-danten, Anführer gewaltiger Pogrome und Massenmörder be-tätigt haben.

Theoretisch gibt sich das Christentum für die friedliebendste Glaubensgemeinschaft der Weltgeschichte aus. Praktisch ist es nachweislich die blutrünstigste aller Religionen. Christen führten Krieg und ließen andere für sich Kriege führen. Sie vernichteten das Heidentum, sie schufen die Inquisition, sie betrieben Kreuzzüge gegen Türken und Christen. Doch war es ihnen noch immer nicht genug.

Wer hatte Lust daran, »Hexen« foltern zu lassen?

Vom 13. bis ins 19. Jahrhundert hinein verbrannte zunächst die katholische, dann auch die protestantische Kirche Frauen, die sie als »Hexen« definiert und damit zum Vernichten freigege-ben hatte. Primitivster Geister-, Dämonen- und Teufelsglaube – selbst bei dem Kirchenlehrer Papst Gregor I. – verbindet sich mit einem durch und durch rational kalkulierten Machtwillen, es denen einmal richtig zu zeigen, die Klerikermänner fürchten und hassen: den Hexenweibern. Frauen in der Kirche? Richtige Priester schütteln sich. Kluge Frauen für die Kirche, die in der Gemeinde nicht nur fromm vor sich hin schweigen, sondern den Mund auftun? Die gar mehr wissen von Gott und der Welt als die beamteten Pfaffen? Da sei Gott vor, da muß »man« eingreifen, denunzieren – und töten.

Entgrenzungsvorgänge, historisch zu belegende Prozesse, in denen Menschen sich den gewohnt klerikal-patriarchalen Defi-nitionsmächten entzogen, hat es immer gegeben. Manche von ihnen, die Bauernkriege, die Ketzerbewegungen, sind noch greifbar, auch wenn die Sieger alles getan haben, um das Ge-dächtnis in den Menschen neu zu formulieren. Die »damnatio

memoriae«, die Auslöschung und negative Sanktionierung bestimmter Erinnerungen, hat ihre Geschichte. Aber sie ist nicht
nur eine Sieger-Historie. Auch die Opfer leben weiter. Hunderttausende von sogenannten Hexen sind verbrannt, ihre
Überreste weggeworfen worden, nichts sollte an sie erinnern.
Ihre Mörder haben zum Teil noch heute ihre Erinnerungsstät-
ten; Straßen und Plätze wurden nach ihnen benannt. Die Namen der Opfer sind gelöscht. Und doch hält sich das Gedächtnis
an sie. Aus dem vergessen Gemachten wird das politisch Erinnerte. Die Prozesse der Vernichtung blieben nicht das letzte
Wort der Geschichte. Die Antriebe jener, die Hexenpogrome
brauchten, um sich selbst vor Ansteckung zu bewahren, werden
offengelegt. Der »Hexenhammer« (1487), eines der blutrün-
stigsten Bücher der Welt und schon deswegen mit päpstlichem
Segen erschienen, sagt aus, was alle Patriarchen-Kleriker denken und fühlen: »Also schlecht ist das Weib von Natur, da es
schneller am Glauben zweifelt, auch schneller dem Glauben
abschwört, was die Grundlage für Hexerei ist.« Hexenverfolger
wissen genau, was sie tun, wenn sie mordbrennen: Ihre Angst
vor der Rache der wissenden Frauen schlägt um in Haß, in
Verleumdung fremden Lebens. Die Verbindung von Vergel-
tungsangst und Schuldgefühl, die Kleriker zum Töten treibt,
braucht eine Erlösung. Diese muß wieder systemimmanent
sein, also in einer patriarchal bestimmten »Vaterreligion« wie
dem Christentum aufgehoben werden. Augustinus, Heiliger
und Kirchenlehrer, ein Schreibtischtäter mit widerwärtigsten
Gedankenleistungen, geht von einem sexuell bestimmten Teu-
felspakt der Frauen aus. Dieser ermöglicht es, daß alle Mittel,
Manipulationen, Worte, Gebärden ein besonderes Zeichensy-
stem ausbilden, mit dessen Hilfe Dämonen und Hexen korre-
spondieren können. Kleriker sind folglich gezwungen, ihren
eigenen Logos gegen die zauberische Alternative zu verteidigen. Tod den Alternativen.

Das Wort Hexenwahn verhüllt bewußt. Historisch war hier

eben kein Wahn am Werk, sondern eine überlegte Strategie. Zwischen 1258 und 1526 sind nicht weniger als 47 päpstliche Erlasse gegen die Hexen erschienen. Klerikermänner und ihre Helfershelfer aus dem »gläubigen Volk« haben alle Medien der Epoche gewandt benutzt, alle Maschinen eingesetzt, alle Methoden durchgearbeitet. So gab es nicht nur Flugblätter, die den Mord geistig vorbereiteten, sondern auch Fangprämien für eingebrachte Frauen, schrankenlose Torturen, technisch auf dem neuesten Stand und immer wieder verbessert. »Du sollst so dünn gefoltert werden, daß die Sonne durch dich scheint«, hieß eine Hexenformel. Eine Viehseuche im Erzbistum Salzburg führte 1678 zum Feuertod von 97 Frauen. Der Bamberger Bischof mordete um 1630 an die 600 Menschen, und sein Vetter, der Oberhirte zu Würzburg, brachte es auf 1200 Morde. Mitte des 17. Jahrhunderts klagt ein Pfarrer aus Bonn, gewiß gehe bald die halbe Stadt drauf, zumal unter dem Druck des Kölner Erzbischofs bereits dreijährige Kinder wegen ihrer »Buhlteufel« verbrannt worden waren. Überall wurden Frauen »weggebeizt« und »weggeputzt«, wie die christlichen Chroniken prahlen. »Da wir nun die alten nahezu erledigen und hinrichten ließen«, meint Landgraf Georg von Darmstadt 1582, »so geht es jetzt an die jungen...« In vielen protestantischen Territorien starben noch mehr Hexen als in katholischen. Im Braunschweigischen, wo protestantische Kleriker Ende des 16. Jahrhunderts oft zehn an einem Tag verbrannten, sahen die Pfähle, an denen die Frauen standen, bei Wolfenbüttel wie ein verkohlter Wald aus. Und noch im späten 18. Jahrhundert zeigte sich ein evangelischer Bischof in Schweden tief betrübt über die neue »freidenkende Zeit«, die sich dagegen wehre, angeklagte Hexen zu verheizen.

Steht etwa in den Gemeinden, die noch immer ihre Straßen und Plätze nach Mördern benennen, auch nur ein einziges Denkmal für die Opfer? Schon die Antwort auf diese Frage verurteilt die »Religion der Liebe«.

Kennen wir die Namen einiger Judenmörder vor Hitler?

Ablenkungsmanöver und Scheingefechte auf Nebenschauplätzen sind bei christlichen Schriftstellern beliebt. Wer es schafft, die historische Schuld der eigenen Kirche unter den Teppich zu kehren, hat in den Augen seiner Kumpane eine wissenschaftliche Großtat vollbracht. Lange Zeit ist so und nicht anders verfahren worden, doch es gelingt nicht mehr. Immer mehr Menschen wollen die Wahrheit erfahren. Diese heißt aber hier: Es gab klerikale Judenmörder zuhauf, und ihre Namen sind bekannt. Der blutige Antijudaismus christlicher Elitegruppen, zu denen Bischöfe und Päpste in Massen zählten, währte zwei Jahrtausende lang. Er gehört als Signum zur Kirchengeschichte. Er ist eines ihrer Wesensmerkmale. Niemanden kann es wundern, daß er direkt in die Gaskammern des »gläubigen Katholiken« Adolf Hitler geführt hat. Wie kam es dazu?

Weil im Christentum so gut wie nichts originell ist, sondern geliehen, zerschlagen und neu zusammengeleimt, hat es alles, was nicht von antiken Heiden stammt, vom Judentum bezogen: Engelheere, Erzväter, Propheten, Gottvater und -sohn. Doch weil die Juden das angeblich Christliche ihres eigenen Glaubens nicht einsehen konnten und weil sie den angeblichen Stifter der christlichen Kirche ermordet haben sollen, weil sie eben »verstockt«, »perfide« blieben, flammte der klerikale Judenhaß durch zwanzig Jahrhunderte. Auch er begann bereits bei jenem Paulus, der mit seinen Vätern noch haderte, nachdem er endlich »bekehrt« war. Fast alle antiken Kirchenväter sind in seiner Nachfolge (nicht in der des Juden Jesus) überzeugte Antijudaisten gewesen. Sie haben den Antijudaismus fast zu einer eigenen Literaturgattung gemacht. Tertullian, Augustinus, Johannes Chrysostomus schreiben eigene Kampfschriften »Gegen die Juden«. Gegen das auserwählte Volk zu wüten und die eigene Auserwähltheit an ihm auszulassen wurde zum Markenzeichen des wahren Christen. Schon im 2. Jahrhundert gibt der hl.

Justin – seinerzeit der bedeutendste christliche Apologet – den Juden nicht nur schuld am Unrecht, das sie selber tun, sondern »auch an dem, das alle anderen Menschen überhaupt begehen«. Dieses Pauschalurteil trägt den Keim zur Legitimation der Endlösung in sich, und nicht einmal Julius Streicher wird es überbieten können. »Der Teufel als des Juden Vater« steht in den Schaukästen der antisemitischen Zeitschrift Streichers, aber auch im Neuen Testament (Jo 8, 44).

Der heilige Kirchenlehrer Ephraim, als »Zither des Heiligen Geistes« gerühmt, nennt die Juden Wahnsinnige, Sklavennaturen, Teufelsdiener, Mördergesellen, ihre Führer Verbrecher, ihre Richter Ganoven, denn »sie sind 99mal so schlecht wie Nichtjuden«. Der heilige Kirchenlehrer Johannes Chrysostomus, der »Goldmund«, hält Juden insgesamt für »nicht besser als Schweine und Böcke« und meint von ihrer Synagoge: »Nenne sie einer Hurenhaus, Lasterstätte, Teufelsasyl, Satansburg, Seelenverderb, jeden Unheils gähnender Abgrund oder was immer, so wird er noch immer weniger sagen, als sie verdient hat.« Nachdem die Saat schreibend gesät worden war, mußte sie bald aufgehen und zur Ernte anstehen: Schon im 4. Jahrhundert brennen Synagogen, verbünden sich Kirchenlehrer mit den Mordbrennern von der Straße, ziehen christliche »Heilige« jüdisches Vermögen ein, raubt man den Besitz der »verworfenen Schweine und Teufelsdiener«, läßt Juden internieren und vertreiben. Der hl. Kyrill, Patriarch von Alexandrien, bereitet im 5. Jahrhundert die erste Endlösung vor: Mehr als hunderttausend Juden fallen ihr zum Opfer.

Es hat noch immer nicht gereicht: Dutzende von Christensynoden verfügen eine scharf antijüdische Bestimmung nach der anderen, bis das 6. Konzil von Toledo 638 die Zwangstaufe aller in Spanien lebenden Juden befiehlt und das 17. Konzil von Toledo 694 sämtliche Juden zu Sklaven erklärt. Die Immobilien dieser Sklaven werden eingezogen (zu wessen Gunsten wohl?), ihre Kinder vom siebten Lebensjahr an ihnen weggenommen.

Das Prinzip der Enteignung von Personen und Sachen funktioniert gut: Im Mittelalter fallen in immer mehr Ländern Juden und ihre Habe dem Königsgut zu. Noch nicht einmal ganz umsonst: Lagen auf diesem sogenannten Schutz doch hohe Abgaben und Steuern, die in die Taschen der allerchristlichsten Majestäten wanderten. Zuweilen mußten die Juden im Heiligen Römischen Reich Deutscher Nation nach der Wahl eines jeden römischen Königs und der Krönung eines jeden römischen Kaisers diesen ein Drittel ihres Vermögens geben – für die »Gnade«, nicht sofort verbrannt zu werden. Im 12. Jahrhundert schreibt Abaelard: »Wenn Juden zum nächsten Ort reisen wollen, müssen sie sich mit hohen Summen den Schutz der christlichen Kirchen erkaufen. Diese wünschen in Wahrheit ihren Tod, um ihren Nachlaß an sich zu reißen. Äcker und Weingärten können Juden nicht besitzen, weil es niemanden gibt, der ihren Besitz garantiert. Also bleibt ihnen nur das Zinsgeschäft, und dies macht sie wiederum den Christen verhaßt«.

Keine der Erscheinungsformen des Antisemitismus im 20. Jahrhundert kommt dem neu vor, der die Kirchengeschichte kennt. 306 verbietet eine Synode (Elvira) die Ehe und den Verkehr zwischen Christen und Juden sowie die gemeinsame Einnahme von Speisen. Juden ist es nicht erlaubt, öffentliche Ämter zu bekleiden (Synode von Clermont, 535), Juden dürfen keine christlichen Mitarbeiter beschäftigen (3. Synode von Orleans, 538). Die 12. Synode von Toledo (681) ordnet die Verbrennung jüdischer Bücher an. Christen wird untersagt, jüdische Ärzte zu konsultieren (Trullanische Synode, 692). Juden dürfen an christlichen Feiertagen nicht auf die Straße (3. Synode von Orleans, 538). Christen dürfen nicht bei Juden wohnen (Synode von Narbonne, 1050). Juden müssen wie Christen den Kirchenzehnten bezahlen, obgleich sie nicht zur Kirche gehören (Synode von Gerona, 1078), Juden dürfen Christen nicht vor Gericht bringen oder gegen sie als Zeugen aussagen (3. Laterankonzil, 1179). Den Juden ist es verboten, ihre zum Christentum übergetretenen Glaubensbrüder zu enterben (3. Laterankonzil, 1179). Juden müssen an ihrer Kleidung ein Unterscheidungszeichen tragen (4. Laterankonzil, 1215). Juden dürfen keine Synagogen mehr bauen (Konzil von Oxford, 1222). Juden dürfen nur in Judenvierteln wohnen (Synode zu Breslau, 1267). Christen ist es untersagt, Grund und Boden an Juden zu verkaufen oder zu verpachten (Synode von Ofen, 1279). Juden dürfen nicht als Unterhändler bei Verträgen zwischen Christen fungieren (Konzil von Basel, 1434). Juden können keine akademischen Grade erwerben (Konzil von Basel, 1434). Juden müssen Geldbußen für die »Ermordung christlicher Kinder« zahlen (Regensburg, 1421). Jüdische Forderungen gegen christliche Schuldner werden konfisziert (Nürnberg, Ende 14. Jahrhundert). Das Eigentum von Juden, die in einer deutschen Stadt ermordet wurden, gilt als öffentliches Eigentum, weil die Juden selbst Besitz der Reichskammer sind (Gesetzbuch aus dem 14. Jahrhundert).

1179 dekretiert das 3. Allgemeine Laterankonzil – bis heute als Versammlung unter dem besonderen Einfluß des Gottesgeistes definiert –, daß »Christen, die sich erdreisten, mit Juden zu leben, dem Kirchenbann verfallen sind«. Papst Innozenz III., unter seinesgleichen als Größe verehrt, nennt sie 1205 »gottverdammte Sklaven« und schreibt an den Grafen von Toulouse, den er bei dieser Gelegenheit bannt: »Der Christenheit zur Schmach verleihst du öffentliche Ämter an Juden ... Der Herr wird dich zermalmen!« Dieser Papst, wohl der mächtigste der Geschichte, schrieb 1205 an den Bischof von Paris: »Der Jude ist wie ein Feuer im Busen, wie eine Maus im Sack, wie eine Schlange am Hals.« Und von derlei mußte der wahre Christ sich befreien. Das von Innozenz geleitete 4. Laterankonzil bestätigte, unter Berufung auf den hl. Augustin, die Behauptung von der ewigen Knechtsexistenz allen jüdischen Lebens.

Kein Wunder, daß der aufgeputschte christliche Pöbel von

Pogrom zu Pogrom schreitet. Juden werden erschlagen, wo sie aufzugreifen sind, werden an Stricken und Haaren zum christlichen Taufbecken geschleift. Die Kreuzzüge, die zu den ersten allgemeinen Judenmassakern führen, wurden zu beträchtlichen Teilen mit jüdischem Kapital finanziert, und indem man die Geldgeber erschlug, befreite man sich von der Rückzahlung von Geld und Zinsen. In Mainz ließ Erzbischof Ruthard die Juden, denen er gegen Geld seinen Schutz zugesagt hatte, liquidieren, zwischen 700 und 1200 Menschen. Bei der Eroberung Jerusalems trieben die Christenherren die jüdische Bevölkerung in den Synagogen zusammen und verbrannten sie bei lebendigem Leib. 1389 töten die Christen an einem einzigen Tag in Prag 3000 Juden. Nach einer Predigt des hl. Johannes von Capistrano (Fest am 28. März) geschieht 1453 in Schlesien dasselbe mit allen nur greifbaren Juden. 1648 werden in Polen um die 200000 Juden ermordet. Doch zu dieser Zeit sind die mordenden Katholiken schon nicht mehr unter sich. Denn auch der Reformator Luther hat teil am allgemeinen Schlachten: Auch er hat die Juden mit Schweinen gleichgesetzt, auch er fand sie »schlimmer als eine Sau«, auch er forderte für die Ausübung ihres Gottesdienstes die Todesstrafe, verlangte ein Verbot aller jüdischen Schriften, Zerstörung aller Synagogen und Bethäuser, »daß kein Mensch einen Stein oder Schlacke davon sehe ewiglich. Und solches soll man tun unserem Herrn und der Christenheit zu Ehren, damit Gott sehe, daß wir Christen seien.«

Hitlers Schergen brauchten nur zuzugreifen und sich zu nehmen, was seit Jahrhunderten bereitlag. Der Diktator war der Erbe des christlichen Gedankengutes und der klerikalen Mordpraxis. Die über Jahrhunderte hinweg schlagkräftigste Armee der Päpste, der Jesuitenorden, forderte von seinen Kandidaten »Judenreinheit« bis in die fünfte Generation. Papst Paul IV. ließ alle erreichbaren Exemplare des Talmud öffentlich verbrennen, zwang die Juden seiner Territorien zum Tragen gelber Hüte, verbot ihnen Grund und Boden, untersagte ihnen christliche Angestellte, schloß sie von akademischen Berufen aus – Verfügungen, die fast ausnahmslos im Kirchenstaat bis ins 19. Jahrhundert hinein gelten. Derselbe Kirchenstaat stellt zu dieser Zeit, auch bis ins kleinste Detail, das frühere Getto wieder her.

Als Hitler 1933 den Vertreter des deutschen katholischen Episkopats empfängt, erklärt er dem Bischof, er tue gegenwärtig nichts anderes, als was die katholische Kirche 1500 Jahre lang getan habe. Der Bischof widerspricht nicht. Auch dann nicht, als Hitler meint, vielleicht erweise er in der Judenfrage dem Christentum den größten Dienst. Nachher wollte es keiner gewesen sein. Der Historiker Friedrich Heer: »Adolf Hitler konnte zu einer Weltmacht, zu einer Mordsmacht aufsteigen, da das Gewissen von mehreren hundert Millionen Christen zu seinen Taten schwieg oder diesen gar zustimmte. Dieses Gewissen war ein Privatgewissen, nur beschäftigt mit Angelegenheiten der privaten Intimzone: der andere da draußen vor der Tür, der Jude, der Pole, der Zigeuner, der Italiener, der wurde ausgeklammert. Auschwitz und... auch Hiroshima und seine Todesengel beruhen auf eineinhalbtausendjährigen erlauchten theologischen Traditionen der Kirche.« Im Reich Hitlers sind die meisten Katholiken gleichgeschaltet und schweigsam. Ein nach Holland geflüchteter Jesuit nennt im April 1936 die katholische Presse Deutschlands ein »unappetitliches Instrument der Lüge«. Doch das fällt nicht auf, denn schon 1934 hatte der führende Dogmatiker Michael Schmaus (seit 1951 Mitglied der Bayerischen Akademie der Wissenschaften) geschrieben: »Katholizismus und Nationalsozialismus können und sollen Hand in Hand marschieren.« Sein Kollege Karl Adam (nach dem heute ein Studentenhaus der katholischen Kirche in Stuttgart benannt ist) sekundierte: »Nationalsozialismus und Katholizismus gehen zusammen wie Natur und Gnade.«

Ob sich seither viel geändert hat? Noch 1956 darf der katholische Theologe Albert Sleumer mit amtskirchlichem Segen über die Filmwirtschaft mitteilen: »Wann wird das deutsche Volk sich aufraffen, um den ausländischen (galizisch-polnisch-russischen) Schmutzfinken und ihren inländischen Ebenbildern es zum Bewußtsein zu bringen, daß deutsch sein so viel wie anständig sein bedeuten soll?! . . . Jeder Einsichtige wird darum doch die Hersteller solcher Schmutzfilme – und das weiß selbst der deutsche Michel, daß 95 Prozent der Filmfabrikanten JUDEN sind! – als gemeine Verführer betrachten, denen nur der eigene Geldbeutel heilig ist.«

Aus Anlaß des Papstbesuches in der Tschechoslowakei im Frühjahr 1990 haben enthusiastische Slowaken die Heiligsprechung des politischen Prälaten Jozef Tiso gefordert, der von 1939 bis 1945 Präsident des Nazi-Vasallenstaates Slowakei gewesen ist und 70000 Juden an die Nazis hat ausliefern lassen. Tiso, ein katholischer Priester an der Spitze eines faschistischen Regimes, wörtlich: »Ist es christlich, wenn die Slowaken sich von ihren ewigen Feinden, den Juden, befreien wollen? Die Liebe zu unserem Nächsten ist Gottes Gebot. Seine Liebe macht es mir zur Pflicht, alles zu beseitigen, was meinem Nächsten Böses antun will.« Tiso, jetzt offenbar ein »Märtyrer« und ein »Verteidiger der christlichen Zivilisation«, wurde wegen Hochverrats zum Tode verurteilt und 1947 hingerichtet.

Die Evangelische Kirche Deutschlands, die bereits 1933 einen judenfeindlichen Arierparagraphen geschaffen hatte, veröffentlichte 1941 eine Bekanntmachung über die kirchliche Stellung evangelischer Juden, in der sie nicht nur die Schuld am Zweiten Weltkrieg ausschließlich den Weltjuden zuschrieb, sondern auch alle Bürger jüdischen Glaubens als »geborene Welt- und Reichsfeinde« schimpfte. Den evangelischen Oberhirten war es unter diesen Umständen ein leichtes, sich auf Luther zu berufen und dessen Forderung zu wiederholen, daß »schärfste Maßnahmen gegen die Juden zu ergreifen und sie aus deutschen Landen auszuweisen« seien. Dieselben Oberhir-

183

ten waren in diesem Schanddokument auch fest entschlossen, »rassejüdischen Christen« in der Kirche »keinen Raum und kein Recht« zu geben und »keinerlei Einflüsse jüdischen Geistes auf das deutsche religiöse und kirchliche Leben zu dulden«. Sollte von den zigtausend Traktätchen, Predigten, Entschließungen, Synodalbeschlüssen, Papst- und Bischofsbriefen, die sich von den jüdischen »Schweinen« abgrenzten und zu deren Vernichtung aufriefen, etwa kein direkter Weg zu Hitlers Endlösung führen? Ist Auschwitz etwa kein christlicher Ortsname? Mußten irgendwelche dahergelaufene Faschisten und Gottesfeinde irgend etwas erfinden, was bekannte Christen und Gottesfreunde nicht seit Jahrhunderten gekannt und praktiziert hatten? Wir kennen in der Tat viele Namen von Schreibtisch-Juden-Mördern (und viele Heilige der Kirche sind unter ihnen): Justin, Ephraem, Johannes Chrysostomus, Ambrosius, Isidor, Innozenz III., Paul IV., Johannes von Capistrano – keinesfalls die einzigen, die aufzufinden und öffentlich zu benennen sind. Sie alle haben sich auf den Satz des Matthäusevangeliums (Mt 27, 25) stützen dürfen, der die Juden, »das ganze Volk«, bei der Passion Jesu rufen läßt: »Sein Blut komme über uns und unsere Kinder!« Ein schrecklich erlogener Vers, eine entsetzlich folgenschwere Erfindung. Es ist schlimmer Haß auf die Juden, der diesen Satz eingegeben hat. Es ist einer jener Sätze, die schuldig sind am Mord an Millionen Menschen. Auch ein Evangelist kann zum Judenmörder werden.

Haben Päpste Grund gehabt, einen Weltkrieg zu verhindern?

Nichts liegt so weit zurück, wie es die kirchliche Geschichtsschreibung gern hätte. Die Untaten der Oberhirten erstrecken sich nicht nur aufs »finstere Mittelalter«. Die Heilsgeschichte der Päpste bleibt aktuell. Unser eigenes Jahrhundert zeigt, wie lebendig die althergebrachten Ideale kurialer Weltanschauung sind. Die Kontinuität ist atemberaubend. Der Vatikan wollte vor dem Ersten Weltkrieg – und später erst recht – mit aller Energie an der Seite Habsburgs den Balkan erobern (sprich: das abgefallene Territorium neu missionieren). Serbien, ein nicht-katholisches Land, mußte niedergeworfen werden – und sein Protektor Rußland ebenfalls. Papst Pius X. hatte schon die Annexion Bosniens und der Herzegowina durch Österreich abgesegnet, und die katholische Mission arbeitete mit allen Mitteln. Ein hoher Prälat schmuggelte Waffen, wurde entdeckt, verurteilt, schließlich aber »befreit« und vom Papst zum Bischof erhoben. Der Wiener Kardinal Nagel forderte ein »katholisches Slavenreich«. Ein katholisches Sonntagsblatt Österreichs meinte bereits im Oktober 1912, der »lang erwartete europäische Krieg« sei nun nicht mehr aufzuschieben, zumal es dem Kontinent nicht schade, einmal »gründlich durchgerüttelt« zu werden. Pius X. war derselben Ansicht. Er verlangte, die Serben »für all ihre Vergehen« endlich zu bestrafen. Als Österreichs Thronfolger 1914 ermordet wurde, sprach der Pontifex – über dessen Mitwisserschaft am Attentat gegen den liberalen und ungeliebten Erzherzog noch nicht die letzte Gewißheit besteht – die wegweisenden Worte: »Hier ist der zündende Funke!« Ein Wiener katholisches Blatt sagte es auf seine Art: »Noch einmal weist uns der Finger Gottes den Weg...« Endlich konnte ein weiterer »gerechter Krieg« beginnen, ein Waffengang, den Pius X. hatte kommen sehen, ein Krieg gegen Rußland, den »größten Feind der Kirche«, wie das römische Oberhaupt erklärt hatte. Daß die Slawen allesamt Barbaren seien, war diesem Papst schon 1913 entfahren, und nun, 1914, kurz vor seinem Tod, freute er sich, daß es – aus gerechtem Grund – losgehen konnte. Der gerechte Grund des Papstes: die Kriegsschuld Rußlands.

Einen Waffengang verhindern helfen? Die Bestrafung der Bösen aufschieben? Kein Gedanke für den Papst. Zwar waren Millionen Tote zu erwarten, doch die Kleriker trugen und tragen deren Schicksal mit Fassung. »Jeder Krieg steht sogar in einem geheimen Zusammenhang mit dem blutigen Drama auf Golgatha«, wußte damals der Prior des Klosters Maria Laach, »er ist eine Fortsetzung, er ist tatsächlich ein Stück des Kampfes, den unser Erlöser geführt hat. Liegt... darin nicht ein einzigartiges Motiv, das Heilige – ich meine den Krieg – heilig zu behandeln?«

Also kein ausreichender Grund mehr für Christensoldaten und ihre Prediger, Jesus selbst nicht zu militarisieren. Sie sprechen davon, daß dieser in Form der Mobilmachung in die Welt gekommen sei, daß seine Menschennatur seine erste Uniform, sein erstes Biwak der Schoß der Jungfrau, sein zweites Bethlehem gewesen sei, seine Schlacht Golgatha und sein Hauptquartier der Himmel. Seine Reden wurden unter der klerikalen Hand zum Maschinengewehr, zum Zünder der Gottesliebe. Was hätte ein Papst da noch bremsen, was hindern sollen? Immerhin waren 188 Millionen Katholiken – zwei Drittel aller damaligen Romtreuen – direkt in den Ersten Weltkrieg verwickelt.

Auch die Madonna trat wieder an: »Türkensiegerin, segne die Bajonette, segne, was sich eingräbt ins blutige Bette verlogenen Fleisches und schlage deine Flügel um unsere Soldaten«, heult ein Feldpfaffe, »Gottesmutter, wir singen dir Schlachtenpsalmen.« Denn es war den deutschen Katholiken so ernst, daß sie den Krieg – wie Jesuiten bekannten – selbst gegen die eigenen Glaubensgenossen führen wollten, die zufällig auf der anderen Rheinseite beheimatet waren. Die Franzosen, Katholiken von jenseits, standen nicht zurück. Ihr Klerus feierte dasselbe Schlachtfest als Kreuzzug gegen das evangelische und heidnische Preußen, und es nahm niemanden wunder, daß 25 000 Priester, Ordensleute und Seminaristen auf französischer Seite für diesen eigenen gerechten Krieg ins Feld zogen. Die französischen Schützengräben wurden – Originalton Feldpfaffe – zum »Gethsemane«, das Schlachtfeld zu »Golgatha«,

186

der Augenblick des Schlachtens zur »göttlichen Minute«. Denn Christus, »der die Franzosen liebt«, sollte leben, hochleben, weiterleben! Die Zeit der Wiedergeburt Frankreichs stand bevor. Daß diese Wiedergeburt 1,3 Millionen Tote gekostet hat, stand auf einem anderen Kirchenblatt. Ebenso die Tatsache, daß der Nachfolger jenes Papstes, der den Ersten Weltkrieg nicht hatte verhindern wollen, weil er mit dem Sieg Habsburgs über die Slawen gerechnet hatte, danach von einem seiner Kardinäle als »der am besten aus dem Krieg herausgekommene Mann« gefeiert worden ist. Der Vatikan auf seiten der Sieger und ein Kriegsgewinnler: nichts Neues unter der Sonne.

Heilige Kriege gab es nicht nur in früheren Zeiten. Noch der katholische Feldbischof der Wehrmacht Hitlers feiert den Rußlandfeldzug als »europäischen Kreuzzug«. Alle deutschen und alle österreichischen Bischöfe haben diesen Waffengang »mit Genugtuung« begleitet. Pius XII. setzt noch darauf, wenn er den Krieg gegen die Sowjetunion, der mehr als 1700 Städte und 70 000 Dörfer zerstört und 20 Millionen Tote allein unter den Überfallenen fordert, als »Verteidigung der Grundlagen der christlichen Kultur« rühmt. Daß ein solcher Papst den Zweiten Weltkrieg verhindern oder seinen Auslöser Hitler auch nur bremsen wollte, ist nicht anzunehmen. Pius XII. hatte sich gegenüber dem Diktator stets freundlich verhalten. Bereits dessen Annexionen vor Beginn des Krieges waren im Vatikan beifällig registriert worden. »Wir haben Deutschland, wo Wir Jahre Unseres Lebens verbringen durften, immer geliebt, und Wir lieben es jetzt noch viel mehr. Wir freuen uns der Größe, des Aufschwungs und des Wohlstandes Deutschlands, und es wäre falsch zu behaupten, daß Wir nicht ein blühendes, großes und starkes Deutschland wollen«, meint der Papst am 25. April 1939. Hitler dürfte in der Annahme nicht fehlgegangen sein, ein von ihm ausgehender Krieg werde im Vatikan auf keine großen Vorbehalte stoßen. Der Papst tat ihm bereits am 6. Juni 1939 den Gefallen. »Der große Tag X ist nahe«, wird eine Ansprache des Obersten Oberhirten wiedergegeben, »der Tag des Einmarsches in die Sowjetunion.«

Auch dieser Papst hatte, wie sein heiliger Vorgänger zu Beginn des Ersten Weltkriegs, allen Grund, die »Unterwerfung aufsässiger Untertanen« herbeizuwünschen, die »Rückkehr Rußlands« und seiner Christen in den Heimathafen der römisch-katholischen Kirche, »seiner« Kirche. Auch dieser Papst hatte kaum einen Grund, den Zweiten Weltkrieg nicht als Großtat der Vorsehung zu begreifen. Als England und Frankreich darauf bestanden, er möge Hitlerdeutschland als Angreifer bezeichnen, lehnte er ab. Schon Mitte August 1939 hatte er dem deutschen Botschafter beim Vatikan versichert, wenn Hitler Polen bekriege, werde er sich jeder Verdammung des Reiches enthalten. Zu Weihnachten 1939 appellierte er an die Katholiken, ihre »Kräfte gegen den gemeinsamen Feind, den Atheismus«, zu vereinigen. Nach dem Attentat vom 8. November 1939 auf Hitler hat der Münchner Kardinal Faulhaber – heute als »Widerstandskämpfer« gepriesen – einen Dankgottesdienst für die glückliche Errettung des Führers gefeiert, und die bayrischen Bischöfe haben gemeinsam Hitler gratuliert. Pius XII. ließ seine persönlichen Glückwünsche übermitteln: Der Angriffskrieger, der allem Anschein nach einen »gerechten Krieg« für die Ziele dieses Papstes führte, war durch göttlichen Eingriff errettet worden, und das schien aller Ehren wert.

Erst inmitten des Krieges erkannte der Stellvertreter Christi auf Erden, daß er lange, zu lange, auf die falsche Karte gesetzt hatte. Doch kam die Wende des »heiligmäßigen« Pacelli-Papstes noch zur rechten Zeit, noch so zeitig, daß auch er – wie alle seine Vorgänger – auf der Seite der Sieger stehen durfte. Der polnische Außenminister Beck, in diesem heiligen Fall Vertreter der Gegenseite, sagte nach dem deutschen Überfall und der Niederlage seines Landes durch Hitlers »Blitzkrieg«: »Einer der Hauptverantwortlichen für die Tragödie meines Landes ist der Vatikan. Zu spät erkannte ich, daß wir eine Außenpolitik betrieben hatten, die lediglich der egoistischen Zielsetzung der katholischen Kirche diente.«

Und die deutschen Bischöfe? Nach dem Sieg der Diktatur über Polen, dem »uns aufgezwungenen Waffengang« (wie einer von ihnen predigte), ließen sie sieben Tage die Glocken läuten. Der Kölner Kardinal Schulte hatte schon zu Hitlers Geburtstag 1939 beteuert, die Treue der Seinen zum Führer könne »durch nichts erschüttert werden«. Denn »sie beruht auf den unveränderlichen Grundsätzen unseres heiligen Glaubens«. Daß die Stadt des Kardinals bald zu 72 Prozent zerstört wurde, konnte noch hingenommen werden. Daß die bischöfliche Treue nach dem 8. Mai 1945 zu 100 Prozent zerstört werden sollte, war nur Gottes unbegreiflicher Vorsehung zuzuschreiben.

So weit ein wenig Kirchengeschichte der letzten Jahrzehnte. Der Katholik Friedrich Heer weist über solche »historische« Schandtaten der Kirche hinaus auf die Zukunft: »Ein christliches und kirchliches Vorplanen, Vordenken, Vorbereiten – in Handlangerdiensten – eines neuen Krieges schließt direkt an die Unterstützung des Hitlerkrieges durch die Führungen der beiden Großkirchen an.« Er hat recht: Die Welt darf auf weitere Kriegshetze der Kleriker gefaßt sein, auch wenn die Schalmeien aus Rom nach wie vor zum »Frieden« blasen.

Kommt Krieg gar aus der Kirche selbst?

Der englische Bischof Joseph Hall hat es im 17. Jahrhundert gesagt: »Man ist seines Lebens dort sicherer, wo es gar keinen Glauben gibt, als dort, wo alles zur Sache des Glaubens gemacht wird.« Der Oberhirte hatte recht. Daß die Geistlichkeit, um der Verteidigung der eigenen Werte willen, in bestimmten Abständen von der »erzieherischen« oder »ausgleichenden« Funktion eines handfesten Krieges spricht, der sich gegen das Reich des Bösen richtet, verwundert unter diesen Umständen nicht.

Offensichtlich kann die Kirche, um ihres lieben Friedens willen, nicht auf den »Verteidigungsfall« verzichten. Was nach menschlicher Erfahrung an dessen Ende steht – der Tod von Millionen –, zählt gering im Vergleich zu der Aussicht der Kirche, durch »Umverteilung« alte Werte zu sichern und neue Güter zu ergattern. Inwieweit Kleriker Kriegsgewinnler hohen Grades sind, muß nicht erst nachgewiesen werden: Nicht allein Gewinne durch »Landnahme« machen den heutigen Kirchenbesitz aus. Kurz nach dem jeweiligen Friedensschluß ist auch die Predigt gefragt, die außerhalb der eigenen Reihen nach Schuldigen sucht und nach innen Schuldlosigkeit (römisch-katholisch) oder Vergebung (evangelisch) verspricht.

Soll hingenommen werden, daß offizielle Verlautbarungen der Kirche bis in die jüngste Zeit hinein sich dezidiert für die Vernichtungswaffen aussprechen, daß Bischöfe von Amts wegen nicht dagegen predigen, daß man Atomwaffengegner mit dem mitleidheischenden, wenn nicht gar diffamierend gebrauchten Namen »Pazifisten« belegt? Muß es abendländisch-vernünftig bleiben, daß man Abrüstungsvorleistungen als der Bergpredigt des Jesus aus Nazareth widersprechend hinstellt, daß Kontinente sich zu Tode verteidigen lassen, daß Weihnachten als einziger Friedenstag unter 365 Tagen des (kalten und des heißen) Krieges zelebriert wird, daß werdenden Müttern ungleich mehr klerikale Aufmerksamkeit gilt als werdenden Atomopfern, daß die Menschheit in jeder Minute des Kirchenjahres eine Million DM für die Rüstung auswirft, während alle paar Sekunden ein Kind verhungert? Sollen wir einfach schweigen, wenn – wie 1981 in Münster – der Ring christlich-demokratischer Studenten fordert, daß die Bundesrepublik als »potentieller Frontstaat« an der »Vorwärtsverteidigung« festhält und auch an der »Bereitschaft zum nuklearen Ersteinsatz, vor allem auch unmittelbar gegen sowjetisches Territorium«, und kein einziger Oberhirte dagegen auch nur ein Wort verliert? Sollen wir zusehen, wie vielen Mitmenschen einfach die Seele ausgetauscht, wie ihnen suggeriert wird, es sei Aufgabe der Deutschen (wohlbemerkt der Kriegsmacher in diesem Jahrhundert), auf den nächsten Weltkrieg zuzurasen, wie man da jede anderslautende Meinung als »Einmischung« in die Kriegsspiele der Experten moralisch disqualifiziert? Oder sollten wir uns endlich von den falschen Propheten lösen, von jenen zumal, deren staats- und kirchenerhaltende Kraft sich schon zweimal in grausamen Kriegen hat entfalten und »bewähren« dürfen?

Der Friede: »Gottes Geschenk, den Menschen anvertraut«? Diese arg klerikale Formel, die so fromm daherkommt und so einleuchtend wirkt, kann die Kenner der Kirche nur schaudern machen. Vielleicht zählen diese deswegen nicht zu den in päpstlichen Ansprachen so gern genannten »Menschen guten Willens«. Vielleicht sind sie bloß nützliche Idioten, die das Geschäft der Gegenseite betreiben, gegen die der abendländische Friede so drohend gerichtet ist. Doch der offerierte »Gottesfriede« bleibt verdächtig. Zu lange hat sich die Kirche darin gefallen, Gott und Krieg in einem Atemzug zu nennen und für diese Gleichung Millionen Tote in Kauf zu nehmen. Zu lange hat sie die jeweils modernsten Waffen gesegnet, als daß sie ausgerechnet heute denselben Gott als den Geber des (ihres?) Friedens interpretieren dürfte, ohne massive Zweifel an ihrer Glaubwürdigkeit aufkommen zu lassen. Wer die Schand- und Mordtaten dieser Kirche, wie sie – geschichtlich beweisbar – sich gegen Juden, Heiden, »Ketzer«, »Hexen«, Indios und Andersdenkende schlechthin gerichtet haben, nicht vergessen kann, der wird auf den Gedanken kommen, es gebe eine ganz gewöhnliche Gewalt innerhalb der Kirche, eine förmliche Kriegstheologie auch, eine spezifisch aus dem Kirchenglauben herrührende Bedrohung der Welt. Eine Religion wie das Christentum, im Innersten durch und durch unfriedlich, kann kein »Salz der Erde« sein, ist nicht mehr als verbrannte Erde.

Allerdings ist diese Einsicht noch lange kein Allgemeingut. Christen in allen Kirchen verschließen sich ihr – freilich nicht aus Scham über die Untaten der eigenen Konfession. Im Gegenteil. Sie schämen sich nicht, sie leugnen und verdrängen schamlos, was sie wissen oder wissen müßten. Wie lange wird es dauern, bis es als Schande gilt, sich öffentlich zum Christentum zu bekennen? Wie lange wird es noch als humaner gelten, die Millionen Toten, die auf dem Gewissen der Christenheit lasten, zu ignorieren, als sie zu nennen und zu ehren? Was muß denn noch passieren, bis auch der letzte Christ sich dafür entscheidet, die Geschichte des Grauens abzubrechen, um ein freier Mensch zu werden?

Haß ist es nicht, was die Greuel der Kirchen aufdecken läßt. Die Unterstellung, Kirchenkritiker seien haßerfüllte Menschen oder handelten aus Rache, ist zwar beliebt, doch gerade deswegen spiegelt sie das Denken und Fühlen jener wider, die das unterstellen. Kein Wunder, denn Kirchentreue haben zu hassen und sich zu rächen gelernt. Ihre eigene Konfession hat über die Jahrhunderte hinweg aus keinen anderen Beweggründen gelebt: Haß gegen Andersdenkende und Rache an diesen sind Grundmuster starr ideologischen, sprich, dogmatischen Denkens. Die Geschichte der Kirchen zeigt, wie sehr sie ihre Gläubigen korrumpiert. Daß sich die Mehrheit der Betroffenen noch immer nicht befreien will, verdient keinen Haß, verdient auch Mitleid nur in den seltensten Fällen. Was ansteht, ist Verachtung.

Sollen wir noch an die »heilige Kirche« glauben?

Verachtung gegenüber den noch immer Kirchensüchtigen? Den Treuen mit dem unheilbar guten Gewissen? Die Chronique scandaleuse ist nicht alles, was »Kirche« ausmacht, sagen sie. Wir glauben nicht ins Ungewisse hinein oder ins Ärgerliche. Es gibt da auch viel Gutes, zum Beispiel das Beste, unsere Heiligen. In diesen Menschen sehen wir Beispiele geglückten Lebens, menschliches Leben, das seine Identität gefunden hat und frei ist von Entfremdung. Diese These der Kirchenleute ist an konkreten Fällen auf ihren Wahrheitsgehalt zu überprüfen.

Wurden nur Vorbilder heiliggesprochen?

Die Legenden, die in Predigten und Kinderbüchern ihr Leben fristen, haben mit der Wahrheit wenig zu tun. Nicht alle sogenannten Heiligen, die der Bevölkerung präsentiert werden, sind nach den Maßstäben des Menschseins tugendhafte oder gar große Menschen gewesen. Im Gegenteil: Unter ihnen gibt es leibhaftige Verbrecher, Mörder und Totschläger. Doch bis heute steht die Kirche nicht zu dieser Wahrheit. Ihre Gläubigen können sie offenbar nicht ertragen. Die Päpste und ihr System stecken selbst in der Klemme. Wenn ein Papst heiligspricht, muß er notgedrungen dafür seine »Unfehlbarkeit« in Anspruch nehmen. Da amtlich erklärt wird, ein bestimmter Mensch sei »heilig« und könne als Heiliger verehrt werden, dürfen sich keine Fehler einschleichen. Ein Irrtum darüber, daß ein Toter im Himmel ist und nicht in der Hölle, bleibt unerlaubt.

Unechte Heilige wie Christophorus oder Georg, die nie gelebt haben, doch jahrhundertelang als Schutzpatrone herhalten mußten, wurden inzwischen aus dem Festkalender der römischen Kirche getilgt. Aber unsaubere Heilige durften in dem heiligen Buch bleiben: Kaiser gehören zu ihnen, Kirchenlehrer, Bischöfe, Päpste. Im folgenden werden Beispiele für heilige Verbrecher genannt. Es sind nur wenige Beispiele, doch hängt diese Beschränkung nicht damit zusammen, daß es nur wenige gibt. Wenn man ihre Heiligenlegenden liest, sagt Helvétius, findet man die Namen von tausend heiliggesprochenen Verbrechern. Und harmlos ist kein einziger Heiliger, nicht einmal der aus Gips.

Geld machen läßt sich mit Heiligen und Heiligtümern immer. Das einzige Wunder, was sich mancherorts permanent ereignet, ist das Wirtschaftswunder. So verkraftet der bekannteste Wallfahrtsort der Welt, das französische Lourdes – das seine Attraktivität den Marienerscheinungen von 1858 verdankt (die »Seherin« Bernadette wurde inzwischen heiliggesprochen) –, täglich riesige Kolonnen von Reisebussen und Autos. Die 18 000 Einwohner zählende Stadt hat 350 Hotels und Pensionen, die den anderthalb Millionen Wallfahrern jährlich drei Milliarden Franc (etwa eine Milliarde DM!) abnehmen. Pro Jahr werden 400 neue Gästebetten eingerichtet. Eine weitere Geldquelle ist der Handel mit Souvenirs. Die in 600 Shops teuer verkauften Massenartikel – Kruzifixe, Marienstatuen, Weihekerzen, Medaillons, Rosenkränze, Andachtsbildchen – sind zumeist billige Massenware aus Südostasien.

Heiligkeit zahlt sich aus. Der Vatikan gönnt sich ein eigenes Ministerium, das den »Grad an heroischer Tugend« bei einzelnen Katholiken (Andersgläubige scheiden von vornherein aus) festzustellen und dem Papst schließlich einen heroisch Tugendhaften oder eine heroisch Tugendhafte zur »Seligsprechung« vorzuschlagen hat. Die Untersuchung der biographischen (und literarischen) Details benötigt verständlicherweise viel Zeit und Geld. Die römische Behörde, der Unterabteilungen in Bistümern und Orden zuarbeiten, geht davon aus, daß jedes noch so kleine Lebenszeichen eines Menschen auf seinen »heroischen Grad« hin erforscht werden müsse. Daher können sich nur wohlhabende Familien oder Ordensgemeinschaften einen derart teuren »Prozeß« erlauben, um einen oder eine der Ihren »zur Ehre der Altäre« erhoben zu sehen. Auf der anderen Seite sucht der Vatikan aus finanziellen Gründen, möglichst viele und langwierige Prozesse zu führen. Die Beschäftigungstherapie lohnt sich, und der jetzige Papst Johannes Paul II. sprach denn auch in seiner bisherigen Amtszeit (seit 1978) eine stupende Zahl von Katholikinnen und Katholiken selig oder heilig.

Angesichts aller inflationären Aktivitäten um den »Heroismus« mancher erst noch heiligzusprechender katholischer

194

Christen und Christinnen ist es verwunderlich, daß bei den bereits als Heilige Verehrten nicht sorgsamer verfahren worden ist und wird: Fänden sich sonst in den Akten der Heiligen der römischen Kirche gar so viele wenig Tugendhafte? Werden die »Tugenden« der im Lauf von Jahrhunderten Heiliggesprochenen überprüft, verstärkt sich der Eindruck, nur bestimmte anerzogene Charaktermerkmale sind in den Geruch katholischer Heiligkeit gelangt: bei Frauen Demut und Opferbereitschaft, bei Männern ein starker bis fanatischer Wille, im Interesse der Kirche selbst über Leichen zu gehen. Tugend macht benutzbar. Katholische Heilige waren vor allem kirchenpolitisch griffig zu verwendende, für machtpolitische Zwecke taugende Menschen. Tugend kommt auch in diesem Fall von Tauglichkeit. Tugendhaft sein meint: für alles und jedes taugen. Zur Ehrenrettung einiger Ausnahmen von dieser Klerikerregel sei gesagt, daß der einzelne noch nicht einmal sich selbst als derart tauglich verstanden zu haben braucht. Die Methoden der durchweg kirchenpolitisch motivierten »Heiligsprechungsprozesse« lassen den Toten, die sich nicht mehr gegen ihre Heiligsprechung wehren können, nicht die geringste Chance auf Gegendarstellung, nicht mehr die Würde, es auch anders gewollt zu haben. Die folgenden Regelfälle klerikaler Tugendhaftigkeit dürften von solchen Zweifeln wenig berührt gewesen sein: Sie blieben für die jeweiligen Kirchenzwecke (die sich ihrerseits kaum je wesentlich geändert haben) tauglich. Es sind die sogenannten Besten der Kirchengeschichte.

Welchem Heiligen verdankt die Kirche ihre Anerkennung?

Der Kirchenlehrer Augustinus – selbst eine höchst zweifelhafte, richtiger: hochkriminelle Gestalt der frühen Kirche – hat den »heiligen« Konstantin, den ersten »christlichen Kaiser«, der 17 Jahrhunderten Kirchengeschichte seinen Stempel aufdrückte, verständnisvoll gelobt: »In allen Kriegen, die er unternahm und leitete, siegte er glänzend.« Das Urteil trifft des Kaisers Kern. Bischof Eusebius von Kaisareia, den Jacob Burckhardt den »ersten durch und durch unredlichen Geschichtsschreiber des Altertums« genannt hat, bleibt nicht zurück, wenn es um die Tugenden Konstantins geht: »Er allein hatte ja unter den römischen Kaisern Gott, den höchsten Herrn, mit unglaublicher Frömmigkeit verehrt, er allein mit Freimut die Lehre Christi verkündet, er allein seine Kirche verherrlicht wie nie einer seit Menschengedenken.« Und auch noch Theologen unserer Zeit sind voll des Lobes und feiern den Kaiser aus dem 4. Jahrhundert als »leuchtendes Vorbild« und »wirklichen Gläubigen«. Denn »wer so handelt und vor allem so handelt in einer Welt, die überwiegend heidnisch ist, ist Christ, und zwar Christ dem Herzen, nicht nur der äußeren Handlung nach«, meint Kurt Aland.

Der englische Denker Percy Bysshe Shelley (1792–1822) aber kommt der geschichtlichen Wahrheit näher als alle Lohnschreiber: »... dieses Ungeheuer Konstantin... Dieser kaltblütige und scheinheilige Rohling durchschnitt seinem Sohn die Kehle, erdrosselte seine Frau, ermordete seinen Schwiegervater und seinen Schwager und unterhielt an seinem Hofe eine Clique blutdürstiger und bigotter christlicher Priester, von denen ein einziger genügt hätte, die eine Hälfte der Menschheit zur Abschlachtung der anderen aufzureizen.«

Konstantin (geboren um 285) hat ohne Zweifel ein historisches Verdienst: Er begann damit, die bestehende Ordnung des römischen Staates umzudrehen, indem er einen Angriffskrieg nach dem andern führte und einen Mitregenten nach dem andern beseitigte. Er hat auf diese Weise revolutionär gewirkt, hat aus dem Christentum – bis dahin eine (in Maßen) staatlich verfolgte Religion – eine Staatsreligion gemacht. Diese Umwälzung förderte eine neue Herrenschicht zutage, den Klerus, vom Kaiser hofiert und dotiert wie keine andere Interessengruppe im Neuen Reich. Da dieser Klerus aber die alten, auf Krieg und

Ausbeutung beruhenden Verhältnisse beibehielt, brauchte sich unter ihm nichts wirklich zu verändern – von der eigenen Stellung dieser Lobby einmal abgesehen, die sich zunehmend von unten nach oben drehte.

Führt sich die fromme Folklore der Kirche auf einen Verbrecher zurück?

Klerus und Militär machten die Basis des Neuen Reiches aus. Die verheerend fortwirkende politisch-militante Religiosität, die noch heute Gewalt über Menschen besitzt, gilt seit Konstantin als Staatsideologie. Da niemand besser als die Staatskleriker die neue Weltanschauung legitimieren konnte, wurden diese vom Kaiser mit Ehrungen überhäuft. Eine Hand begann die andere sauberzuhalten. Konstantin »säubert vor allem die Welt von der Feindschaft gegen Gott« und wird dadurch – in den Augen der kirchlichen Geschichtsschreiber – zum Vorbild aller späteren Kaiser, zum unerreichten Ideal eines Herrschers, der aller Welt zeigt, wie mit den Feinden und wie mit den Freunden Gottes zu verfahren ist. Auf die einen warten Folter und Hinrichtung, auf die anderen Geschenke im Überfluß. Konstantins Gunsterweise brechen über die Geistlichen herein, und diese schnappen nach den unverhofft fetten Bissen. Gott in Gestalt eines Kaisers meint es gut mit ihnen. Bischöfe haben jetzt Anspruch auf besondere Titel, auf Weihrauch und Staatsgewänder, kurz: auf jenen Talmiglanz, der bis heute seinen Eindruck auf schlichte Gemüter nicht verfehlt. Bischöfe werden kniefällig begrüßt und sitzen auf Thronen. Viele der »konstantinischen Gnadenerweise« für die Bischöfe sind noch heute, nach Jahrhunderten, wirksam: Kleider, Throne, Titel. Wer feiertags eine katholische Bischofskirche betritt, kann sich satt sehen. Er bekommt in solchen »Gottesdiensten« kostenlosen Anschauungsunterricht in byzantinischer Geschichte.

Kirchen in Rom erhalten Grundbesitz nicht bloß im Stadtgebiet (über den sie noch heute verfügen), sondern auch in Süditalien und auf Sizilien. Roms Stadtkirche bekommt eine Tonne Gold und zehn Tonnen Silber geschenkt, die Kirchenbauten selbst werden erlesen geziert. Erst so sind sie das, was der Kaiser braucht: Dankesmale für seine – und des Herrn Jesus Christus – heiligen Siege über das unheilige Gewürm auf Erden: die Andersdenkenden. Der katholische Papsthistoriker V. Gröne, der mit seiner Interpretation zahlreiche Verdreher und Schönfärber der Zunft vertritt, schreibt dazu: »Der oberste Bischof der Kirche wurde genöthigt, sich mit weltlicher Pracht zu umgeben und in Kleidung, Wohnung, Gastmählern Aufwand zu machen, um die Kirche mit ihren kostbaren Bibliotheken, ihren goldenen Gefäßen, purpurnen Gewändern, herrlichen Altären auch der Welt gegenüber würdig zu repräsentieren.«

Darf sich ein überführter Massenmörder als
»Stellvertreter Gottes« fühlen?

Niemand gibt umsonst, schon gar kein Machtpolitiker wie Konstantin. Um »Gottes Lohn« – wie die verdummten Untertanen von Staat und Kirche – tut ein Kaiser nichts. Er bekommt als Gegengabe genau das, was er will – und was er politisch vermarkten kann: Er erklärt, alles, was er sei und habe, schulde er dem »größten Gott«. Aber er sei auch dessen »Stellvertreter auf Erden«, nicht mehr und nicht weniger. Also darf er die entsprechende Verehrung verlangen. Sie geschieht nicht nur im Hofzeremoniell (Kaiserkult) wie bei den vorchristlichen Monarchen. Konstantin entmachtet mit Hilfe seiner neuen Ideologie alle, die nicht – gleich ihm – Gottes Stellvertreter sind, somit alle Menschen seines Reiches. Menschenrechte gibt es nicht, nur den Willen eines Kaisers, der sich mit Gottes Willen identifizieren läßt. Warum wohl eine typisch klerikal geprägte Kirche wie die römische noch heute nichts mit den allgemeinen Menschenrechten anzufangen weiß?

Der ungetaufte und noch nicht einmal als Taufbewerber anerkannte Konstantin verhilft der Kirche zu einem wichtigen Dogma. Nach dem katholischen Kirchenhistoriker Hermann-Josef Vogt bestand der Kaiser kraft seiner politischen Erfahrung – das heißt seiner Erlebnisse als Herrscher und Heerführer – darauf, den Sohn Gottes nicht für ein geringeres Wesen als Gottvater zu halten, sondern ihn auf dieselbe Stufe des Wesens und der Würde wie den Vater zu stellen. Das Konzil von Nikaia übernimmt 325 diese Ansicht und lehrt, unter Strafe des Bannes, der Herr Jesus Christus sei »wesensgleich« mit dem Vater. Und Konstantins »Credo« wird noch heute nachgebetet. Der Kaiser, ungetaufte Autorität in Glaubensdingen, hat dafür gesorgt, und er hatte seine Gründe. An der dogmatischen Aussage lag ihm nichts; er schaute darauf, daß der Sohn nicht weniger galt als der Vater. Seine Siege waren unter dem Zeichen des Kreuzes geschehen, und der Sohn, der am Kreuz gestorben war, konnte kein untergeordneter Gott sein. Ein Gott zweiten Ranges als siegreicher Beschützer des Regenten war undenkbar. Konstantin mußte von den unterworfenen Völkerschaften seines Imperiums, die diversen Religionen huldigten, anerkannt sein als derjenige, dem der höchste Gott in allem beistand, der »wesensgleiche« Gottessohn. Daß für eine solch politische Dogmatik Religionskriege geführt und viele »Ketzer« (Arianer) geopfert werden mußten, erschien dem Kaiser als Bagatelle. Er hatte seinen Willen, die Christen hatten ihr Dogma.

Bischöfe und Theologen seiner Epoche feiern Konstantin als »gottgeliebten Führer«, den »von Gott eingesetzten allgemeinen Bischof«. Der Kaiser, der endlich als »13. Apostel« bestattet wird, gilt als großer Heiliger. Noch im mittelalterlichen England werden ihm zahlreiche Gotteshäuser errichtet, noch im 20. Jahrhundert wird er als Idealfigur des christlichen Herrschertums überhaupt verehrt.

Doch der »Schöpfer des christlichen Weltreichs«, der heilige

199

Konstantin, war ein Massenmörder. Der »gottgeliebte und dreimal selige« Kaiser hat sein Reich auf Angriffskriege gestützt und durch nichts anderes als durch Schlachtenglück legitimiert. Kein Bischof, kein Papst, kein Kirchenvater hat diese Perversion gegeißelt. Das Kreuz als siegreiches Kriegszeichen und die »Gott-mit-uns«-Parole sind keine Verirrungen menschlichen Denkens, sondern Wesensinhalte christlicher Predigt. Die Rüstungswut des Abendlandes ist auf dem Boden der Kirchen gewachsen; der Haß stammt aus christlichen Herzen. Unter solchen Umständen, da die Größe des Wütens das Verbrechen straflos macht, ja heiligt, fallen die eher privaten Morde Konstantins gar nicht mehr auf: Der Heilige hat seinen Schwiegervater erhängen, seine beiden Schwäger erwürgen, seinen eigenen Sohn vergiften, seine Frau im Bad ersticken lassen. Den gesamten Besitz der ermordeten Gattin aber erhielt der Papst geschenkt, und der besitzt ihn wohl noch immer. So arbeiten Papst und Kaiser Hand in Hand, und Thron wie Altar wanken nicht, wo Heilige am Werk sind.

Finden sich sogar ein paar heilige Päpste?

Wer unbedingt heiliggesprochen werden möchte, hat statistisch die größten Chancen, sein frommes Ziel zu erreichen, wenn er eine Papstkarriere macht. Ein Viertel der bisherigen Amtsinhaber hat es schon geschafft. Das ist eine relativ hohe Zahl. Für Familienväter oder Pfarrer vom Lande stehen die Vorzeichen wesentlich ungünstiger. Bisher wurde erst ein einziger Dorfpfarrer kanonisiert. Aber insgesamt 78 Päpste gelten den Ihren als heilig; die ersten paar Dutzend der Papstgeschichte sind ohnedies unbesehen heiliggesprochen worden. Das Papsttum nahm es da nicht so genau. Später ging die Flut an heiligen Päpsten zurück. Bisweilen herrschte fast schon Ebbe, und nicht jeder Amtsinhaber konnte von vornherein damit rechnen, durch einen seiner Nachfolger die höchste Würde der katholischen Christenheit zu erhalten. Inzwischen ist wieder Land in Sicht. Auch im 20. Jahrhundert gibt es bis jetzt zumindest einen heiliggesprochenen Papst: Pius X. Für andere läuft das Verfahren noch. Pius XII. zählt zu diesen Kandidaten: ein »Stellvertreter Christi«, der ein Privatvermögen von 80 Millionen DM besaß, als er 1958 starb, und der zuvor alle faschistischen Staatsverbrecher Europas unterstützt hat.

Heilige Päpste? Zum Beispiel der Priestersohn Damasus (366–384), schwer zu durchschauen, skrupellos und hart, ein Charakter, der freilich wegen eben dieser Persönlichkeitsmerkmale gut zur Epoche und zur Heiligenhistorie paßt. Durch Terror und Bestechung Papst geworden, erkannte er früh die Möglichkeiten seines Amtes. Er schaffte es, dem römischen Kaiser Gratian den bisherigen Imperatoren-Titel »Pontifex Maximus« auszureden – und den bis heute gebräuchlichen Titel auf den Bischof von Rom zu übertragen. Damit war die Basis für die kommende Machtfülle des Papsttums gelegt. Auch nannte Damasus seinen eigenen – römischen – Thron die »Sedes Apostolica« und unterminierte auf diese Weise die Stellung der übrigen Bischöfe des Erdkreises. Rom wurde zur geistlichen Vormacht, die römische Kirche zur autoritären Herrin über andere, statt die erste unter gleichen Gemeinden zu bleiben. Papst Damasus nannte seine Kirche »allen anderen Städten der Welt vorangestellt«, seinen Bischofssitz, den er erst nach monatelangen Krawallen und blutigen Straßenschlachten erobert hatte, einen Platz ohne »Fleck und Runzel«. Damasus hatte sich nur mit Hilfe einer eigens angeheuerten Söldnertruppe wider seinen Gegenkandidaten durchsetzen können. Seine Spießgesellen waren die schlagkräftigeren Prügler gewesen, seinem Geld war es geglückt, die Mehrheit zu bestechen. Über 150 Tote lagen in Rom, als der hl. Damasus seinen Thron besteigen konnte. Die Mordzüge gegen seine persönlichen Feinde gingen allerdings weiter. Katholische Kirchengeschichtler aber loben seinen »kindlich-frommen Sinn«, nennen ihn einen »gottbegeisterten Priester«. Der Papstverbrecher wird noch immer in den offiziellen Heiligenkalendern geführt. Das Fest des wegen Ehebruchs und wegen Mordes angeklagten Kirchenfürsten ist auf den 11. Dezember datiert; in Italien gilt er als Fürbitter gegen Fieberkrankheiten. Der Repräsentationshof des heutigen Vatikans trägt mit Recht seinen Namen.

Daß Damasus – nach seinem Sekretär, dem heiligen Kirchenlehrer Hieronymus, »Licht der Welt und Salz der Erde« – den anderen Kirchen vorlog, die beiden wichtigsten Apostel, Petrus und Paulus, hätten seine Gemeinde gegründet, rundet das Bild ab. Erstmals war es gelungen, den konkreten Fischer Simon (Petrus) vergessen zu machen und an seine Stelle eine Abstraktion namens Petrus zu setzen. Mit dieser würde sich in Zukunft jeder einzelne »Stellvertreter« identifizieren können, um die Tradition der Macht fortzusetzen. Kein Wunder, daß römische Päpste ohne den nicht auskommen wollen, den sie zu ihrem ersten gemacht haben. Kein Wunder, daß sie sogar den Boden unter ihrer größten Kirche, dem nach diesem benannten »Petersdom«, haben aufreißen lassen, um Reste des ersten zu finden. Kein Wunder, daß es Papst Pius XII. geglückt ist, im Verlauf der Ausgrabungen (seit 1940) zur richtigen Gelegenheit auch etwas zu finden: nicht nur das »authentische Grab«, sondern wahrscheinlich auch die darin befindlichen »echten Gebeine« des vor fast 2000 Jahren Hingerichteten. Damasus, der seinerseits alles darangesetzt hatte, möglichst »viele Leiber der Heiligen« aufzuspüren, um den Glanz der eigenen Kathedra zu mehren, hatte weniger Erfolg. Obwohl er »eifrig die Eingeweide der Erde« durchsuchte und der zeitliche Abstand zu Petrus noch relativ gering war, hatte Petrus selbst sich ihm versagt. Der sogenannte erste Papst wollte mit der Entdeckung seines Skeletts warten.

Damasus, wegen seiner einschmeichelnden Predigten »Ohrenkitzler der Damen« geheißen, hatte begonnen. Seine Nachfolger brauchten nur noch weiterzumachen. Am Hof dieses

Bischofs von Rom soll bereits besser gegessen und üppiger getrunken worden sein als an der Tafel der Könige, und hin und wieder kam auch der arme Landklerus vorbei, um sich »ungesehen zu betrinken«. Ein zeitgenössischer Heide sah, was sich am »ersten« Sitz der Christenheit tat, und meinte: »Macht mich zum Bischof von Rom, und ich werde sofort Christ.« Weitere Erfolge blieben nicht aus: Damasus gelang es, den »weltlichen Arm« für Belange der Priester einzusetzen und damit eine verhängnisvolle Entwicklung einzuleiten. Die staatliche Gewalt wurde in der Folgezeit zum Instrument der klerikalen Herrschsucht – bis hin zur Inquisition. Wen Geistliche künftig beseitigen lassen wollten, ob »Ketzer«, Juden oder »Hexen«, den oder die konnten sie der Staatsmacht übergeben, die ihren Wunsch erfüllte, die Endlösung bereithielt. Blutige Hände machte sich der Klerus auf diese Weise nicht, und blutrünstiges Denken und Fühlen war ohnedies sein Kennzeichen.

Wie stand es um die »päpstliche Heiligkeit« im 16. Jahrhundert?

Das 16. Jahrhundert kennt geschichtlich höchst interessante Päpste: Eingeleitet wird es von Alexander VI. Borgia, einem skrupellosen Potentaten, vor dessen Nachstellungen Frauen, sogar die eigene Tochter, nicht sicher sein konnten. Stendhal schreibt über die Kardinäle, deren – von Aktien- und Immobilienhandel gekennzeichnete – Wahl den Borgia zum Papst gemacht hat: »Frömmigkeit war selten im Heiligen Kollegium, Atheismus allgemein.« Alexander VI. selbst wird vom Papsthistoriker Hans Kühner treffend als »vollkommener Verbrecher« bezeichnet. An die Heiligsprechung dieses Mannes, der von verschiedenen Mätressen neun Kinder hatte, war nicht einmal unter kurialen Verhältnissen zu denken. Freilich hat auch der große Gegenspieler Alexanders VI., der Dominikanermönch Girolamo Savonarola (vom Papst als »Ketzer« ermordet), bis heute noch keinen vatikanischen Heiligsprechungsprozeß bestanden. Noch immer halten die Päpste lieber zu ihresgleichen als zur geschichtlichen Wahrheit, von den Menschenrechten ganz zu schweigen.

Auch die Nachfolger des Borgia, darunter Kriegsherren wie Julius II. della Rovere, Lebemänner wie Leo X. Medici oder Machtpolitiker wie Klemens VII. Medici, hatten wenig Chancen, heiliggesprochen zu werden. Dasselbe galt, für Kenner der Kriminalgeschichte etwas abgeschwächt, für Paul IV. Carafa, nach Hans Kühner »wohl die grausamste Gestalt der ganzen Papstgeschichte, der personifizierte Scheiterhaufen der Inquisition«. Ein pathologischer Haß auf Andersdenkende und Meinungsfreie ließ diesen Paul IV. sagen, selbst wenn sein eigener Vater Ketzer gewesen wäre, hätte er, der Papstsohn, das Holz für das Feuer zusammengetragen. Paul IV. verschuldete auch das einzige Massenverbrechen der italienischen Geschichte an zwangsbekehrten Juden: 24 Flüchtlinge wurden auf seine Anweisung hin verbrannt. Weitere Taten aus diesem Pontifikat sind die Errichtung des Gettos für römische Juden sowie die Einführung des sogenannten Index, der alle für katholische Leser verbotenen Bücher aufzählt.

Paul IV., nach dessen Tod die römische Bevölkerung das Gebäude der Inquisition eingeäschert und die Statue des Papstes auf dem Kapitol umgestürzt hatte, durfte nicht heiliggesprochen werden. Die heroische Tugend des Tötens hin oder her: So weit konnten es die Verantwortlichen seinerzeit nicht treiben. Das 16. Jahrhundert weist nur einen heiliggesprochenen Papst auf. Dieser Pius V. (1504–1572) war ein relativ einfach denkender Mensch. Er glaubte, viel von der sogenannten Übernatur zu verstehen. Sicher ist, daß er jedenfalls von der Welt und ihren Menschen wenig begriff. Um so gefährlicher wurde dieses simple Denken denen, die wagten, anders zu denken als der Papst. Pius V. tat sich als einer der hartnäckigsten Ketzerverfolger der Kirchengeschichte hervor, und dies will,

aufs Ganze dieser Verfolgergeschichte gesehen, schon etwas hei-
ßen. Die kriminelle Energie des Heiligen Vaters schuf sich ihr
Ventil. Regelmäßige Hinrichtungen von Häretikern und von
Kritikern des Papsttums gehörten zu diesem »heiligmäßigen«
Pontifikat. Mit der Bulle »Hebrorum gens sola« hinterließ
Pius V. eines der erschütterndsten Dokumente des christlichen
Kampfes gegen die Juden, das den »Unbußfertigen«, deren Väter
Jesus aus Nazareth ermordet haben sollen, schwerste körperliche
Strafen androht. Pius V. ließ die Juden aus dem Kirchenstaat
vertreiben (ausgenommen Rom und Ancona). Wagte es ein
bekehrter Jude, alte Freunde im Getto zu besuchen, ließ der Papst
ihn tagelang foltern. Jüdinnen wurden ausgepeitscht.

Zeitbedingte Grausamkeit? Allgemeine Humanität? Heroischer Tugendgrad? Vorbild im Himmel für alle Zeiten? Der
Ketzerjäger und Judenverfolger schlimmsten Ausmaßes wurde
im Jahr 1712 durch Klemens XI. heiliggesprochen, zur Zierde
der römischen Kirche, zur Schande für die Menschheit. Frag-
würdig bleibt, warum nur der Verfolgerpapst Pius V. und nicht
auch der Verfolgerpapst Paul IV. kanonisiert worden ist. Beide
unterscheiden sich nicht im heroischen Grad ihres Hasses auf
»Ketzer« und Juden. Ausschlaggebend mag der Machtinstinkt
der Institution Kirche gewesen sein, der einen Pius V. gegen die
unbefragten Gläubigen eher durchzusetzen wagte als einen
Paul IV.

*Wie war es um die heroischen Tugenden eines Papstes aus
dem 20. Jahrhundert bestellt?*

Verglichen mit dem 16. Jahrhundert, wo es selbst den interes-
siertesten Repräsentanten der Kirche schwerfiel, massentaug-
liche Ideal-Päpste zu finden, weist unser Jahrhundert eine
Menge von idealen Papstgestalten auf, die miteinander im
edlen Wettstreit um die Krone der Heiligsprechung liegen. Der
wahre Gläubige von heute ist versucht, diese Krone nun jedem

Heiligen Vater zuzuerkennen. Denn »kleine Päpste« hat es im 20. Jahrhundert nicht gegeben, folgt man der einschlägigen Geschichtsschreibung. So darf die gläubige Bevölkerung gespannt sein, wer von ihren Großen das Rennen macht. Geschafft hat es bisher nur einer, Papst Pius X. (1835–1914), der 1954 von dem berüchtigten Faschistenpartner Pius XII. (inzwischen selbst ein Anwärter auf die höchste Ehre) kanonisiert worden ist.

»Von der Politik verstehe ich nichts, mit der Diplomatie habe ich nichts zu tun, meine Politik ist der da«, damit deutete Pius X. auf den Gekreuzigten. Allein dieser Ausspruch hätte genügt, den Papst in den Augen der im Vatikan wirklich Herrschenden zum Vorzeigeheiligen zu prädestinieren. Daß Pius X. diesen Klerikalen treu gedient hat, beweisen die Taten seiner Regierungszeit. Sie erfüllten den Zweck, den die eigenen Interessenpolitiker ihrer Kirche zugelegt haben. Unter der Devise, ein »Reformpapst« und weiter nichts sein zu wollen, betrieb Pius X., was dem Papsttum am zuträglichsten war – und ihn zum politischen Heiligen werden ließ. Der naiv-fromme Mann, der seine Politik mit dem Gekreuzigten machen wollte, besorgte wie kaum ein anderer das Geschäft der klerikalen Scharfmacher seiner Epoche. Gerade die Tatsache, daß Pius X. absolut nichts von der politischen Wirklichkeit verstand, die er als Souverän des Vatikans leiten sollte, degradierte ihn zum Werkzeug derer, die wußten, worauf es ankam. Sachfragen ließen sich von dem Naiven nicht beantworten; er blieb denen ausgeliefert, die für ihn bereits entschieden hatten. Ihm selbst wurde freilich der Eindruck vermittelt, als seien alle Entscheidungen die seinen.

»Rein wie eine Parzivalnatur« nannte diesen »Stellvertreter« Bischof Alois Hudal, Träger des Goldenen Parteiabzeichens der NSDAP. Als tumb-fröhlicher Gottesmann wurde Pius X. damals wie heute verkauft: Eine gelenkte Presse rühmte seine Schlichtheit, seine einfache Kleidung, seine Nickeluhr. Dieser Papst der »Kleinen, Armen und Pfarrer« konnte schon aus »Herzensgüte« nichts falsch machen. Hatte sein unmittelbarer

Vorgänger Leo XIII. noch ein Vermögen von über 60 Millionen hinterlassen, durfte von Pius X. allenfalls eine Hinterlassenschaft von wenigen Pfennigen erwartet werden. Doch das Erbe, das der Herzensgute hinterließ, war weder in Millionen noch in Pfennigen auszudrücken. Der für alles und jedes taugliche Papst, der nicht anders denken konnte als in den Kategorien Gut und Böse, Schwarz und Weiß, teilte die ihn bedrängende Welt entsprechend ein. Was dabei herauskam? Protestanten waren böse, Reformatoren galten als »arrogante Feinde des Kreuzes Christi«, ihr Gott war »der Bauch«; Österreich führte den Ersten Weltkrieg als einen »ausnehmend gerechten« Kampf gegen die Alliierten; Rußland galt als »der größte Feind der Kirche«. Ihm wurde vom Papst die Kriegsschuld zugeschoben. Inwieweit er selbst auf seine unpolitische Weise zum Krieg beigetragen hat, ist noch nicht recht erforscht. Verhindern wollte er ihn gewiß nicht. Vielmehr forderte Pius X. mehrmals, Österreich habe endlich seine Nachbarn an der Donau zu »züchtigen«.

Der Krieg sei seit Jahren emsig und ernst vorbereitet worden, und eine der wichtigsten Vorbereitungen zum Krieg sei der »Eucharistische Weltkongreß zu Wien« 1912 gewesen, konnte ein österreichischer Bischof unwidersprochen und karrierefördernd bekennen. Der Papst stand hinter der »Apostolischen Majestät«, dem »katholischen Kaiser Europas und Sohn der Kirche«, Franz Joseph. Das französische Gesetz über die Trennung von Staat und Kirche jedoch wurde von demselben Papst »kraft der erhabenen Machtvollkommenheit, die Uns von Gott übertragen worden ist«, einfach »annulliert«, weil es »Gott im tiefsten Sinne verächtlich behandelt«. In Frankreich herrschten die Bösen, die Vertreter der Meinungsfreiheit auch in der Kirche, die »Laizisten«. Dem war zu begegnen. Der Heilige hatte – als Bischof – seinem Klerus bereits das Radfahren scharf verboten und als Kardinal »die Zeitirrtümer der Denk-, Gewissens-, Rede-, Kult- und Preßfreiheit« heftig bekämpft. Als

Papst konnte er noch weiterreichende Kulturtaten begehen. Die römische Kurie wurde mit Fundamentalisten reinsten Wassers durchsetzt (gewiß die »Guten«). Ein bisher noch nicht in diesem Ausmaß gekanntes Spitzel- und Denunziantenwesen blühte auf, das die Schwarzen von den Weißen unterscheiden helfen sollte. Die »bösen« Theologen, die anders zu denken wagten als der reine Tor im Vatikan, wurden als Teufel verdächtigt und gewissenlos verfolgt. Die offizielle Kirche Roms grenzte sich endgültig von der »bösen Welt« ab, vatikanische Geheimpolizisten und Spione im Kirchensold übernahmen die Aufgaben einer zweiten Inquisition, das katholische Abendland mußte sich daran gewöhnen, im Namen des Papstes durchschnüffelt und denunziert zu werden. Bei kirchlichen Lehrzuchtverfahren wurde die Usance anderer neuzeitlicher Diktaturen eingeführt, den Beschuldigten, als Unpersonen dämonisiert, keinerlei Möglichkeit zur Verteidigung zu lassen. Der Papst bedrohte alle, die es wagten, sich gegen die haltlosen Verdächtigungen ihres Denkens zu verteidigen und damit eigene Menschenrechte wahrzunehmen, mit der höchsten Kirchenstrafe, der Exkommunikation. Diese geistliche Gewohnheit, Verurteilungen von vornherein festzulegen, ist noch immer nicht beseitigt; sie gehört zum System einer Kirche, die nach außen statt nach innen die Menschenrechte predigt.

Über dem erst in unseren Tagen aufgedeckten Sumpf, der den Humus für den Diktator und Papstfreund Mussolini abgeben sollte, schwebte eine Gestalt in Weiß, der heilige Papst. Dieser machte sich die Hände nicht schmutzig. Er ließ die Dreckarbeit seine Hofkamarilla machen. Pius X., der nicht mehr die Macht seiner Vorgänger hatte, Scheiterhaufen für die Gegner klerikalfaschistischen Denkens zu errichten, hat jedoch für die Vergiftung der Atmosphäre in Kirche und Gesellschaft gesorgt, hat das üble Denken einer Interessengruppe zur Weltanschauung der Katholiken erheben lassen und auf diese »unpolitische« Weise Millionen Köpfe und Herzen besudelt.

208

Pius X. ist kurz nach Kriegsbeginn 1914 gestorben, nach Meinung der Klerikalpresse als »1. Opfer und 1. Märtyrer des Krieges«, nach Ansicht von Roger Peyrefitte vor Freude. Ein gebrochenes Herz, gebrochen vor Freude über den endlich gelungenen Streich Österreichs gegen das schismatische Serbien, dessen »Züchtigung« nun begann.

Für wen hat die »Heiligkeit« sich ausgezahlt?

Faseln Theologen von der »heiligen Kirche«, dann geraten sie schnell in Hitze. Das wundert nicht: Je durchdringender der Ruf nach Heiligkeit wird, je praktikabler sich Heilige verwerten und vorzeigen lassen, desto schneller vergessen die Adressaten solcher »Theologie der Heiligkeit«, was deren Autoren vergessen machen wollen: die Tatsache, daß die heilige Kirche vor allem finanziell stark von der Heiligkeit profitiert. Theologen des »Überbaus«, die nicht müde werden, alle möglichen heroischen Tugenden zu erfinden und ihre Erfindung gleich auf wirkliche Menschen anzuwenden, übersehen bewußt das »Unten«. Keine Rede ist da vom Geld – schließlich ein ganz untergeordneter Wert. Dabei lebt ihre Kirche davon, und sie selbst haben auch ihr Auskommen. Heiligkeit zahlt sich in Mark und Pfennig aus. Sie ist ein wesentlicher Wirtschaftsfaktor. Sie rentiert sich nicht allein in den vielen Wallfahrtsorten, wo sie massenhaft in Spenden umgesetzt wird. Sie lohnt sich nicht nur lokal oder regional. Sie liefert eine wichtige Grundlage für die Gesamtfinanzierung der Kirche. Wäre diese Kirche nicht »heilig«, verstünde sie nicht, diese »Heiligkeit« als letzten Wert auf Erden zu verkaufen, könnten Menschen auf die Idee kommen, sich von der Kirche zu verabschieden – oder die Konfession zumindest nicht mehr finanziell zu bedienen. Kirche und Geld, Vorschuß auf jenseitiges Heil durch diesseitige Dotation? Als Leitwort soll die Äußerung des Vorsitzenden der Deutschen Bischofskonferenz aus dem Jahr 1988 dienen, nach der ein Unternehmen »nicht moralisch diskreditiert werden« darf, »weil es Gewinne macht«.

Daß sich der Hauptsitz der römischen Kirche »Heiliger Stuhl« nennt, kommt nicht von ungefähr. Die größten Unternehmensgewinne sind noch immer dort zu machen, wo es sich um Investitionen in das Jenseits handelt. Ist gar das Unternehmen in aller Öffentlichkeit noch als »heilig« legitimiert, müssen Geld und Immobilien sich mehren. Nicht ohne Grund ist es gelungen, das angebliche Petrusgrab zu Rom in eine der augenfälligsten Anhäufungen von Besitz an Grund und Boden zu verwandeln. Gewiß haben geistliche Herren und Damen auch selbst hart für ihr Fortkommen gearbeitet. Aus der langen Geschichte des christlichen Klosterwesens wissen wir, daß die »Weltflucht« der Klosterleute zur Quelle ungeheuren kollektiven Reichtums wurde. Arbeitet eine Kommune bienenfleißiger Menschen, die bedürfnislos leben, Jahr um Jahr für ihr Kloster, erwirtschaftet sie notwendig Überschüsse. Einen kleinen Teil davon mag sie Bedürftigen gegeben haben, den großen Rest hat sie in den eigenen Besitz investiert.

Doch war dies nicht die einzige und noch nicht einmal die wichtigste Möglichkeit, den Besitz zu mehren. Noch heute ist im Zusammenhang mit kirchlichem Grund und Boden hin und wieder die Rede von »Schenkungen«. Das hört sich gut an, ohne es freilich zu sein. Denn die gewaltigsten »Schenkungen«, die die Kirchengeschichte kennt, beruhen auf Fälschungen. Und der Erfolg der Päpste bei ihren Territorien und Immobilien war auch den unteren Chargen nicht verborgen geblieben. Bald wollte jeder Bischof, jeder Abt seinen eigenen »Priesterstaat« auf deutschem Boden. Alle bedienten sich am Kuchen, und sie führten, nach römischem Vorbild, ihre eigenen »Schenkungsnachweise« ein. Sie gingen keiner Fehde um ein Stückchen Land mehr aus dem Wege. Erfolglos waren auch sie nicht. Da sie es inzwischen durchgesetzt hatten, geistliche Gnaden zu verteilen oder zu versagen, war es ein leichtes für sie, jeden zu verdammen, der klerikalen Besitz kassiert oder eine Enteignung auch nur begünstigt hat. Die noch immer verbreitete und von interessierter Seite gepflegte Angst vieler Menschen, der Kirche (die nie »ihre« Kirche gewesen ist) zu nahe zu treten, hat eine lange Tradition. Aber noch immer liegt völlig im dunkeln, welche Liegenschaften, die gegenwärtig der Kirche »gehören«, auf welche Weise »geschenkt« oder »erobert« worden sind. Es braucht nicht viel Phantasie, sich vorzustellen, daß auf diesem Terrain, würde wirklich einmal sorgfältig geforscht, die schlimmsten Betrügereien aufgedeckt werden könnten.

Blut und Boden? Bodenerwerb durch Blut. Das gilt auch für die folgenden Beispiele. In der Kirche gab es immer Fraktionen: Auf der einen Seite die kleine Gruppe derer, die wußten, was die wahrste Wahrheit war, wo und bei wem sie lag – und bei wem nicht. Das waren die orthodoxen, rechtgläubigen Christen; zumeist Kleriker. Denn sie allein hatten mit der Zeit ein Wahrheitsmonopol errungen. Diesen selbsternannten Elitecharakteren stand die Mehrheit gegenüber: die »einfachen« Christen, denen gesagt werden mußte, was Wahrheit sei, und die paar Christen, die eine andere Auffassung von Wahrheit hatten als die jeweiligen Hirten – und dies auch offen bekannten.

Ein kleiner, doch nicht unwichtiger Umstand: Die meisten der von der Kleingruppe Klerus Verfolgten und Ermordeten waren vermögend; die Juden vergleichsweise sehr. Dazu ein winziger Ausschnitt aus der Kirchengeschichte: 1349 wurden in mehr als 350 deutschen Städten und Dörfern nahezu alle Juden verbrannt. In diesem einzigen Jahr haben Christen weit mehr Juden ermordet als die Heiden einst Christen in den 200 Jahren Christenverfolgung der Antike. Diese Zahlen erscheinen in der gewöhnlichen Geschichtsschreibung der Kleriker ebensowenig wie im normalen Religionsunterricht: Da handelt man lieber von den vielen armen Christen, die den Heiden und ihren Löwen zum Opfer gefallen sein sollen. Hier aber geht es um Fakten des 14. Jahrhunderts und nicht um Legenden: Nach der Ermordung der Nürnberger Juden werden ihre Häuser beschlagnahmt und die Geldvermögen eingezogen. Der Bischof von Bamberg kassiert dabei ebenso wie beim Pogrom in seiner eigenen Bischofsstadt, wo er fast sämtliche Häuser der Opfer übernimmt.

1931 hat der Regensburger Bischof Buchberger das »übermächtige jüdische Kapital« als »Unrecht am Volksganzen« bezeichnet. Und Adolf Hitler erklärte im April 1933 dem Osnabrücker Oberhirten Berning, Vertreter des deutschen Episkopats bei der Reichsregierung: »Die katholische Kirche hat 1500 Jahre lang die Juden als die Schädlinge angesehen... Ich gehe zurück auf die Zeit, was man 1500 Jahre lang getan hat... und vielleicht erweise ich dem Christentum den größten Dienst.« Von einem Widerspruch des katholischen Bischofs, der seine Briefe »Mit Deutschem Gruß und Hitler Heil!« unterzeichnete, ist nichts bekannt. Staat und Kirche finden sich, als sei dies die natürlich-übernatürlichste Sache der Welt.

Warum liegen Mord und Landnahme so nahe beisammen?

Neben den Juden auch die »Ketzer«, die »Hexen«: Ein Mainzer Dechant ließ zur Zeit der Hexenverfolgungen in zwei Dörfern über 300 Menschen verbrennen, nur um ihre Güter zu seinem Sprengel zu schlagen. Jedes der zahlreichen Todesurteile in der Diözese Augsburg endete mit der Formel: »Ihr Hab und Gut verfällt dem Fiskus Ihrer Fürstlichen Gnaden des hochwürdigsten Herrn Marquard Bischofs zu Augsburg und Dompropstes zu Bamberg.« Die Inquisitoren und Beichtväter strichen stets Blutgelder ein. Galt doch – so ein geflügeltes Wort – als das schnellste und leichteste Mittel, reich zu werden, das Hexenbrennen. Deshalb hielten sich auch die Kirchen der Reformation wacker an dieses Prinzip. Vermögen einziehen, Kontributionen auferlegen, vertreiben, verbrennen, das ist die eine Seite des damaligen kirchlichen Tuns. Nichts mehr davon wissen, die andere, die heutige. Was wurde aus den Vermögen und Liegenschaften, die deutsche Kleriker ihren Blutopfern geraubt haben? Daß es keine einzige Statistik gibt, die nach der schlimmen Herkunft vieler kirchlicher Immobilien fragt, beantwortet vieles. Daß kein einziger unter den 10000 Klerikern der Bundesrepublik auch nur darauf käme, an eine Art Entschädigung zu denken, beantwortet alles.

Die Reformation hat es weitgehend geschafft, die deutschen Gelder von den früheren Adressaten, den Klöstern und Kirchen, abzuziehen – und auf die eigenen Pfründen umzuleiten. Große Unterschiede zwischen der alten und der neuen Kirche sind in diesem Punkt nicht zu erkennen. Beide Großkirchen bedienen sich mit ähnlich geistlichem Eifer. Mit nichts sonst wurde je soviel Geld verdient wie mit dem relativ einfachen Faktum, daß niemand sicher sagen kann, ob diese Welt die einzige ist – oder ob es noch etwas danach gibt. Warum wohl sind in deutschen Großstädten noch einige der besten Innenstadtlagen Kirchengut, auch wenn heute Kaufhäuser darauf stehen oder Parkplätze?

Zu den Zeiten, da Bischöfe auch Landesherren waren, die mit Feuer und Schwert das Gottesreich ausbreiteten, fiel immer wieder ein Stück Land ab. Jeder Prälat mehrte auf solche Weise seinen Grundbesitz, und manchen gehört dieser bis auf den heutigen Tag. Deutsche Kleriker haben früher als politische Beamte, Minister, Kronschatzverwalter, Heerführer des Königs gewirkt. Unter Kaiser Otto II. (955–983) stellten sie einmal mehr als doppelt soviel Gepanzerte wie alle weltlichen Fürsten. Die Erzbischöfe von Mainz, Köln und Trier nahmen als erste deutsche Kurfürsten wesentlichen Einfluß auf die deutsche Politik. Schon seit 1198 mußten sie an jeder Wahl eines deutschen Königs oder Kaisers beteiligt sein, sonst war die Wahl ungültig. Bischöfe haben ganze Armeen befehligt – fremde und eigene –, haben auch höchst eigenhändig gemordet und die Besitztümer ihrer Opfer eingezogen: »Also stunt es mit der Pfaffhait, wo man poses horte oder krig wer und man fragte, wer tut das, so hies es, der bischof, der pfaff.«

Stimmt es, daß der Papst finanziell in der Klemme steckt?

Es ist nicht so, als müßte der Vatikan heutzutage bei Entwicklungsländern betteln gehen und sich von afrikanischen Machthabern teure Riesendome schenken lassen, um die Notdurft der Seinen zu decken. Der Eindruck trügt, als sei der Kleinstaat des Papstes selbst ein wirtschaftliches Entwicklungsland, mochte auch Papst Paul VI. noch 1966 von seinen »begrenzten finanziellen Mitteln« sprechen. Das Lamento ist Zweckpropaganda. Mit der Wirklichkeit hat es nichts zu tun. Der Wahrheit näher kam ein Amtsvorgänger Pauls VI., Papst Leo X. Medici, der nach seiner Wahl rief: »Der liebe Gott hat Uns nun einmal das Papsttum verliehen, da wollen Wir es auch genießen.« Leo X. (1513–1521), dessen Krönung allein 50 000 Golddukaten gekostet hatte, gab monatlich für seine Tafel 10 000 Golddukaten aus (ein Theologieprofessor wie Martin Luther erhielt seinerzeit 8 Dukaten Jahresgehalt). Leo X. war übrigens der Papst, der Luther in den – bis heute offiziell behaupteten – Kirchenbann tat.

Die im wahrsten Sinne des Wortes reiche Vergangenheit des Kirchenstaats spricht für sich. Schon bald nach dem Tod des Jesus aus Nazareth wurde die christliche Botschaft nicht mehr durch apostolische Wanderprediger verkündigt, sondern durch seßhafte Gemeindevorsteher. Diese strebten – vor allem am Hauptsitz Rom – nach materieller Sicherheit für sich und die Ihren. Gegen Ende des 4. Jahrhunderts sagt der Historiker Ammianus Marcellinus, wer Bischof von Rom werde, werde schnell reich und könne ein feudales Leben führen. Kein Wunder, daß die Kandidaten sich so hartnäckige Kämpfe um den Posten lieferten. Seit 475 gab die römische Christengemeinde ein Viertel der Gesamteinkünfte dem Bischof, ein Viertel dem Klerus, ein Viertel für Kirchbauten – und das letzte Viertel den Armen. Dieses Prinzip hat sich seither bewährt in der Heilsgeschichte: 75 Prozent für sich, 25 Prozent für andere. Während die römische Kirche und ihr Klerus immer wohlhabender wurden, immer reicher, blieben die Armen der Welt so elend, wie sie stets gewesen waren.

Seit dem 5. Jahrhundert ist der Bischof von Rom der größte Grundbesitzer im Römischen Reich. Die neue Herrenklasse – der Klerus – profitierte von allen Rechts- und Wirtschaftsordnungen des untergehenden Imperiums zuletzt fast als einzige. Und so ging es weiter. Daß einmal ein Kaiser Konstantin (der »Heilige«) im 4. Jahrhundert dem Papst Silvester I. (314–335) und seinen Nachfolgern Rom und das ganze Abendland »geschenkt« haben soll, ist eine fromme Fabel. Das haben sich, viel später, im 8. Jahrhundert, Kleriker in Rom ausgedacht – und die entsprechenden Dokumente gefälscht –, Priester, die Grundbesitz und abendländische Ideologie zugleich interessierten. Um einen »von Gottes Gnaden« deutschen König hereinzulegen, erfanden sie die Konstantinische Schenkung. Pippin, so hieß der Karolinger, der Vater Karls des Großen, fiel auch auf den Betrug herein, und seither gibt es den mittelalterlichen Kirchenstaat, eine »Pippinische Schenkung« aus dem Jahr 754 mit ungeheuren territorialen Zusagen. Diese sollten Pippin schon auf Erden Gewinn eintragen, noch mehr aber an der Himmelstür, wo der hl. Petrus, von den Päpsten als »erster Papst« verkündigt, über Sein oder Nichtsein Wache hielt. Den eigentlichen Gewinn, wenn nicht den ausschließlichen, hatten freilich die römischen Päpste. Pippin versprach, aus lauter Angst vor dem Verlust diesseitiger wie jenseitiger Gnade, künftig das Kirchengut in seinem Reich nicht nur zu schützen, sondern auch zu mehren. Er erließ ein Staatsgesetz, das die Zahlung des Zehnten an den Klerus garantierte, und wurde derart gar so etwas wie ein Erfinder der deutschen Kirchensteuer. Der

Apostel Petrus aber besaß einige Grundstücke in Rom. Und die vatikanischen Kleriker erhielten von denen, die künftig zu diesem Ort pilgerten – Kaiser, Könige, Kaufleute voran –, reiche Geschenke. Die Erfolge solcher Immobilienpolitik sind noch heute zu sehen. Ist dies nicht der Fels, worauf der Vatikan steht – und sich hält? Jedenfalls sind mehr als Zweifel angebracht, geht es um die jahrhundertealten Besitzansprüche der Kirche. Noch fragwürdiger aber wird es, spricht man in diesem Zusammenhang von »Entschädigung«.

Papst Gregor VII. hat gegen Ende des 11. Jahrhunderts dekretiert, allein er und seine Nachfolger könnten Kaiserreiche und Königtümer sowie überhaupt die Besitztümer aller Menschen bestätigen oder bestreiten, geben und nehmen. »Nach den Verdiensten eines jeden.« Und neben der jahrhundertelangen Ausbeutung weltlicher Güter durch geistliche Vertröster ist an die Einnahmen der Kurie durch Verkauf von Dispensen, Gnaden und Reliquien zu erinnern, an Einnahmen durch Zinsen, Mieten und Verkäufe, an Einnahmen durch Börsenspekulationen, durch Bestechungsgelder, Sondersteuern, durch eigene Kriegskassen.

Hockt der Heilige Stuhl auf seinem Geld?

Irgendwo muß das Geld geblieben sein. Oder haben die Päpste es verpraßt? Hat die römische Kurie Mißwirtschaft betrieben? Hat sie es gar an die Armen verteilt? Papst Paul VI. (1963–1978) versäumte es nicht, den Glauben der Welt in letztere Richtung zu weisen. Klagte er über den chronischen Geldmangel der Kurie, so erinnerte er an den »mißlichen Umstand... daß die Kirche der materiellen Mittel ermangelt, die sie für ihre Werke der unbegrenzten Wohltätigkeit und Barmherzigkeit braucht...«. Vielleicht war er wirklich in Not. Die Welt horchte auf, als eine Schlagzeile erschien, die den armen Souverän des Vatikans zutiefst erschrecken ließ: »Erzbischof betrog Papst Paul um 752

Millionen«. Es ging um die jüngste der vielen vatikanischen Bankaffären, die noch lange nicht die letzte gewesen sein wird. Paul VI. hat gern von »Unserer heiligen Armut« geredet, vom »Mangel Unserer Geldquellen«. Aber in Rom, wo es genug Arme gibt, die in Slums hausen, wohnte er keineswegs in einer Notunterkunft. Seine Suite im Vatikan umfaßte 13 Zimmer, für ihn persönlich, und fünf Domestiken bedienten ihn.

Das Wort von der armen Kirche bleibt dem im Hals stecken, der an ihren Grundbesitz denkt, insgesamt viele Millionen Hektar, in einigen Ländern fast 20 Prozent der landwirtschaftlichen Nutzfläche; und an die Beteiligung an Banken und Industrieunternehmen, an den weitgestreuten Wertpapierbesitz in Staaten mit liberalem Kapitaltransfer. Schon zu Beginn des 20. Jahrhunderts wurde das päpstliche Vermögen auf 2,12 Milliarden Lire geschätzt. Damit war es ungefähr sechsmal größer als das des damals reichsten Deutschen, das von Krupp. Nach einer Angabe aus dem Jahr 1974 verfügte der Vatikan allein im römischen Stadtgebiet über 15 Millionen Quadratmeter Land. Die Stadt Rom selbst besaß rund 4 Millionen Quadratmeter unbebaute Fläche.

Die Lateranverträge, die der Heilige Stuhl 1929 mit Mussolini schloß, brachten weiteres Geld. Zwar erklärte die Kirche, die »ungeheuren Schäden«, die ihr durch den Verlust des früheren Kirchenstaates (des auf gefälschten Dokumenten beruhenden »Patrimonium des hl. Petrus«) entstanden seien, könnten mit italienischem Geld allein nicht behoben werden. Doch ließ sie sich dann doch abfinden. Die Entschädigungssumme betrug zum 19. Februar 1929 nicht weniger als 91 656 250 Dollar – und die für damalige Verhältnisse riesige Summe wurde gewinnbringend angelegt.

Der Vatikan wuchert mit diesen Pfunden. Mit Zinsen, Zinseszinsen, Spekulationsgewinnen und -verlusten. »Für Werke der Religion und der christlichen Barmherzigkeit in aller Welt.« Genaueres ist nicht zu erfahren. Der römische Korrespondent

217

der »FAZ« hat 1982 mit einem Bestand von mehreren hundert Millionen Dollar aus diesem Bereich gerechnet, »was wohl einige Dutzend Millionen Dollar Rendite einbringt«. Der Heilige Stuhl besitzt nach Corrado Pallenberg riesige Aktienberge, oft sogar die Aktienmehrheit, von italienischen Banken und Versorgungsunternehmen (Gas, Licht, Transport, Telefon), von Hotelketten, Immobiliengesellschaften, Versicherungen. Die Aufsichtsratsmandate in diesen Gesellschaften werden von katholischen »Laien« wahrgenommen, die freilich den Direktiven hoher Kurialer unterliegen. Die auswärtigen Finanzreserven des Vatikans sind vornehmlich an der Wall Street konzentriert. Insgesamt dürfte sich der Gesamtbesitz der Kirchenzentrale an Aktien und anderen Kapitalbeteiligungen schon 1958 auf etwa 50 Milliarden DM belaufen haben. Trotz verschiedener Bankkräche und -skandale wird diese Summe bis heute nicht gerade geringer geworden sein. Die sonstigen Einnahmen sind vergleichsweise bescheiden. Der Verkauf von Briefmarken, Medaillen und Münzen, die Konzessionen für Andenken und Devotionalien, der Handel des Vatikans mit zollfreien Waren (darunter Benzin) und die Eintrittsgelder aus den Museen können die gewaltig angestiegenen Personalkosten nicht abdecken, auch wenn berücksichtigt wird, daß selbst ein Kardinal der römischen Kurie angeblich noch immer nicht mehr als umgerechnet 3000 DM pro Monat – und damit weniger als ein bundesdeutscher Pfarrer – verdient.

Nach einem Bericht der italienischen Wochenschrift »L'Espresso« hatte Johannes Paul II. 1979 eine völlig »revolutionäre Änderung« angeregt, die sich nur »ein ausländischer Papst« erlauben durfte. Er wollte eine Bilanz der vatikanischen Finanzen vorlegen, eine Art konsolidierte Bilanz. Unter dem Strich kam schließlich ein Defizit des päpstlichen Staatshaushalts heraus, über dessen Millionenhöhe sich die Experten noch immer streiten. Noch heftiger ist freilich der Streit, geht es darum herauszufinden, wie das alljährliche Loch im Haushalt gestopft

218

werden soll. Oberhirten wissen da manches – weil sie viel zahlen. Die eine oder andere DM reist im Köfferchen mit über die Alpen, wenn ein Bischof aus Deutschland seinen Chef in Rom besucht. Pius XII. hatte zwar beteuert: »Die Kirche Christi geht den Weg, den ihr der göttliche Erlöser vorgezeichnet hat . . . Sie mischt sich nicht in rein . . . wirtschaftliche Fragen ein.« Doch da gab es beispielsweise das langwierige Gerangel zwischen dem Vatikan und Italien um die Besteuerung des kirchlichen Aktienbesitzes. Daß kein Papst sich bereitfinden will, für seine Wertpapiere und deren Dividenden Kapitalertragssteuer zu zahlen, ist verständlich.

Und beinahe wie eine Bagatelle wirkt die Episode aus dem Jahr 1973, als der Leiter der Abteilung für Organisiertes Verbrechen und Korruption beim US-Justizministerium, Lynch, im Vatikan auftauchte – das Originaldokument in der Tasche, in dem der Vatikan bei der New Yorker Mafia »gefälschte Wertpapiere im fiktiven Gegenwert von nahezu einer Milliarde Dollar« bestellt hatte.

Was heißt denn »Peterspfennig«?

Daß der Vatikan sich von auswärtigen Kirchen mitfinanzieren läßt, steht fest. Nicht nur in der Form des sogenannten »Peterspfennigs« – Jahr für Jahr zum Fest Peter und Paul (29. Juni), dem »Nationalfeiertag des Vatikans«, gesammelt – fließen Gelder nach Rom. Wiedereingeführt wurde diese »Papstspende«, wie es gegenwärtig verschämt heißt, durch Pius IX. Dieser hatte 1870 den Kirchenstaat verloren und wollte sich dann dafür schadlos halten lassen. Freilich ist die Höhe dieser Direktspende an das Papsttum von der Popularität des jeweiligen Amtsinhabers abhängig. Bei Pius XII. wie bei Johannes XXIII. soll – so die »Zeit« vom 5. Oktober 1979 – das Geld reichlich geflossen sein. Unter dem wenig geliebten Paul VI. sei die Spendenfreudigkeit dann sehr zurückgegangen; Papst Wojtyla

galt – vor allem in seiner Frühphase – aber wieder als Kassen-
magnet.

Peterspfennig? Ein kaum harmloser Name für eine keineswegs harmlose Sache. Der Name stimmt ebensowenig wie derjenige der »Rose von Jericho«, die weder eine Rose ist, noch aus
Jericho kommt. Und der Peterspfennig geht ebensowenig an
den hl. Petrus, wie es sich bei dieser Spende um bloße Pfennige
handelt. Wie viele Millionen gehen aus dieser Quelle im Vatikan ein? Nach einem Bericht der »Welt« vom 14. März 1990
hält der Peterspfennig gegenwärtig den Papst von Geldnot frei.
Das vatikanische Defizit von rund 145 Millionen DM für 1989
soll vollständig durch Spenden abgedeckt sein. Unter den Spenden der Gläubigen aus aller Welt rangieren die der US-Katholi-
ken, die etwa ein Viertel der Gesamtsumme aufbringen, an
erster Stelle; den zweiten Rang der Spendernationen nahmen
die Bundesdeutschen den Italienern ab.

Als sich deutsche Bischöfe kurz nach dem Zusammenbruch
des Kirchenstaats nach der Verwendung des Peterspfennigs er-
kundigten, hatte der Vatikan geantwortet, darüber führe er
keine Bücher. Wenn beträchtliche Summen verschwänden, sei
eben, um einen öffentlichen Skandal zu vermeiden, Nachsicht
zu üben.

Auch außerhalb des Peterspfennigs stehen Gelder bereit.
Über deren Höhe sind keine Angaben möglich. Sicher ist nur,
daß Millionen mit einzelnen Bischöfen und Prälaten den Weg
über die Alpen nehmen. Diese Millionen zählen unter anderem
zu den »zweckgebundenen Sonderleistungen«: Gebühren für
Ordensverleihungen, Beträge zur Finanzierung von Seligspre-
chungsprozessen. Orden gibt es immer wieder: Johannes Paul II.
hat 1990 den bayrischen Kultusminister Zehetmair zum Komtur
des Gregoriusordens, den Staatssekretär Goppel zum Komtur
des Silversterordens ernannt. Die Auszeichnungen wurden ver-
geben für die »Förderung einer vertrauensvollen Zusammenarbeit zwischen Staat und Kirche, insbesondere bei der Errichtung

der wirtschaftswissenschaftlichen Fakultät der Universität Eichstätt in Ingolstadt«. Damit ist anerkannt, daß Staatsbeamte sich
mit Hilfe öffentlicher Gelder für eine »Katholische Universität«
(ohne nennenswerte Studentenzahlen) stark machen. Wer die
Gebühren für die verliehenen Orden bezahlt hat, die Ausge-
zeichneten oder die Steuerzahler, ist noch nicht bekannt.

Gebühren für Ordensverleihungen? Kosten der Selig- und
Heiligsprechungsprozesse? Eine Person, eine Familie, eine Diözese darf nicht kleinlich sein, wenn einer der Ihren zum päpstlichen Ritter geschlagen oder – im Fall des Kardinals von Galen,
der die hochverbrecherischen Kriege des Dritten Reichs »mit
Genugtuung« verfolgt hat – als Widerstandskämpfer gegen
Hitler zur Ehre der Altäre erhoben werden soll: ein kirchen-
und parteipolitisch zu verwertender Heiliger mehr im römischen Festkalender. Ein Mann, der 1936 stolz darauf war, daß
»kein Tropfen fremdrassigen Blutes« in seinen Adern rann. Der
1934 die »Treue zu den Ehegesetzen der Kirche« als »beste
Eugenik« feierte, »für die Reinerhaltung des Blutes«. Der 1942
vom »spanischen Befreier Franco« sprach und 1943 von den (im
gerechten Krieg?) »neuerworbenen Gebieten des Ostens und
des Westens«. Der die Alliierten nach Kriegsende nicht als Befreier vom Hitlerfaschismus sah, sondern dessen Herz 1945
»blutete beim Anblick der durchziehenden Kriegsgegner«.

Sind die Kirchen wirklich *»nicht von dieser Welt«?*

Das schöne Bibelwort wird in Kirchenkreisen häufig zitiert. Die
es zitieren, glauben, daß es gut zu ihnen paßt: »Mein Reich ist
nicht von dieser Welt.« Nun sind schon historische Zweifel
gegen diese Selbstidentifikation des Klerus mit einem Spruch
des Jesus aus Nazareth angebracht. Auch erlaubt die Kirchengeschichte nicht den Schluß, das »Reich« sei jemals nicht von

dieser Welt gewesen. Noch mehr: Die Gegenwart spricht Bände gegen dieses Wort. Denn Kleriker sind immer dann, wenn es ihnen in den Kram paßt, »nicht von dieser Welt«, und sind auch immer, wenn es paßt, wieder ganz »von dieser Welt«. Sie jonglieren gekonnt mit dem Jenseits und mit ihren angeblichen Kontakten zu einer anderen Welt. Doch sie nehmen auch alles mit, was sich ihnen hienieden an Vergünstigungen bietet. Festzulegen sind sie hüben wie drüben nicht. Daß der Kölner Kardinal Meisner im März 1990 von der »Fremdkörperfunktion« seiner Kirche in der ehemaligen DDR geredet hat – um den eigenen Anteil am erbitterten öffentlichen Widerstand gegen das sozialistische Regime zu würdigen –, erfüllt die erste Wahrheit des Kleriker-Grundsatzes. Daß er hierzulande in den Widerstand gegangen wäre und wenigstens begonnen hätte, die halbe Milliarde DM an Vermögen anzutasten, die seiner Erzdiözese gehört, ist nicht bekanntgeworden. Damit erfüllt er die zweite Wahrheit des Prinzips. »Zeichen setzen« bleibt eine Frage der Perspektive. Im Verhältnis von Staat und Kirche, im Zusammenspiel der beiden »Reiche«, wie es bis auf den heutigen Tag vor aller Augen gespielt wird, in den Beziehungen zwischen Privilegierung und Heiligkeit wird deutlich, inwieweit das »Reich« doch von dieser Welt ist – und sein muß, um überhaupt bestehen zu können.

Mögen Bischöfe die soziale Marktwirtschaft?

Die Liebe bundesdeutscher Oberhirten zur Marktwirtschaft hat keine vorrangig geistlichen Gründe. Der Kölner Erzbischof ist selbst Großaktionär. Nach der Haushaltsrechnung für 1982 hatte sein Sprengel Einnahmen von 730 Millionen DM. Darin versteckt waren Vermögensgewinne von 79 Millionen DM, davon 67 Millionen aus Kapitalbeteiligungen und 2,2 Millionen aus Grundbesitz. Macht der Kapitalertrag eines einzigen Jahres fast 70 Millionen DM aus, dann kann unschwer auf die Höhe des zugrundeliegenden Kapitals (Aktien usw.) geschlossen werden. Es muß 1982 mindestens 498 Millionen DM betragen haben. Der Grundbesitz, aus dem Einnahmen erzielt worden sind, läßt sich auf einen Wert von mindestens 26,5 Millionen DM veranschlagen. Allein in einem einzigen Jahr, in einer einzigen deutschen Diözese. Das Kölner Klerus-Kapital arbeitet also, wie sich das gehört, wenn Gewinne herausschauen sollen. Von 1979 bis 1982 stiegen die Einnahmen aus Aktien und Beteiligungen jährlich um nicht weniger als 20 Prozent. Kein Arbeitnehmereinkommen erreicht auch nur annäherungsweise diesen Steigerungssatz.

Kleriker errichten nicht nur Kirchen. Sie betätigen sich auch im Wohnungsbau mit eigenen Siedlungsgesellschaften. Auch andere Gebiete des Service-Unternehmens kosten Geld – und schaffen Investitionsvermögen. Bildungseinrichtungen wie die vielen Evangelischen und Katholischen Akademien, in denen sich die kirchliche Intelligenz dem »Dialog« mit der weltlichen (politischen, künstlerischen) Intelligenz unterzieht, verschlingen enorme Summen. Wer diese recht komfortablen Bauten und Einrichtungen betrachtet, mag sich fragen, ob die Ergebnisse des Dialogs das Geld wert sind, das sie die Steuerzahler gekostet haben. Das Argument »Wir auch!« zieht nicht mehr in jedem Fall. Dasselbe gilt für die Versuche der Kirchen, sich eigene Zugänge zu den Massenmedien zu erschließen durch eigene Presseagenturen, konfessionelle Zeitschriften (in denen sich Katholiken an Katholiken wenden), durch Verlagsbeteiligungen – alles Ergebnisse erheblicher Investitionen. Doch gelingt es kaum einem dieser kostspieligen Medien, sich auf dem kulturellen Sektor der bundesrepublikanischen Gesellschaft irgendwo anders als am Rande zu bewegen. Nicht nur »Gott findet hier keine Leser« mehr, sondern es glückt auch keinem einzigen kirchlichen Medium, sich schrittmachend statt begleitend oder nachhinkend zu betätigen.

*Werden bestimmte Kirchen noch immer an erster
Stelle privilegiert?*

Es gilt unter Politikern als Ehrensache, sich hin und wieder
beim Papst sehen zu lassen. Doch sind dies Ausnahmetage in
ihrem Leben. Ungleich alltäglicher ist jene Gratifikation, die sie
den Kirchen zukommen lassen, weil diese angeblich »letzte
Werte« vertreten, ohne die kein Mensch leben könne, wolle er
wahrer Mensch sein. Der religionsferne Mensch ein Monster?
Der klerikal bestimmte dagegen einer mit dem Heiligenschein?
Die geschichtlichen Erfahrungen mit den Kirchen sprechen gegen diese Annahme. Dennoch wird sie nach wie vor hartnäckig
verfochten − oder zumindest suggeriert. Denn irgendwie sind
immer die anderen die Bösen, und irgendwie ist stets die eigene
Gruppe, auch und gerade die religiöse, die Heimstatt aller
Guten. Mord und Totschlag also jenseits der Kirchenmauern?
Die Kirchen selbst »Wächterinnen« über Sitte und Anstand der
Bürger, ja mehr noch: über die Moral einer Welt?

Mitten im Zweiten Weltkrieg war in den »Catholic Princi-
ples of Politics« − einem mit päpstlicher Billigung publizierten
Lehrbuch an katholischen Universitäten − zu lesen, es gebe nur
eine wahre Religion, und die römische Kirche müsse in den
USA Staatskirche werden. Denn die Doktrin dieser Kirche sei
fundamental wahr: »Der Staat muß die wahre Religion anerkennen.« Und die weniger wahren Religionen niederhalten und
ausrotten helfen? Und die einzig wahre finanziell aushalten?
»Wächterin Kirche«? 1953 verlangten die deutschen Bischöfe
vom Gesetzgeber eine Totalrevision des Ehe- und Familien-
rechts: die prinzipielle Unscheidbarkeit der Ehe, die Abschaf-
fung der obligatorischen Zivilehe, das ausschlaggebende Ent-
scheidungsrecht für den Vater, die Nichtbegünstigung der be-
rufstätigen Ehefrau und Mutter. Alle Forderungen waren gestützt auf göttliches und natürliches Recht. In der Diskussion
um den § 218 StGB ist das inzwischen genauso. Doch die Rede

vom »Wächteramt« der Kirche läßt sich weder historisch belegen – es sei denn, klerikale Anpassungsleistungen gälten als Widerstand gegen den Zeitgeist –, noch ist sie unter aktuellen weltanschaulichen Gesichtspunkten wahr. Dennoch wird die »Wächterin« belohnt wie eh und je. Das Bonner Grundgesetz respektiert nicht nur die Tatsache, daß eine Kirche schalten und walten kann, wie sie will (also römisch-katholisch-undemokratisch). Die Verfassungen des Bundes und der Länder lassen es auch zu, daß eine solche Gruppe privilegiert wird wie keine andere. Wohl nur wenige Staatsbürger, Berufspolitiker und Kirchenbedienstete haben eine zutreffende Vorstellung vom finanziellen Ausmaß und von der Reichweite dieser Privilegien. Freilich wollen die meisten Menschen auch gar nicht viel davon wissen. Sie haben ihren eigenen Willen abgetreten, wie sie sich mit ihrem Scherflein an die Kirchen von ihrer Verpflichtung für die Bedürfnisse der Weltarmen freigekauft zu haben glauben.

Sind Staat und Kirche etwa keine Partner?

Die Unwahrheit fängt sehr früh an. Schon im Neuen Testament wird gelogen. Es erschien den Evangelisten besser, Jesus aus Nazareth nicht als einen Mann schildern zu müssen, der den typischen Rebellentod am Kreuz gestorben war. Die tendenziöse Berichterstattung über die »Passion Jesu« mußte nach anderen Kriterien gestaltet werden. Hauptschuldige hatten nicht die Römer zu sein, sondern die Juden. Bald auch verlangte das Apostolische Glaubensbekenntnis die Aussage, Jesus sei »unter« Pontius Pilatus hingerichtet worden. Es galt mittlerweile als anstößig, die Wahrheit zu sagen und die Römer für die Kreuzigung verantwortlich zu machen. Das war Kalkül: Wurde die Schuld am Tod Jesu den Juden angelastet, so war die junge Kirche von vornherein jedes wirklichen und unüberwindlichen Konfliktes mit der Weltmacht Rom enthoben. Mit Rom legte sich niemand gern an.

Die vergleichsweise machtlosen Juden konnten sich nicht wehren. Paulus schreibt also gegen die Juden und zugunsten der damaligen Machthaber. Sein Brief an die Römer hat es in sich: »Jedermann sei untertan der Obrigkeit, die Gewalt über ihn hat. Denn es ist keine Obrigkeit ohne von Gott; wo aber Obrigkeit ist, die ist von Gott verordnet.« (Röm 13, 1) Diese Textstelle hat nicht nur das Gewissen von Millionen Glaubensuntertanen belastet. Sie ermöglichte es auch stets den Oberhirten, ihre Interessen gegenüber dem – prinzipiell anerkannten – Staat zu wahren. Seinerzeit waren übrigens gerade die römischen Gemeindemitglieder, an die Paulus sich konkret wendet, besonders stark vom Sog des römischen Sieges über Israel erfaßt. Sie wußten, wo die wahre Macht saß – und Paulus wußte es auch. Es ist der Staat des Nero, von dem Paulus spricht. Nach dem Soziologen Anton Mayer der »Staat eines Politclowns, Bruder- und Muttermörders«. Und »während römische Intellektuelle das römische Unrechtssystem scharf angreifen, drücken Paulus und seine Schüler die Augen vor dem Unrecht zu«. So ist es bis in die Gegenwart geblieben, wenn Kirche sich der Staatsgewalt anbiedert.

Zwei Mächte, zwei Gewalten, zwei Reiche? Dem modernen Leser wird es nicht selten merkwürdig vorkommen, daß sich neben den Staat, den er kennt, eine andere Gewalt drängt, die er für überholt hält: die Kirche. Während weder eine Gewerkschaft noch eine Partei es in neuzeitlichen Demokratien wagen kann, ähnliche Ideen von »Gewalt« zu äußern. Die Kirche neben dem Staat? Historisch gesehen, ist dies anders gewesen. Päpste haben auf der Höhe ihrer Macht nicht nur das »neben« gefordert, sondern das »über« durchzusetzen gesucht. Der ungeheure Machtzuwachs, den die frühe Kirche durch ihren »heiligen Kaiser Konstantin« gewonnen hatte, ließ sie nicht nur zur Kombattantin des weltlichen Reiches werden, sondern auch zur Konkurrentin und Gegnerin. Blieben weltliche Herrscher allerdings mit der ihnen von den Päpsten zugewiesenen Rolle des

»unten« zufrieden, so konnten sie ungestört regieren und sich eines Tages vielleicht sogar als Heilige verehrt wissen. Nur wenn sie gegen die immer unverschämter als »Gottes eigene Rechte« auftretenden Ansprüche der Kleriker aufbegehrten, hatten sie Widerstand zu erwarten. Denn die Devise, daß »man Gott mehr gehorchen muß als den Menschen«, erwies sich als sehr funktionstüchtig; sie ließ alle politischen Gegner früher oder später kuschen. Gott und Kirche mußten nur in eins gesetzt werden, und niemand mehr wagte auf Dauer den Ungehorsam. Gott, der höchste, der unüberbietbare Wert, und die Kirche, Gottes Sprachrohr und Interpretin: Gegen diese Verbindung anzugehen erwies sich als politischer Selbstmord. Die Ideologie, sich die Welt und den Geist der Menschen dadurch zu unterwerfen, daß die Kirche sich auf ihren Gott berief und gleichzeitig die Stelle der unfehlbaren Deuterin dieses Gottes beanspruchte, zeitigt ihre furchtbaren Konsequenzen bis heute. Sie hat Köpfe und Herzen der Menschen verwüstet.

»Soviel aber die Seele über alles Irdische erhaben ist, um soviel muß auch unser Reich über das des Kaisers erhaben sein«, sagte Kirchenlehrer Johannes Chrysostomus schon vor 1600 Jahren. Und nichts hat sich seither am Anspruch dieses klerikalen Machtprinzips – Nuancierungen hin oder her – geändert. Noch immer finden sich Menschen, die »berufen« sein wollen, das erhabenere Reich mit aufzubauen und zu besitzen. Noch immer finden sich, gerade unter zeitgenössischen Politikern, andere Menschen, deren Untertanengeist verlangt, ein solches Prinzip auch politisch zu vertreten. Zwar denkt gegenwärtig weder die eine noch die andere Seite daran, ein förmliches Gottesreich auf Erden zu realisieren. Dazu fehlen der Mut und die Macht. Aber die dem Reichsgedanken zugrundeliegende Ideologie blieb virulent. Wer hierzulande die »letzten Werte« vertritt – und dies ohne jede historische oder demokratische Legitimation –, der kann die besten Plätze im Meinungsstreit für sich in Beschlag nehmen. Dabei ist es den Kirchen noch immer möglich, das uralte Prinzip anzuwenden, nach dem sie gegenüber dem Staat kein anderes Prinzip kennen als das der Mehrung der eigenen Macht. Sie gehen unverdrossen den Weg des geringsten Widerstands. Sie kollaborieren stets mit der jeweils stärksten und für sie nützlichsten Seite. Spielt der Staat mit, ist alles gut. Dann eröffnen sich, wie in der Bundesrepublik, die Kleriker nur Nebenkriegsschauplätze: Der Streit um den § 218 StGB läßt sich gut als parteipolitischer Hebel einsetzen, um eine Art »Widerspruch« gegen den Zeitgeist zu inszenieren. Daß die Kirche, die so tapfer für das ungeborene Leben kämpft, selbst Millionen Menschen auf dem Gewissen hat, fällt nicht auf. Daß sie von den Menschen, die sie in Sachen Schwangerschaftsabbruch attackiert, Jahr für Jahr Milliarden Kirchensteuer und – indirekt – öffentliche Mittel für ihre klerikalen Belange einsteckt, interessiert offensichtlich auch niemanden.

Am besten zahlen alle Staaten weiter wie bisher. Oder sie nehmen bestimmte Zahlungen auf. Zwei Beispiele von 1990: Die Präsidentin von Nicaragua, Violeta Chamorro, sagte zu, den Bau einer neuen Kathedrale in Managua ungeachtet der katastrophalen Finanzlage ihres Landes mit Staatsgeldern zu unterstützen. Und wenige Tage vor seinem Überfall auf Kuwait zeigte sich Iraks Präsident Saddam Hussein als großzügiger Freund der Katholiken: Er schenkte der katholischen Kirche des chaldäischen Ritus, der 2,4 Prozent der Iraker angehören, ein 25 000 Quadratmeter großes und auf über 15 Millionen Dollar beziffertes Grundstück in Bagdad zum Bau einer Kathedrale. Diese Großkirche soll 5000 Personen fassen und zwanzig Millionen US-Dollar kosten.

Weigert sich ein Staatswesen, das schlimme Spiel mitzumachen, und hängt eine Gesellschaft den kirchlichen Brotkorb etwas höher, dann ist klerikales Lamento angezeigt: Dann eifern die Theologen, die ihren Brotberuf am Evangelium haben, solche Staaten hätten die Tendenz, sich »zum Antichrist der Endzeit« zu entwickeln. Einen völligen Rückzug treten sie freilich nicht an, solange der tendenzielle Antichrist sie wenigstens weiterhin bezahlt.

Daß typische Klerikale eingefleischte Monarchisten sind oder auch, lohnt es sich noch mehr, Lobredner der Diktatur, ist nicht verwunderlich: Die Kirche, deren Reich nicht von dieser Welt ist, versteht sich am besten mit Herren von Gottes Gnaden. Dann finden Herrenmenschen und Herrenmenschen zusammen. Bischof Faulhaber 1921: »Könige von Volkes Gnaden sind keine Gnade für das Volk, und wo das Volk sein eigener König ist, wird es über kurz oder lang auch sein eigener Totengräber.« Auf evangelischer Seite klang es 1919 nicht unähnlich, als der Kirchentagspräsident dem Weltkriegsverbrecher Wilhelm II. nachtrauerte: »Die Herrlichkeit des deutschen Kaiserreichs, der Traum unserer Väter, der Stolz jedes Deutschen ist dahin. Mit ihr der hohe Träger der deutschen Macht, der Herrscher.« Woher sollte unter solchen kirchlichen Umständen das Ja zur Republik kommen?

Aber hat sich inzwischen nicht alles zum Beßren gewendet? Die Kirche sagt immerhin, auch sie verstehe jetzt etwas von Demokratie. Denn es sei ihr göttlicher Auftrag, sich zwar nicht selbst zu demokratisieren oder die allgemeinen Menschenrechte einzuführen, doch anderen etwas von Demokratie und Menschenrechten zu erzählen. Wenn die Kirche zu anderen spreche, nehme sie ihr spezifisches »Wächteramt« wahr. Diesen Auftrag habe sie direkt vom lieben Gott. Also spreche sie nicht nach innen zu sich selbst und lasse da alles beim alten. Also lasse sie die Frauen nach wie vor nur zu dienender Tätigkeit zu. Also reserviere sie alle Machtpositionen den Männern. Also kenne sie – bei ihren Amtsträgern – kein Menschenrecht auf Ehe und Familie. Also versage sie sich – bei ihren Theologen – jeden Gedanken an Meinungs- und Wissenschaftsfreiheit. Doch was solche Menschenrechte da draußen, außerhalb ihrer Mauern, seien und wie genau sie wahrgenommen werden

229

müßten, das sage sie unerschrocken, gelegen oder ungelegen. Und für diese Verkündigung wolle sie auch bezahlt sein, gelegen oder ungelegen. Offenbar wird diese Argumentation so willig akzeptiert, daß nicht die geringsten finanziellen Abstriche befürchtet werden müssen. Die Kleriker können sich ins Fäustchen lachen. Ihre Pseudo-Fragen nehmen viele noch immer politisch so ernst wie ihre Schein-Antworten. Ist die Kirche nicht doch grundsätzlich »andersartig«? Kann sie sich überhaupt mit Gewerkschaften oder anderen Verbänden vergleichen lassen, ohne sich aufzugeben? Sie meint, sie könne nicht. Und in den Regierungserklärungen der sozialliberalen Koalition stand seinerzeit dasselbe. Die Kirche ließ sich von SPD wie F.D.P. bescheinigen, daß sie ein besonderes, ein unantastbares Selbstverständnis ihr eigen nenne, also müsse die Republik auch etwas Besonderes für sie tun. Johannes Chrysostomus läßt grüßen.

Honoriertes Selbstverständnis? Da werden Interessen der Herrschsüchtigen mit den »Bedürfnissen« der Beherrschten verquickt. Wenn jemand, der Geld machen will, demjenigen, der Geld hat, einredet, er sei angetreten, ihm karitativ oder seelsorgerisch zu helfen, ist alles klar. Wer Seelennöte und Seelenängste eingeredet bekommt, läßt es sich etwas kosten, von dem befreit und erlöst zu werden, was er von sich aus gar nicht hätte und wüßte.

Neuerdings wird ein Argument herangezogen, das selbst das Bundesverfassungsgericht in seinen Bann schlug: die »Partnerschaft« zwischen Staat und Kirche. Das klingt nicht schlecht – klingt aber sofort auch hohl. Zu einer Zeit, in der sich jeder Mensch anstrengen muß, Partner zu sein oder zu werden, in einer Epoche, in der man Ehen durch Partnerschaften ablöst und »Partnerschaft« beinahe als höchster Ausdruck zwischenmenschlicher Verbundenheit gilt, können die Kleriker nicht zurückstehen. Sie kämpfen um ihre Macht wie andere Lobbyisten auch. Was sie an unmittelbarem Einfluß auf unsere Gesellschaft verloren haben, wollen sie dadurch ersetzen, daß sie ihre Institutionen absichern und für ihre Service-Offerten kassieren. »Klerikalismus« – allem Anschein nach ein bei manchen nicht zu behebender Charakterfehler – ist stets bestrebt, die gesellschaftliche Entwicklung im Sinne der eigenen Optionen mitzubestimmen. Diese uralte Ambition wird heute meist damit begründet, daß die Kirche »eine besondere Verantwortung für die Welt« habe. Ergo müsse sie eine allgemein wirksame, global tätige Kraft sein oder (wieder) werden, die zwar am besten außerhalb der Gesellschaft stehe, um ihre Eigenständigkeit gegen den »Zeitgeist« verteidigen zu können, die jedoch »wie ein Sauerteig« eben diese Gesellschaft durchdringen müsse, um sie ganz und gar umzuformen.

Vorbei sind die Zeiten, als sich der Papst und seine Kirche als Herren der Restwelt aufspielten. Inzwischen ist die frühere Ideologie bankrott. Kein Kleriker kann mit ihr mehr Staat machen. Aber Partner könnte und wollte er schon sein. Doch die »grundsätzliche Gleichordnung von Staat und Kirche als eigenständigen Gewalten«, wovon der Bundesgerichtshof noch 1961 sprechen durfte, wird nun auch nicht mehr akzeptiert. Von »Gewalten« wie früher spricht heute kein Mensch mehr gern, der an seine Interessen (und Wähler) denkt. Staat und Kirche gleichberechtigt nebeneinander zu nennen ist nicht mehr opportun. Doch »Partner« hört sich passabel an. Solidarität zwischen Gesellschaft, Staat und Kirche, Harmonie aller zugunsten der gemeinsamen Probleme und erst recht zugunsten der sozial Armen und Schwachen, das macht sich gut. Das läßt Wahlen gewinnen. Vor 1918 gab es ein »Ineinander« von Kirche und Staat, in der Weimarer Republik ein »Nebeneinander«, von 1933 bis 1945 ein sogenanntes »Gegeneinander« – und jetzt gibt es ein »Miteinander«. Merkwürdig, daß die Kirche in jedem einzelnen dieser Fälle finanziell profitiert hat. Offensichtlich dreht keine noch so prostitutive Argumentation der Kleriker (»wir können es mit jedem«) den staatlichen Geldhahn zu.

Das heutige »Miteinander«? Der evangelische Theologe Claus-Dieter Schulze stellt die gegenwärtige Lage dar: »Das unverändert westliche Staatskirchenrecht ist die Voraussetzung für die volle Integration der Kirchen in das Wertesystem der sozialen Marktwirtschaft, zugleich die Stillhalteprämie für Zurückhaltung in deutscher Selbstkritik angesichts weltweiter Ungerechtigkeit und Erdverwüstung. Die partnerschaftliche, eheähnliche, zwillinghafte, arbeitsteilige, parallele Zuordnung von Kirche und Staat . . . bedeutet eine ausbalancierte gemeinsame Verpflichtung auf die herrschende Gesellschaftsordnung.«

Ist die Kirche wirklich eine gleichberechtigte Gesprächs- und Aktionspartnerin? Ist die Solidaritätsfrage unter Demokraten noch offen? Nein. Denn mit Klerikern sind nur taktische Übereinkünfte möglich. Grundsätzlich können Demokraten aller Lager nicht mehr mit Leuten verhandeln, die in ihrer eigenen Institution und Gruppe ein undemokratisches System aufrechterhalten, das nicht einmal der Menschenrechts-Charta der UNO entspricht. Der deutsche Kurienkardinal Ratzinger ließ 1984 die Katze aus dem Sack. Er bezeichnete – wie im 19. Jahrhundert im Vatikan üblich – den modernen Staat ebenso unverfroren wie entlarvend als »unvollständige Gesellschaft« und bot ihm, dem Unvollkommenen, aufgrund der Überlegenheit der Kirche »Kräfte von außerhalb seiner selbst« an, »um als er selbst bestehen zu können«. Seither könnten manche wissen, woran sie sind. »Partnerschaft« ist zu hoch gegriffen, der Begriff nach Lage der Dinge ähnlich unpassend, wie wenn er auf andere totalitäre Systeme angewandt würde. Nichtdemokraten können von Demokraten nicht ohne Gesichtsverlust Partner genannt werden. Wer meint, sich dennoch mit klerikalen »Partnern« sehen lassen und handeln zu können, der hat keine Entschuldigung vor der Zukunft mehr. Er nimmt nicht auf die Mehrheit der Bevölkerung Rücksicht, sondern auf die Empfindlichkeiten einer bestimmten sozialen Klasse in der Kirche.

Nützen »Kirchenverträge« nicht allen?

Während sich die Völker fast überall in der Welt zwischen den beiden Weltkriegen von einem klerikalen Erbe befreien konnten, das nie das ihre war, arbeiteten die Deutschen dem Vatikan geradewegs zu. Federführend auf vatikanischer Seite ist der Nuntius Pacelli, später Papst Pius XII. Er zieht die Fäden der Konkordatspolitik. Er hat die deutsche Seite ziemlich fest in der Hand. Alle Konkordate jener Zeit, die mit deutschen Ländern oder mit Hitler geschlossen worden sind, atmen nicht nur seinen (dem Vatikan gegenüber loyalen) Geist, sie tragen auch seine Unterschrift. Pacelli hat eine diplomatische Meisterleistung nach der anderen vollbracht: Er hat in den von ihm ausgehandelten und unterschriebenen Verträgen nicht nur seiner Kirche alle Vorteile gegenüber den Deutschen verschafft. Er verstand es auch, den Deutschen weiszumachen, sie zahlten im eigenen Interesse, zum eigenen Vorteil.

Eine deutsche Zeitung nennt Pacelli, als er nach dreizehn Jahren Berlin verläßt, »unseren Schutzengel«. Wie wahr das ist, wird sich während des Hitlerkrieges herausstellen. Als Pacelli im März 1939 Papst wird, teilt er dies dem »Führer« als erstem Staatsoberhaupt der Welt mit; in deutscher Sprache – »ein Akt besonderen Entgegenkommens«. Gegenüber einem Verbrecher, der damals bereits die »Reichskristallnacht« hinter sich gebracht hatte, um nur ein Beispiel aus seiner schon sechs Jahre andauernden Terrorherrschaft zu nennen. Pacelli war über die Vorgänge so wohlinformiert wie stets. Er kannte Deutschland. Er hatte als Nuntius alles getan, um seine Schäfchen ins trockene zu bringen. Rom konnte triumphieren. Innerhalb weniger Jahre war es der Kurie geglückt, mit deutschen Ländern wie Preußen, Baden, Bayern Konkordate abzuschließen und dann auch mit dem Dritten Reich des katholischen Diktators. Erstaunlich, und auch wieder nicht. Da Bischof Faulhaber – seit 1921 Münchner Kardinal und in Bayern bis heute als »Führer des katholischen Widerstandes gegen Hitler« angesehen – die erste deutsche Republik als Produkt von »Meineid und Hochverrat« geschmäht hatte, wäre anzunehmen gewesen, daß der Klerus sich mit Vertretern der Weimarer Republik nicht an einen Tisch gesetzt hätte, um über Konkordate zu verhandeln. Doch genau dies geschah. Zudem gelang es der Kirche, die Kirchenartikel der Weimarer Verfassung so vorteilhaft zu gestalten, daß sie deren Übernahme ins Grundgesetz der Bundesrepublik ebenso leichten Herzens tolerieren konnte wie die fortwirkende Bonner Garantie für das Konkordat mit Hitler.

Wer annimmt, die staatlichen Unterhändler seien von den Kirchendiplomaten bei Konkordatsverhandlungen über den Tisch gezogen worden, kennt nur die halbe Wahrheit. Gewiß lassen sich Kleriker nie lumpen, wenn es um ihren Vorteil geht; gewiß fühlen sich die Vertreter einer Institution, die sich für überzeitlich hält, den Repräsentanten der sogenannten vorletzten Werte von vornherein überlegen. Doch brauchen Täter auch willige Opfer. Willfährigkeit und Unterlegenheitsgefühl auf der Seite des Staates und seiner Repräsentanten kommen nicht selten und bis auf den heutigen Tag zusammen, wenn es um kirchliche Belange geht. Volksmeinungen interessierten die Herren nicht (der Evangelische Bund hatte gegen das Preußenkonkordat drei Millionen Unterschriften gesammelt), Regierungskoalitionen wankten, ja stürzten (in Baden), und das Wort des deutschen Dichterfürsten schien vergessen:

> »Ist Concordat und Kirchenplan
> Nicht glücklich durchgeführt? –
> Ja, fangt einmal mit Rom nur an,
> Da seid ihr angeführt.«

Die Lemminge stürzten sich ins Meer. Obwohl in der ganz überwiegenden Zahl der Fälle die Kirche nachweislich mehr an einem Konkordat verdient als der Staat, haben sich die Deutschen das Recht nicht nehmen lassen, solche insbesondere finanziell höchst nachteiligen Verträge mit dem Heiligen Stuhl zu schließen. Die seinerzeit geschlossenen Verträge sind noch heute nicht gelöst, nicht abgeschüttelt. Sie sind gültig; auch das unter schmählichsten Umständen zustande gekommene Hitler-Konkordat. Sie regeln – über das Bonner Grundgesetz – das Verhältnis zwischen Staat und Kirche. Und noch immer meinen die Deutschen, sie zögen Vorteile aus dieser Weitergeltung. Noch immer unternehmen sie nichts, um die damals beschlossene Verankerung des katholischen Kirchenrechts zu lockern oder zu lösen.

Ein Staat aber, der auf seinen eigenen Vorteil und auf den seines Volkes sieht, darf von vornherein gar kein Konkordat schließen. Die USA oder die Niederlande haben das beherzigt. Und die Deutschen? Das letzte Reichskonkordat war 1448 zwischen Papst Nikolaus V. und Kaiser Friedrich III. zustande gekommen. Es hatte bis 1806 Rechtskraft. Die Kirche wollte sich zwar mit dem seither eingetretenen Mangel an Einfluß und Geld nicht abfinden. Doch erst nach langem Warten gelang es ihr, auf deutscher Seite einen verläßlichen Partner zu finden. Einen Politiker, den zum Reichspräsidenten zu wählen schon 1932 auf massenhaft verteilten Handzetteln den Katholiken empfohlen worden war. Der »gläubige Katholik« hieß Adolf Hitler.

Leistete die Kirche Geburtshilfe für den Faschismus?

»Gleiche Klientel, gleiche Symptome« könnte ein Merkspruch über das Verhältnis von Klerikalismus und Faschismus lauten. Er wäre historisch belegt. Alle faschistischen Regimes wurden mit intensiver Unterstützung des Papsttums an die Macht gebracht. Gleich und gleich gesellte sich da allzugern. Italiens Mussolini und Spaniens Franco sind von Katholikenmassen gestützt worden (von wem eigentlich sonst?). Zwar hatte Benito Mussolini, Verfasser von »Es gibt keinen Gott« und »Die Mätresse des Kardinals«, noch 1920 religiöse Menschen als Kranke bezeichnet und auf die Dogmen gespuckt. Doch schon im Jahr darauf rühmte er den Vatikan und dessen Reich derart, daß Kardinal Ratti – ein Jahr vor seiner Wahl zum Papst Pius XI. – entzückt ausrief: »Mussolini ist ein wundervoller Mann. Hören Sie mich? Ein wundervoller Mann!«

Papst und Duce kamen aus Mailand. Beide haßten Kommunisten, Liberale, Sozialisten. Mussolini rettete zudem den »Banco di Roma«, dem die Kurie hohe Summen anvertraut hatte, vor dem Bankrott, indem er öffentliche Gelder lockermachte. Worauf der oberste Faschist vom Dekan des Kardinalskollegiums als »auserwählt zur Rettung der Nation« gerühmt wurde. Und auch Pius XI. (1922–1939) förderte natürlich den Diktator Italiens: Er protestierte nicht, als Geistliche von Faschisten getötet wurden.. Er hielt den Mund, als Kommunisten und Sozialisten ermordet wurden. Er sprach am 20. Dezember 1926 die wegweisenden Worte: »Mussolini wurde uns von der Vorsehung gesandt.« Drei Jahre später schlossen Klerikale und Faschisten die Lateranverträge, die den einen eine Millionenrente für das Reich einbrachten, das nicht von dieser Welt war, den anderen den päpstlichen Segen und die öffentliche Anerkennung. Der Katholizismus wurde Staatsreligion in Italien. Der Faschismus übernahm die politische Leitung. Beide Ideologien verstanden sich prächtig, ihre Ziele gingen Hand in Hand, Klientel und Symptome waren oder wurden dieselben.

In Italien bestanden damals die Bücher der Grundschulen zu einem Drittel aus »Katechismus«-Stücken und Gebeten, zu zwei Dritteln aus Verherrlichungen des Faschismus und des Krieges. Beide Reiche stammten wieder von dieser Welt. Nachdem Mussolini Abessinien in einem »gerechten Verteidigungskrieg« (katholische Meinung) niedergeworfen hatte, nachdem sich eine Munitionsfabrik in vatikanischem Besitz als einer der wichtigsten Kriegslieferanten bewährt und der Kardinal von Mailand den Krieg als »Evangelisationsfeldzug« gerühmt hatte,

236

feierte der katholische Klerus den »wundervollen Duce« gemeinsam als Führer des »neuen Römischen Reichs, das Christi Kreuz in alle Welt tragen wird«. Mein Reich ist nicht von dieser Welt?

In Spanien, einem seit Jahrhunderten von klerikalen Machthabern finanziell und geistig ausgepowerten Land, forderten die Bischöfe schon 1933 – das Jahr ist kein Zufall – ebenso wie der Papst einen »heiligen Kreuzzug für die Wiederherstellung der kirchlichen Rechte«. Francos Putsch gegen die legale Regierung begann denn auch mit dem Segen der Prälaten. Nur einen Verteidigungsfeldzug wollten Frankisten und Klerikale führen. Gegen den gottlosen Kommunismus. Gegen ein Volk, das nicht ganz so wollte wie sie selbst. Als erste ausländische Flagge wehte über Francos Hauptquartier die des Papstes, und über dem Vatikan wurde bald die des Caudillo gehißt. Pius XI. wußte, wie sehr sein Reich von dieser Welt war, als er mitten im Bürgerkrieg dem Faschistengeneral Franco ein Huldigungstelegramm schickte, bei dem er »den angestammten Geist des katholischen Spanien pulsieren« fühlte. Im Sommer 1938 lehnte es derselbe Papst ab, sich der Bitte Englands und Frankreichs anzuschließen und gegen die Bombardierung der republikanischen Zivilbevölkerung zu protestieren. Als Franco schließlich mit Hilfe aus Berlin und Rom über das spanische Volk gesiegt hatte, beglückwünschte ihn der neue Papst, Pius XII., am 1. April 1939: »Indem Wir Unser Herz zu Gott erheben, freuen Wir Uns mit Ew. Exzellenz über den von der katholischen Kirche so ersehnten Sieg. . . . Wir hegen die Hoffnung«, schrieb der Papst weiter, »daß Ihr Land nach der Wiedererlangung des Friedens mit neuer Energie die alten christlichen Traditionen wiederaufnimmt!« Er hatte nicht vergebens gehofft: Franco ließ in den folgenden Jahren mehr als 200 000 Andersdenkende erschießen.

Auch in der deutschen Kirchengeschichte ist erwiesen, daß die Bischöfe – gelegen oder ungelegen, im Verein mit dem

Vatikan und dessen Chef, Papst Pius XII. – Hitler mit aufgebaut und fast bis zuletzt gestützt haben. Die vielen Versuche einer Mohrenwäsche versagen vor den Fakten. Das Ermächtigungsgesetz vom 24. März 1933 (vorher schon waren die bürgerlichen Grundrechte der Weimarer Verfassung außer Kraft gesetzt) wurde mit den die Mehrheit beschaffenden Stimmen der klerikal geführten Katholikenpartei (»Zentrum«) beschlossen. Und ihre Zustimmung war an die Zusage Hitlers gebunden, über den Abschluß eines Reichskonkordats zu verhandeln. Am 10. April, inmitten von Boykottbefehlen und Pogromen gegen Juden, ist Hitlers Paladin Göring im Vatikan empfangen worden, um Deutschland zu seinem neuen Führer beglückwünschen zu lassen. Am 3. Juni 1933, als schon Tausende von Katholiken verhaftet sind, schreiben die Bischöfe: »Wir wollen dem Staat um keinen Preis die Kräfte der Kirche entziehen.« Am 20. Juli 1933 wird das Reichskonkordat unterzeichnet. Es enthält nicht nur finanzielle Zusagen, die das Dritte Reich der katholischen Kirche macht, sondern auch ein geheimes Zusatzprotokoll, das eine Wiederaufrüstung Deutschlands absegnet. Es gilt noch heute.

Das Reichskonkordat wurde mit Festgottesdiensten gefeiert, wobei das neu begründete Verhältnis von Staat und Kirche auch liturgisch zum Ausdruck kam: Bischöfe stimmten das Tedeum an, nationalsozialistische Geistliche hielten vor angetretener SA und SS Festpredigten, Sturmfahnen der SA nahmen am Altar Aufstellung, SA-Kapellen spielten Kirchenmusik. Alles jubelt, und wer nicht jubeln kann, sitzt bereits im KZ. Papst Pius XI. läßt sich von seinem Kardinal und Widerständler Faulhaber als den »besten, am Anfang sogar einzigen Freund des neuen Reiches« rühmen. Und die deutschen Bischöfe ordnen dies Konkordat am 20. August 1935 richtig ein: Der Heilige Vater hat, so bescheinigen sie Hitler, »das moralische Ansehen Ihrer Person und Ihrer Regierung in einzigartiger Weise begründet und gehoben«. Noch 1937, als der Oberhirte Faulhaber

238

bereits wußte, was Hitler seit 1933 getan hatte, sagte er zum Thema: »Zu einer Zeit, da die Oberhäupter der Weltreiche in kühler Reserve und mehr oder minder voll Mißtrauen dem neuen Deutschen Reich gegenüberstehen, hat die katholische Kirche, die höchste sittliche Macht auf Erden, mit dem Konkordat der neuen deutschen Regierung ihr Vertrauen ausgesprochen. Für das Ansehen der neuen Regierung im Ausland war das eine Tat von unschätzbarer Tragweite.«

Papst Pius XII., der Oberste Oberhirte seiner Kirche und der Meisterdiplomat der deutschen Konkordatsära, schwärmt nach der Besetzung der Tschechoslowakei, er liebe Deutschland »jetzt noch viel mehr«. Nach dem Überfall auf Polen wiederholt er diesen Liebesschwur gegenüber seinen besten Finanziers. Und sein »Osservatore Romano« schreibt, um die Kriegsschuldfrage von vornherein richtig zu beantworten: »Zwei zivilisierte Völker beginnen einen Krieg«. Als England und Frankreich darauf bestehen, die Kurie möge Hitler zum Angreifer erklären, lehnt Pius XII. ab. Noch im November 1943, mitten in Hitlers hochverbrecherischem Angriffskrieg, beteuert der Papst, seine »ganz besondere Sorge« gelte »dem jetzt so schwergeprüften deutschen Volke vor allen anderen Nationen«. Und die Erzdiözese Freiburg hatte schon in den ersten 15 Kriegsmonaten über 1,3 Millionen Reichsmark an »Kriegshilfeleistungen« erbracht. Kein Wunder, verfaßte doch Oberhirte Gröber, selbst Förderndes Mitglied der SS, in dieser Zeit nicht weniger als 17 Hirtenbriefe, die allesamt zur Opferbereitschaft aufriefen.

Widerstand? Widerstandskämpfer unter den Bischöfen? Von den 26 000 deutschen Klerikern saß ein Prozent in Dachau, darunter kein einziger Bischof – weder Faulhaber aus München noch Galen aus Münster. Als Hitler sich über Teilbestimmungen des Reichskonkordats hinwegsetzt, beklagen Bischöfe und Papst nur die eigene Benachteiligung. Der Historiker Hans Müller sieht in der Verteidigung der katholischen Institution

»den ersten und beinahe einzigen Ansatzpunkt katholischen Widerstands«. Der deutsche Katholizismus war nahezu ausschließlich an der Erhaltung seiner Rechte, Freiheiten und Organisationen interessiert. Dagegen ignorierte er das Unrecht, den Terror, den Mord, die Vergewaltigung des Menschen. So beklagt Bischof Galen am 26. Mai 1941 in einem Brief an seinen Kollegen Berning zwar ausführlich die Einschränkung kirchlicher Rechte. Von der Verfolgung, die über Nichtkatholiken hereingebrochen war, spricht er aber mit keinem Wort. Äußerungen gegen die Jagd auf Juden sind von Galen nicht bekanntgeworden. Juden waren für die deutschen Bischöfe ein »uns in kirchlicher Hinsicht nicht nahestehender Interessenkreis«. Freiburgs Erzbischof Gröber schreibt 1937, der Bolschewismus, gegen den Hitler rüstete, sei ein »asiatischer Despotismus im Dienste einer Gruppe von Terroristen, angeführt von Juden«. Bischof Gföllner von Linz meinte schon 1933, kurz vor Hitlers Machtübernahme, es sei strenge Gewissenspflicht eines jeden Christen, »das entartete Judentum« zu bekämpfen, welches im »Bunde mit der Weltfreimaurerei... der Begründer und Apostel des Bolschewismus« sei. Galen selbst schreibt in seinem Glückwunsch zum Überfall Hitlers auf die Sowjetunion von der »jüdisch-bolschewistischen Machthaberschaft von Moskau«, die nun gestoppt werde. Wie groß war hier noch der Abstand zur mörderischen Nazi-Formel von der »jüdischen Weltverschwörung«?

Nie protestieren diese Bischöfe gegen die Aufhebung der demokratischen Grundrechte aller Deutschen, nie gegen die Beseitigung von Liberalen, Demokraten und Kommunisten, nie gegen den Antisemitismus und seine verbrecherischen Taten an Millionen. Kein einziger Hirtenbrief, lobt sich 1936 ein deutscher Kardinal, hat je den Staat, die Bewegung oder den Führer kritisiert. In Spanien ist, so Galen, der gottlose Bolschewismus »mit Gottes und Hitlers Hilfe besiegt worden«.

Freilich, hinterher standen sie alle wieder auf der Seite der

Sieger. Kein einziger Hirte wollte es nun gewesen sein. Vielmehr prangern im Juli 1951 Kleriker jene Katholiken als jämmerliche Versager an, »die sich durch den totalitären Staat täuschen ließen« und »in friedfertiger Gesinnung eine politisch verhängnisvolle Kompromißbereitschaft« zeigten. Die Sündenböcke sind gefunden. Die Tendenz, alle Schuld auf die Nazis abzuschieben und auf deren Mitläufer, soll das eigene Versagen (nicht nur Mitläufer gewesen zu sein) kaschieren. Dokumente werden gereinigt, klerikal bestimmte Kirchenhistoriker dürfen wesentliche Dinge übergehen und unwesentliche in aller Breite schildern. Ein aktuelles bundesdeutsches Lexikon teilt unter dem Stichwort »Faulhaber, Michael von« mit, der Kardinal sei »schon vor 1933 entschiedener Gegner des Nationalsozialismus« gewesen. Doch diese Widerstandslüge ist nichts Besonderes. Sie ist allen – zufällig am 8. Mai 1945 – vom Faschismus bekehrten katholischen Bischöfen zu eigen. Ihr Reich war nie von dieser Welt. Kardinal von Galen hat im Sommer 1945 selbst ein Parteiprogramm für eine neue, christlich orientierte Volkspartei entworfen. Von nun an wird an der Lebenslüge des deutschen Nachkriegskatholizismus vom angeblichen Widerstand gestrickt.

Kleriker müssen fortan dementieren, ja entrüstet zurückweisen, daß sie Hitlers Geld nahmen. Sie müssen verdrängen, daß ihr Papst zu lange auf die falsche weltanschauliche Karte gesetzt hatte und erst umgeschwenkt war, nachdem sich eine militärische Niederlage der Deutschen abzeichnete. Sie müssen ihre eigenen Worte desavouieren. Nie sagten sie, was schwarz auf weiß geschrieben steht. Kein einziger deutscher Bischof aber war als Häftling in einem Hitler-KZ. Bischof Berning hat sogar einige KZs besucht, hat die Lagereinrichtungen, die Wachen gelobt, die Häftlinge zu Gehorsam und Treue gegen Volk und Führer ermahnt und seine Predigt mit einem dreifachen »Sieg Heil« beschlossen.

Lob für die Bischöfe kam von Hitlers Scherge Heydrich.

241

Dieser rühmte den Hirtenbrief des Ermländer Bischofs Kaller, der noch 1941 versichert hatte: »Gerade als gläubige, von der Liebe Gottes durchglühte Christen stehen wir treu zu unserem Führer, der mit sicherer Hand die Geschicke unseres Volkes leitet.« Auch Bischof von Galen stand nie zurück. Schon am Tag seiner Bischofsweihe (28. Oktober 1933) predigte er: »Wir wollen Gott dem Herrn für seine liebevolle Führung dankbar sein, welche die höchsten Führer unseres Vaterlandes erleuchtet und gestärkt hat, daß sie die furchtbare Gefahr, welche unserem geliebten deutschen Volke durch die offene Propaganda für Gottlosigkeit und Unsittlichkeit drohte, erkannt haben und sie auch mit starker Hand auszurotten suchen.« Die starke Hand? Die Ausrottung? Die Legitimation Hitlers durch den Bischof? Dieser Widerständler kannte seine wirklichen Feinde. Sie hörten nicht auf den Namen Nationalsozialisten. Sie waren unter den Kommunisten, diesen »vertierten Bestien« (Galen 1945). Schon das Wort »Demokratie« war ihm peinlich. Als im Herbst 1941 eine Fälschung zirkuliert, nach der er zum passiven Widerstand gegen Hitler aufgerufen haben soll, läßt der »Löwe von Münster« das Schriftstück, »dessen Tendenz zu seiner Gesinnung und Haltung in schroffem Widerspruch steht«, energisch dementieren.

Wer wirklich Widerstand leistete? Zum Beispiel der katholische Pfarrer Dr. Max Joseph Metzger, der wegen seiner Friedensbemühungen im Jahr 1944 hingerichtet wurde. Sein eigener Bischof, das SS-Mitglied Gröber aus Freiburg, hatte sich von Metzger und dessen »Verbrechen« in einem Brief an den Präsidenten des Volksgerichtshofs Freisler distanziert. Diesem, nicht seinem Pfarrer, bekundete er in diesem Brief »hohe Wertschätzung und Verehrung«. Und selbst die Bekehrung des 8. Mai 1945 bewirkte bei Erzbischof Gröber nichts: Als sich die elf Priester seiner Erzdiözese, die das KZ überlebt hatten, 1946 trafen, verweigerte er ihnen seinen Besuch und untersagte, das Treffen in Offenburg öffentlich zu machen. Die Lage des offiziellen Kirchenchristentums war damals so heikel, daß »nur ein gigantisches Verdeckungsmanöver« (der Historiker Friedrich Heer) das Gesicht der Bischöfe retten konnte. Im Schatten der Ruinen entstand dann jenes mächtige Gebäude der Lebenslüge vom Widerstand – und bald schon wurden die Bischöfe, die eben noch so schlimm versagt hatten wie ihr Papst, zu Garanten der neuen Werte (und entsprechend honoriert). Ein Beispiel für viele: München benennt eine Straße an zentraler Stelle nach Kardinal Faulhaber. Sie ist nicht weit von der Pacelli-Straße entfernt (die Pius XII. ehrt). Beide Straßen liegen nahe am Platz der Opfer des Nationalsozialismus.

Hat die Kirche Hitler zuwenig versprochen?

Mein Reich ist nicht von dieser Welt? Hitler konnte 1940 dem Papst sagen lassen, der nationalsozialistische Staat verwende jährlich eine Milliarde Reichsmark zugunsten der katholischen Kirche, »eine Leistung, deren sich kein anderer Staat rühmen könne«. Hitler sagte die Wahrheit, und kein Papst widersprach. Vielmehr hatte sich der Vatikan bereits 1933, als Hitler seine Maske schon abgelegt hatte, bereit gefunden, seine Bischöfe künftig schwören zu lassen, »die verfassungsmäßig gebildete Regierung zu achten und von meinem Klerus achten zu lassen« (Artikel 16). Die deutschen Bischöfe, nach Friedrich Heer »Söhne jenes autoritären Klerokratismus, der auf dem Ersten Vatikanischen Konzil 1870 triumphiert hat«, waren vertragstreu. Der Nationalsozialismus hatte sich ihnen, den Hochklerikalen, präsentiert als einziger Kämpfer gegen Liberalismus, Bolschewismus und Demokratie. Diese Bischöfe haben geschworen, geachtet und achten lassen. Auch war ein eigenes »Gebet für das Wohlergehen des Deutschen Reiches und Volkes« zugesagt worden (Artikel 30), das an allen Sonntagen in allen Kirchen »eingelegt« werden mußte. Ob sich dieses Konkordats-Gebet ausgezahlt hat, ist dem Urteil anderer zu überlassen. Die Bischöfe waren vertragstreu. Sie haben gebetet – und beten lassen. Im Gegenzug hatte Hitler zugesagt, den Gebrauch geistlicher Kleidung durch Laien »mit den gleichen Strafen wie den Mißbrauch der militärischen Uniform« zu belegen (Artikel 10). Da muß nichts erfunden werden. Dies ist keine Satire, sondern geltendes deutsches Recht. Bischofs- und Generalsmütze, Meßgewand und Ausgehuniform, Barett und Käppi sind bei uns strafrechtlich gleichermaßen geschützt. Jede Elite hat sich ihre Rechte gesichert: Während das Militär seine Uniform gegen die Nichtsoldaten abschirmt, schützt der Klerus seinen Talar gegen jene Laien, die ihn bezahlen. Die deutschen Bischöfe waren vertragstreu. Sie haben ihre »Uniform« geschützt – und schützen lassen.

Das Reichskonkordat hatte auch das Amt des Nuntius garantiert, »um die guten Beziehungen zwischen dem Heiligen Stuhl und dem Deutschen Reich zu pflegen« (Artikel 3). Pacelli wußte, wovon er sprach – und Hitler auch. Die deutschen Bischöfe waren vertragstreu. Sie haben die guten Beziehungen zwischen dem Dritten Deutschen Reich und dem Heiligen Stuhl gepflegt – und pflegen lassen. So weit ein kleiner Exkurs über die Inhalte jener Abmachungen, die Vatikan und Diktatur getroffen haben, um die guten Beziehungen untereinander zu pflegen. Jeder Bischof der Bundesrepublik ist auf diese Normen verpflichtet. Kein einziger von ihnen hat sich je darangemacht, diese Abmachungen mit Hitler zu beseitigen. Vielmehr erscheint es jedem Bischof noch heute wichtiger, die im Hitler-Konkordat festgelegten Privilegien zu wahren. Privilegien freilich nicht der Schafe, sondern der Hirten: die Befreiung der geistlichen Amtseinkommen von der Zwangsvollstreckung (Artikel 8) beispielsweise. Oder der Schutz der Kleriker vor Beleidigung ihrer Person oder ihres Amtes (Artikel 5). Oder die Zusage des Artikels 13, die allem klerikalen Besitz und Vermögen besonderen Rechtsschutz sichert. Oder die Garantie des Artikels 17, daß »aus keinem irgendwie gearteten Grunde« ein

»Abbruch von gottesdienstlichen Gebäuden« erfolgen dürfe. Oder die Zusage an den Nuntius des Papstes, grundsätzlich der »Doyen« (Sprecher) des Diplomatischen Korps sein zu dürfen (Schlußprotokoll). Oder – und dies vor allem – Hitlers Garantie der Kirchensteuer (Schlußprotokoll). Die deutschen Bischöfe sind vertragstreu. Sie rühren sich keinen Millimeter, um ihre Privilegien aufzugeben. Sie haben nicht den geringsten Grund dazu. Ihr Reich ist nicht von dieser Welt.

Die katholische Amtskirche leistete dem NS-Regime zu keiner Zeit Widerstand, wie dies einzelne Christen oder die Kommunisten getan haben. Diese Kirche ist nicht, wie viele Intellektuelle, ins innere Exil gegangen. Sie hat sich nicht einmal angepaßt, um als harmlose »Mitläuferin« möglichst ungeschoren davonzukommen. Sie hat mit den Nazis um die Macht über Köpfe und Herzen der Menschen konkurriert. Sie hat sich dabei der gleichen Argumente und der gleichen demagogischen Sprache bedient. Sie hat sich selbst gleichgeschaltet, um sich für die Nazis unverzichtbar zu machen. Als dann alles anders kam als erhofft, ist es ihr gelungen, mit dem Hinweis auf ihren »Widerstand« das Bild einer integren, von der NS-Ideologie unbefleckten Kirche zu zeichnen – und sich (wie die Richter-, Offiziers- und Industriellenkaste) vor jeder wirklichen Entnazifizierung zu retten. War ihr Reich zwischen 1933 und 1945 durchaus von dieser Welt, so war es nach 1945 für kurze Zeit wieder jenseitig. Bis es ihr gelang, in der entstehenden Bundesrepublik das Reich wieder in dieser Welt aufzurichten. Bischof Simon Konrad Landersdorfer aus Regensburg, dessen Klerusblatt sich besonders für Hitler und dessen Kriege engagiert hatte, sagte 1958 in seiner Jahresschlußpredigt, die Sünden der Menschheit seien bereits wieder so groß, daß Gott wohl einen Dritten Weltkrieg verhängen werde. Der Oberhirte, bequem eingebettet in die postfaschistische katholische Gesellschaft seiner Tage und entsprechend dotiert, blickte nach Osten.

Noch ist es nicht soweit. Dafür hilft »Partner Staat« kräftig wie immer mit, das »Reich« auf Erden zu etablieren. Ein winziges Beispiel: die Ausgabenpolitik der Bundespost. Auch wenn man es kaum glaubt, die Briefmarke ist in Deutschland – im Gegensatz zu den USA und der Schweiz, die jede kirchliche und religiöse Aussage streng vermeiden – Trägerin weltanschaulicher Werbung. Zwischen 1949 und 1985 trugen 12,6 Prozent der Sondermarken kirchliche oder religiöse Motive, aber nur 1,4 Prozent waren der Gewerkschafts- oder Arbeiterbewegung gewidmet. Allein für die Kirchentage wurden 16 Sondermarken ausgegeben, mehr als für alle Marken mit gewerkschaftsnaher Aussage zusammen. Die Gesamtauflage der bundesdeutschen Luther-Sondermarken betrug 2,561 Milliarden Exemplare, auch dies eine kostenlose Propaganda eines Staates für eine Großkirche, auch dies eine auf keine andere gesellschaftliche Gruppe der Republik zu übertragende Privilegierung.

Was Kirchen überleben läßt
oder: Wie lange noch wird es so weitergehen?

Die beliebte Frage zum Schluß: Was geht, was bleibt? Innerkirchliche Antworten gibt es viele. Ein Beispiel: In Priestersemi-
naren geht es ganz lustig zu. Schließlich kann kein Mensch
dauernd von »Opfern« leben, zumindest nicht von seinen eigenen (von den Spenden anderer schon eher). Und stehen die
heiligen Weihen bevor, dann nimmt nicht nur der sittliche Ernst
erheblich zu, sondern auch die Kurzweil. Dann wird über Mitbe-
werber um das heilige Amt geraunt, und hin und wieder ist auch
ein Urteil über die Geistesgaben manch eines von ihnen fällig.
Ein unter Klerikern bekannter Spruch weist bereits künftige
Stellen im Personalkegel eines Bistums an: »Frömmigkeit ver-
geht, Dummheit bleibt.« Diese Aussage hat Jahrhunderte der
Erfahrung mit geistlichen Herren für sich. Denn »wir tragen den
Schatz in irdenen Gefäßen«, meinte schon der Apostel. Freilich
findet sich kein Satz von ähnlichem Erfahrungswert, wenn es
nicht um den einzelnen geistlichen Herrn geht, sondern um den
Fortbestand der Institution. Da ist dann die Rede davon, daß die
Kirche »in Jahrhunderten denkt«. Da spricht der Kleriker von
den »zeitlosen Wahrheiten«, die aus dem »ewigen Rom« kommen. Doch der Leitsatz des Überlebens ist in den blumigen
Reden und wolkigen Worten nicht zu hören. Dabei ist er von
tiefer Erfahrung geprägt – und historisch gültig. Er lautet:
»Geist ist geschwunden, geblieben ist Geld.« Die Spanier, die

mehr vom Katholizismus verstehen als die Deutschen, sagen seit langem: El dinero es muy católico, Geld ist sehr katholisch.

Wie meinte Paulus? Die Seinen trügen den Schatz in irdenen Gefäßen? Inzwischen aber sind die Gefäße wertvoll geworden, und die den Schatz des Wortes tragen, setzen alles daran, ihre Gefäße nicht zerschlagen zu lassen. Vieles darf untergehen, die Pforten der Hölle dürfen selbst den Geist zerstören, das Volk der Gläubigen kann sich in alle Winde zerstreuen: Eine muß bleiben, die auf äußeren Sicherungseinheiten wie Privileg und Geld beruhende Institution. Sie und damit sich selbst zu legitimieren wurde zum Selbstzweck der Kleriker. Der berüchtigte »heilige Rest« ist beileibe nicht das »arme, arme Häuflein« der übriggebliebenen Gläubigen. Dieser heilige Rest besteht in barer Münze, und ihn verteidigen Scharen von Kirchenleuten. Doch in keinem »Katechismus« sind Zahlen zu finden. Nicht vom Geld ist die Rede, sondern von der »irdischen Erscheinungsform der Kirche«. Daß es ausschließlich eine irdische Erscheinungsform der Kirche gibt und nichts darüber hinaus, wird verschwiegen. Auch hier wäre die Wahrheit geschäftsschädigend. Das klerikale Gezeter über die »Leistungsgesellschaft« ist unredlich: Fragwürdige Theologentricks sollen die Leistung anderer herabwürdigen und dabei verschweigen, daß Kleriker – über die Kirchensteuer – von der Leistung anderer leben und sonst von gar nichts. Die »Konsumgesellschaft«? Wer außer der Kirche profitiert mehr von ihr? Wer außer ihr muß weniger leisten, um solche Profite einzustecken? Gehören nicht gerade die Kleriker zu jener Gesellschaftsschicht, die sich durch höheren Konsum, interessantere Bedürfnisse und angeblich besseren Geschmack von denen da unten unterscheidet?

Was alles stecken sich die Kirchen in die Tasche?

Ein Satz der alltäglichen Erfahrung: Bevor andere Leute an unser Geld kommen, müssen sie etwas dafür tun. Auch bevor Geld zum »Geld der Kirche« wird, ist es zunächst unser Geld. Bevor wir es herausrücken, muß die Kirche etwas dafür leisten. Und hat sie es bekommen, muß sie nachweisen, was sie damit getan hat. Das ist kein schlechter Grundsatz. Doch in der Bundesrepublik Deutschland, einem mit christlichen Restsymbolen verbrämten Staat, gilt er in aller Regel nicht. Die beiden Großkirchen haben die Gesetze für sich, auch das Grundgesetz (vielleicht sogar die nächste Verfassung der Deutschen). Das Grundgesetz (Artikel 140) macht die beiden Großkirchen zu privilegierten Gruppen. Es garantiert ihnen eine Finanzierung, die in der Welt ihresgleichen sucht. Es ist auch für Nichtdeutsche von Interesse, was hier alles möglich ist. Heute könnten die Kirchen solche Gesetze kaum mehr durchbringen; es gäbe im Bundestag keine Mehrheit dafür. Aber sie brauchen ihre Privilegien gar nicht demokratisch durchzusetzen. Sie können sich auf Abmachungen berufen, die zum Teil fast 200 Jahre alt sind.

Die Trennung von Kirche und Staat, die das Bonner Grundgesetz von der Weimarer Verfassung übernahm, ist faktisch ausgehöhlt. Wer die tatsächliche Lage in Deutschland bedenkt, kommt nicht auf die Idee, eine solche Trennung sei von der Verfassung vorgeschrieben oder bereits verwirklicht. Und ob sich an dieser »Normallage« so schnell etwas ändern läßt? Der Verwaltungsrichter Gerhard Czermak schreibt, die gesamte umfangreiche staatskirchenrechtliche Literatur werde zu 95 Prozent »von zumindest kirchennahen Juristen beherrscht mit entsprechenden Auswirkungen auf die Rechtsprechung«. Folgerichtig gelten gegensätzliche Positionen als abwegig und kaum zitierfähig. Und es gibt gegenwärtig »kein größeres Rechtsgebiet, in dem sich Literatur und Rechtspraxis von Text und Geist der grundlegenden Normen noch weiter entfernt haben als im sogenannten Staatskirchenrecht«. Keine anderen Juristen haben diese Korruption zu verantworten als jene, die für die »Katholisierung des Rechts« (Verfassungsrichter Helmut Simon) stehen.

Da gibt es erheblichen politischen Nachholbedarf. Inzwischen leben die Kirchen fröhlich weiter von unserem Geld. Sie haben nicht das geringste Interesse, daß sich etwas ändert. Es ist allgemein bekannt, wie schwer es den meisten Menschen fällt, vom Üblichen abzuweichen, Tabus zu brechen, »die Kirche und unser Geld« zu hinterfragen. Die Existenz einer psychischen Hemmschwelle vor dem Tabubruch wird von Kirchen und Politik bewußt ins gemeinsame Kalkül einbezogen. Kleriker leben wie die Maden im Speck. Wovon sie leben und wie gut sie leben, zeigen die folgenden Abschnitte.

Warum Kirchensteuer zahlen?

Wird das Thema »Kirche und Geld« diskutiert, geht es meist um die Kirchensteuer. Die kennt jeder, ob er nun zahlt oder nicht (wünschenswert wäre ein ähnlich hoher Bekanntheitsgrad in den Fällen der stillschweigenden Subventionierung der Kirchen durch Bund, Länder, Kommunen). Der Begriff »Kirchensteuer« entlarvt das ganze System, für das er steht. Die Kirchensteuer ist eine Zwangsabgabe, die von allen Kirchenangehörigen erhoben wird, ohne daß diese einen konkreten Rechtsanspruch auf Gegenleistung hätten.

Ein von der eigenen Verfassung (Artikel 3,3 GG) zur Gleichbehandlung aller verpflichteter Staat garantiert nicht nur den Vereinsbeitrag bestimmter Religionsgemeinschaften. Er treibt, ohne verfassungsrechtlich dazu verpflichtet zu sein, deren Mitgliedsbeiträge sogar mit Hilfe seiner Behörden ein (»Staats-Inkasso«). Keine andere Interessenvertretung in der Bundesrepublik genießt eine auch nur annähernd ähnliche Bevorzugung. Das Besteuerungsrecht der beiden Großkirchen ist von der Verfassung verbrieft (Artikel 140 GG). Staatskirchenverträge und Gesetze der Bundesländer sowie kirchliche Steuerordnungen und Beschlüsse über Hebesätze konkretisieren das Kirchensteuersystem.

Voraussetzung für die Kirchensteuerpflicht ist die Mitgliedschaft in einer steuererhebenden Kirche; der Austritt daraus beendet diese Steuerpflicht. Die Intensität der persönlichen Bindung an eine Kirche spielt nicht die geringste Rolle. Was zählt, ist die formelle Zugehörigkeit. Und sie wird durch die (Säuglings-)Taufe begründet. Der formelle Kirchenaustritt – auch aus Gründen der Steuerersparnis – ist noch immer mit dem Kirchenbann bedroht und das Verhältnis zu Gott in Deutschland ans willige Zahlen einer Steuer gebunden. Die europäischen Nachbarn in Ost und West hören es staunend: Vieles ist unglaublich, aber wahr in der Kirche der Deutschen. Denn bevor es dem Bundesverfassungsgericht gelang, die Kirchen in ihre Schranken zu verweisen, scheuten diese sich nicht einmal, selbst bei sogenannten juristischen Personen (Firmen, Aktiengesellschaften) Kirchensteuern einzuziehen. Freiwillig waren die Großkirchen nicht bereit, von (ungetauften) Firmen keine Kirchensteuer zu fordern oder einen Mohammedaner für seine christliche Frau nicht mitzahlen zu lassen.

In einigen deutschsprachigen Kantonen der Schweiz wird von juristischen Personen (Gewerbebetrieben, Banken u. ä.) noch immer »Kirchensteuer« eingetrieben. Dieses Verfahren bringt den Kirchen ein erkleckliches Zubrot; allein im Kanton Solothurn nahm die evangelisch-reformierte Kirche 1989 über 600 000 Franken ein. Insgesamt dürften es 18 Millionen Franken pro Jahr sein, die auf diese Weise in die Taschen schweizerischer Kirchen fließen.

Muß es Sondertarife für Besserverdienende geben?

Die Kirchensteuerschuld wird in Prozentsätzen der zugrundeliegenden Steuerschuld berechnet (meist nach Maßgabe der
Einkommen- und Lohnsteuer). Der Prozentsatz liegt gegenwärtig bei acht bis neun Prozent. Bis zur Währungsreform lag
er bei drei bis vier Prozent. Spitzenverdiener können regelmä-
ßig Sondertarife aushandeln. Dem Großindustriellen Krupp
wurde schon vor Jahrzehnten eine Sonderregelung eingeräumt,
und andere Prominente wie die Spitzen der Familie Hoesch
bildeten einmal einen sogenannten kirchlichen Wirtschaftsbei-
rat, der mitbestimmen wollte, wie die Steuergelder seiner Mitglieder verwendet wurden. Kleinere Leute haben nicht soviel
Glück bei der Kirche. Sie müssen in jedem Fall voll bezahlen.
Stundungs- und Erlaßanträge sind Sache der Kirchen, da diese
– nicht der Staat – Steuergläubigerinnen sind. Sie entscheiden
von Fall zu Fall, ob und wie sie die Steuerschuld eintreiben oder
erlassen. Das Staats-Inkasso, zu dem die Bundesrepublik und
ihre Länder – wie gesagt – nicht verpflichtet sind, wird mit drei
bis vier Prozent des Kirchensteueraufkommens abgegolten. Die
Hauptlast des Inkassos hat der Staat auf die Arbeitgeber abge-
wälzt, die bei ihren Arbeitnehmern die fälligen Kirchensteuer-
beträge entschädigungsfrei einbehalten müssen. Dieses Verfahren setzt freilich voraus, daß die Konfessionszugehörigkeit auf
den Lohnsteuerkarten eingetragen ist. Der Bekenntniszwang
im Lohnsteuerwesen ist verfassungsrechtlich bedenklich.

Schon lange ist klar, daß nicht die angeblich höheren Ver-
waltungskosten der Grund für das klerikale Festhalten am
Staatsinkasso sind. Bei dem heute erreichten Standard der
Großrechenanlagen dürfte eher das Gegenteil zutreffen. Die
Erfahrungen in den Schweizer Kantonen Basel-Stadt und Ba-
sel-Land zeigen, daß eine Abbuchung der Kirchensteuer vom
Gehaltskonto wesentlich stärker ins Auge springt als ein un-
scheinbar wirkender Abzug vom Bruttolohn, der zwischen den

sonstigen Steuern und den Sozialabgaben fast verschwindet. Wird demgegenüber direkt vom Konto abgebucht, nimmt die Austrittsneigung stark zu, zumal dann auch der Arbeitgeber nichts mehr von einem Kirchenaustritt mitbekommt. Austritte aber sind das letzte, was eine auf Geld erpichte Kirche sich erlauben kann. Daher beläßt sie es in Deutschland beim bisherigen Inkasso-Mißbrauch. Und die ehemalige DDR muß mitziehen, weil ihr in einem Akt klerikaler Piraterie das bundesdeutsche Verfahren übergestülpt worden ist. Man darf gespannt sein, ob eine Verfassungsklage von Betroffenen Erfolg hat: Immerhin sind Kirchensteuergesetze Ländersache, und bislang ist noch nichts aus den fünf neuen Bundesländern bekannt, was auf eine solche Gesetzgebung schließen ließe.

Die Bindung an die Steuerpolitik bringt es mit sich, daß Steuersenkungen wie -erhöhungen sich auf die Kirchensteuer auswirken. Die Kirche ist dadurch abhängig von der staatlichen Lohn- und Steuerpolitik wie vom Wirtschaftswachstum. Frei ist sie deswegen nicht, aber wohlhabend. Im gegenwärtigen Steuersystem zahlt ohnedies nur eine Minderheit der Kirchenangehörigen Kirchensteuer. BundesbürgerInnen ohne Einkommen und solche, die über nur geringe Einkünfte verfügen, sind von der Steuerpflicht ebenso befreit wie die BezieherInnen hoher Sozialrenten. Es stimmt also nicht, daß alle Kirchenmitglieder zum Unterhalt der Kirchenbediensteten beitragen – und daß die bundesdeutschen Großkirchen von den Besserverdienenden ganz unabhängig sind.

Nehmen die Kirchen Jahr für Jahr mehr oder weniger Geld ein?

Das gewohnte kirchliche Gejammer über Steuerausfälle ist nicht begründet: Der Anstieg der Kirchensteuer hat nach einer Auskunft des Bundesfinanzministers vom 1. Oktober 1990 auf eine Anfrage der Grünen im Bundestag seit 1970 jährlich im

Durchschnitt sieben Prozent betragen. Dieser Anstieg übertrifft sowohl die durchschnittliche Inflationsrate als auch den Lohnkostenanstieg. Daß die Durchschnittseinkommen von bundesdeutschen Arbeitnehmern zwischen 1970 und 1990 um durchschnittlich 3,2 Prozent pro Jahr gestiegen sind, ist die eine Seite der Wirklichkeit. Daß die durchschnittliche Jahreswachstumsrate der Kirchensteuereinnahmen in diesem Zeitraum 5,9 Prozent betragen hat, die andere. Die Steigerungsrate beim Pro-Kopf-Aufkommen in den Evangelischen Landeskirchen betrug zwischen 1975 und 1985 nicht weniger als 73,9 Prozent, in Berlin-West sogar 103,9 Prozent. Erhielten die Kirchen vor 1945 noch durchschnittlich zwei bis drei Mark pro Kopf ihrer Mitglieder, waren es 1963 schon 45 Mark. Im Jahr 1986 hat jedes Mitglied einer evangelischen Landeskirche durchschnittlich 231 DM an Kirchensteuern gezahlt. Die Steigerung des Kirchensteueraufkommens zwischen 1984 und 1985 betrug 14,46 Prozent, zwischen 1985 und 1986 5,69 Prozent. 1963 haben die beiden Großkirchen noch 2,4 Milliarden DM eingenommen; 1980 waren es schon 9,33 Milliarden DM – und 1990 werden es mindestens 14 Milliarden DM gewesen sein. Die Diözese Rottenburg-Stuttgart frohlockt über das »unerwartete Mehr« von 1990 und rechnet für 1991 hoch: Eine Steigerung der Kirchensteuereinnahmen von nochmals 6,5 Prozent gilt als sicher, auch wenn sich »Schwächetendenzen z. B. in der US-Konjunktur und Golfkrise« negativ auswirken könnten.

Es will schon etwas heißen, wenn ein durchschnittlich verdienender Kirchensteuerzahler in seinem Arbeitsleben zwischen 30 000 und 60 000 DM berappt, das heißt nahezu ein volles Jahr seines Lebens nur für die Kirche arbeitet. Ob der Service, den diese ihm dafür leistet, nicht weit überbezahlt ist? Nicht einmal besondere Serviceleistungen wie Trauung oder Begräbnis gelten durch die zigtausend DM Kirchensteuer eines Lebens abgegolten. Das sollte zu denken geben.

Kirchensteuern sind in der Bundesrepublik in voller Höhe –

als Sonderausgaben – von dem zu versteuernden Einkommen abzuziehen. Das wirkt sich Jahr für Jahr beim Lohnsteuerjahresausgleich und bei der Einkommensteuererklärung aus. So büßt der Staat jährlich über drei Milliarden DM an Steuereinnahmen ein. Die Deutschen lassen sich diese Steuer gefallen. Nicht wenige fühlen ihr soziales Gewissen durch das Staats-Inkasso entlastet: Wer automatisch zahlt, hat seinen Beitrag zur Linderung der Not in nah und fern bereits geleistet und ist weiterer guter Taten enthoben. Andere klagen hin und wieder, vor allem wenn es Weihnachtsgeld (und die entsprechend hohen Abschläge für die Kirchensteuer gibt), aber sie zahlen weiter.

Auch die Menschen auf dem Gebiet der früheren DDR müssen sich seit dem 1. Januar 1991 ungefragt dem bundesdeutschen System anschließen. Ein soziales Engagement der Kirchen wäre der DDR-Bevölkerung 1990 gewiß ebenso willkommen gewesen wie in vorrevolutionären Zeiten. Doch der erste Akt, den die Kirchen Deutschlands vorgenommen haben, war die Einführung des bundesdeutschen Kirchensteuersystems auch in den Ländern der DDR. Zweistellige Kirchenaustrittszahlen waren die berechtigte Folge. Wo Geld statt Geist regiert, können denkende Menschen nicht anders reagieren. Wo Piraten statt Demokraten handeln, dürfte von Moral keine Rede mehr sein.

Welche Subventionen beanspruchen die Kirchen?

Großkirchen leben nicht von der Kirchensteuer allein. Sie erhalten in der Bundesrepublik erhebliche Gelder aus allgemeinen Steuermitteln. Das wissen nur wenige von denen, die mitfinanzieren müssen. Alle bundesdeutschen Steuerpflichtigen, unabhängig davon, ob sie einer Großkirche angehören oder nicht, ob sie Christen oder Mohammedaner sind, zahlen die Subventionen mit, die ihr Staat den beiden Großkirchen zukommen läßt. Zu diesen »Staatsleistungen« zählen: die bundesweite Finanzierung des konfessionellen Religionsunterrichts, die jährlich etwa 3 Milliarden DM verschlingt; die Ausbildung des kirchlichen Nachwuchses an Universitäten und Hochschulen (1,1 Milliarden DM); die Unterstützung kirchlicher Hochschulen und der Universität Eichstätt; die staatliche Förderung konfessioneller Seelsorgseinrichtungen bei Bundeswehr, Polizei und Justizvollzug (130 Millionen DM); die Ausgaben für Denkmalpflege (270 Millionen DM); die Staatszuschüsse zu der Besoldung von Geistlichen; die Befreiung der Kirchen von Grund- und Grunderwerbssteuern, von Schenkungs- und Erbschaftssteuern sowie die Abzugsfähigkeit der Kirchensteuer.

Diese Subventionen ergeben eine jährliche Summe von über 7 Milliarden DM. Hinzu kommen Leistungen von Kommunen und Kreisen, von der Bundesanstalt für Arbeit für ABM-Stellen sowie vom Bundesamt für Zivildienst. Der Subventionsbericht der Bundesregierung sprach noch 1980 von insgesamt 31,7 Milliarden DM jährlich, die an die Kirchen gegangen sind. 1983 war aufgrund veränderter Kriterien nur noch von 15,5 Milliarden DM die Rede.

»Staatsleistungen« beruhen auf Gesetzen, Verträgen und besonderen Rechtstiteln, die den Großkirchen das Recht auf spezielle Subventionen einräumen. Dieses Recht ist in manchen Fällen über 150 Jahre alt. Auch wird seine Ablösung und damit das Ende der Staatsleistungen bereits in der Weimarer Verfassung (Artikel 138 I) gefordert. Aber die Bundesrepublik hat entgegen dem Verfassungsgebot noch immer keine Anstalten gemacht, die Uralt-Verpflichtungen abzulösen. Das bedeutet, unser Staat läßt noch immer eine in und für Großkirchen organisierte religiöse Betätigung ausnahmslos von allen Steuerpflichtigen finanzieren. Die Großkirchen werden sich hüten, eine derart sichere Einnahmequelle auch nur diskutieren zu lassen.

Hatte Rheinland-Pfalz 1962 noch gut 10 Millionen bezahlt,

waren es 1966 schon 13,3 Millionen DM. 1968 waren insgesamt 260 Millionen DM an solchen Staatsleistungen zu zahlen. Heute handelt es sich gut um den fünffachen Betrag. Allein das Land Nordrhein-Westfalen entrichtet der Kirche aufgrund seiner »ererbten« Verpflichtungen jährlich die stattliche Summe von rund 350 Millionen DM (das Parlament dieses Bundeslandes muß sich mit einem Zehntel der Summe bescheiden). Darüber hinaus erläßt Nordrhein-Westfalen den Kirchen Steuern, Gebühren und Abgaben in geschätzter Höhe von 150 Millionen DM pro Jahr. Diese halbe Milliarde stammt nicht aus Kirchensteuern, sondern aus normalen Steuermitteln. Sie wird von Christen wie Nichtchristen aufgebracht, von Kirchengebundenen wie Kirchenfreien. Ohne es zu wissen, hat jeder nordrheinwestfälische Steuerzahler 1987 mitfinanziert: 7,8 Millionen DM an »Dotationen für die Erzdiözesen und Diözesen« – der Unterhalt für die Bischöfe des Landes und deren Domherren; 25 Millionen DM für die Bezahlung von ungefähr 200 Dozenten der Theologie und für die entsprechenden Investitions- und Verbrauchsmittel; 292 Millionen DM für die Gehälter von Religionslehrern an den Schulen des Landes – Arbeitsmittel und Raumkosten nicht mitgerechnet. 1987 hat allein die katholische Kirche zusätzlich 2,3 Milliarden DM an Kirchensteuern in Nordrhein-Westfalen kassiert.

Neuere Staatskirchenverträge wie das niedersächsische Konkordat von 1965 schleppen die Zahlpflicht nach wie vor mit sich herum. Als hätten demokratisch gewählte Parlamente und Regierungen nichts Volksfreundlicheres zu tun, als den Status quo für alle Zeiten fortzuschreiben. Als hätten neuzeitliche Volksvertreter eine Option darauf, die Sonderinteressen einer verschwindend kleinen (Kleriker-)Gruppe noch immer in denselben Formen zu bedienen, die vor 200 Jahren – unter völlig anderen politischen Bedingungen – als Recht galten. Seit 1919 wurden keine ernsthaften gesamtdeutschen Anstrengungen unternommen, das Verfassungsgebot der »Ablösung von

Staatsleistungen« einzulösen. Das herrschende Interesse geht in die entgegengesetzte Richtung: Statt von Ablösung zu sprechen, wird eine »Garantie« der Staatsleistungen gefordert, die künftige Änderungen unmöglich machen soll. Die in diesem Geist geschlossenen neueren Kirchenverträge garantieren die bisherigen Leistungen in Form von Geldrenten; von Ablösung sprechen sie nicht. Die Kirche lebt auf Rentenbasis, und sie lebt ganz gut. Die Staatsleistungen laufen so lange weiter, wie niemand ihren Stopp fordert und durchsetzt.

Wofür sollte die Kirche denn »entschädigt« werden?

Warum müssen die Bundesländer solche Leistungen erbringen? Wer hat ihnen diese gesetzlichen und vertraglichen Verpflichtungen eingebrockt? Sie haben die Folgen der »Säkularisation« zu tragen, jener Enteignung von Kirchengut aus dem Jahr 1803, für die immer noch »Entschädigung« an die Großkirchen zu zahlen ist. Die Kirche hatte einmal den größten Grundbesitz in deutschen Landen. Wie sie zu der unheimlich großen Menge Land kam, ist eine andere Frage. Noch immer liegen darüber keine verläßlichen Angaben vor. Die Geschichtswissenschaft hüllt sich in Schweigen, und die Kirchengeschichtler tun gut daran, nicht allzuviel zu wissen.

Der Klerus besaß im 13. Jahrhundert fast ein Viertel allen Grund und Bodens in Deutschland. Selbst die Reformation hat an diesen Tatsachen nicht viel geändert. Zwar wurden im Dreißigjährigen Krieg ehemals bischöfliche und klösterliche Besitzungen zuhauf säkularisiert, das heißt in weltlichen Besitz übergeführt. Doch blieb noch genug übrig. Gefahr drohte beispielsweise den geistlichen Kurfürsten von Köln, Trier und Mainz sowie den Bischöfen von Worms und Speyer – alle miteinander Erben und Nutznießer zusammengeraubten Besitzes – erst zu Beginn des 19. Jahrhunderts. Kaiser Franz II. mußte 1801 namens des sich auflösenden Reichs das gesamte Land

links des Rheins an Frankreich abtreten. Die deutschen Reichs-
fürsten schrien Zeter und Mordio: Sie wollten für ihre links-
rheinischen Verluste rechtsrheinisch entschädigt werden. Als
Entschädigungsmasse bot sich das Kirchengut an. Der »Reichs-
deputationshauptschluß« von Regensburg (22. Februar 1803)
hat eine allgemeine Säkularisation der Reichskirchen festgelegt. Alle reichskirchlichen Hoheitsrechte und Güter wurden
zugunsten weltlicher Fürsten konfisziert. Diese Säkularisation
betraf ein Gebiet von über 1700 Quadratmeilen mit mehr als
drei Millionen Einwohnern, die drei rheinischen Kurfürstentü-
mer Köln, Trier und Mainz sowie das Fürsterzbistum Salzburg,
dazu 18 Reichsfürstenbistümer, etwa 80 reichsunmittelbare
Abteien und Stifte sowie über 200 Klöster. Die weltlichen Herren konnten zufrieden sein: Bayern hatte das Siebenfache seines Verlustes erhalten, Preußen das Fünffache, Württemberg
das Vierfache. Aber die Kirche war unzufrieden, der Verlust
rief nach Sühne. Daher wurden die säkularisierenden Fürsten
dazu verpflichtet, künftig für die Ausstattung von Bischofskir-
chen und für die Zahlung von Pensionen an die Geistlichkeit zu
sorgen. Im Lauf der folgenden Jahrzehnte wurden diese Verpflichtungen in eigenen Kirchenverträgen konkretisiert; Zusagen, die bis heute eingehalten werden müssen. Wer sich als
deutscher Staat versteht, zahlt. Das Kaiserreich hat gezahlt, die
Weimarer Republik ebenso, und die Bundesländer machen es
nicht anders. Während die Kirche keines ihrer vielen Opfer je
entschädigt hat, läßt sie selbst sich über Jahrhunderte hinweg
entschädigen.

Wird diese Tatsache auch nur im entferntesten tangiert,
kommt sofort das klerikale Lamento auf. Im Dezember 1918
hatten die deutschen Bischöfe nichts Wichtigeres zu tun, als
gegen den drohenden Entzug der Staatsleistungen zu protestieren und mitten im Nachkriegselend Deutschlands von ihrer
eigenen »Beraubung« zu sprechen. Pfarrer predigen gern Verzicht und Opfer. Ihre Kirche geht nicht mit gutem Beispiel

voran. Sie klammert sich an die überholten Staatsleistungen wie an eine gesicherte Rente. Ihre Wortführer haben es geschafft, sich als »Opfer« darzustellen. Und alle zahlen, ungefragt, noch weitere Entschädigung an den Klerus. Die Bundesrepublik ist Gesamtschuldnerin der Kirche geblieben. Zum Trost: Für früher geschehene Enteignungen von Kirchengut, wie sie etwa Karl Martell (gestorben 741) durchgeführt hat, brauchen wir nicht auch noch zu zahlen. Kein Bundesland interpretiert sich als Rechtsnachfolger des Karolingers. Die von Klerikern im Zusammenhang mit den Staatsleistungen gebrauchte Formel von der »Folgehaftung« der Deutschen greift in diesem Fall nicht.

Wieviel Steuergelder reicht der Verteidigungsminister an die Großkirchen weiter?

Grundsätzlich: Die Armee ist nicht unglücklich über ihre Pfarrer. Denn bei der sogenannten Militärseelsorge geht es darum, »ein getröstetes Gewissen für das legitime Tun des Soldaten im Kriege zu geben«, wie ein Informationsblatt der Hardthöhe meldet. Getröstete Gewissen bezahlen ganz gern. Wird ihr Tun gerechtfertigt, sollen die Tröster nicht darben. Es kann guten Gewissens davon ausgegangen werden, daß jährlich um die 45 Millionen DM an Löhnen und Gehältern allein an das kirchliche Bodenpersonal gehen. In diesen Grundbezügen sind nicht enthalten: Trennungsgelder, Umzugskosten, Vergütungen für Dienstreisen. Die beiden Militärbischöfe – einer katholisch, einer evangelisch – kassieren eigene Sonderzulagen. Ihre Gehälter liegen jeweils bei 180 000 DM pro Jahr. Versteckte Zahlungen wie die Erstattung von Telefongebühren, die Bereitstellung von Kraft- und Schmierstoffen, die Bezahlung von dienstlich verbrauchter Energie (Strom, Gas, Öl) kommen hinzu. Erwerb und Haltung von Dienstfahrzeugen für Militärpfarrer kosteten 1988 über 900 000 DM. Der für alle Rekruten verbindliche (und damit verfassungswidrige), von Militärpfarrern erteilte »Lebenskundliche Unterricht« machte 890 000 DM erforderlich. Für die Teilnahme von Soldaten an religiösen Sonderübungen wie Exerzitien war fast eine Million DM vorgesehen. Die Anschaffung seelsorgerischer Schriften und der Druck militärgeistlicher Verlautbarungen kosteten die Bundesrepublik über 400 000 DM. Eine ähnlich hohe Summe haben 1988 die Gebet- und Gesangbücher von Soldaten verschlungen. Dazu kamen 167 000 DM für Kultgeräte und Kultkleidung. Das Bundesverteidigungsministerium zahlt demnach nicht nur für Panzer und Raketen, sondern auch für Altarkerzen und Meßweine. Alle Kirchenfreien zahlen mit. Dabei dürfte der weltanschaulich neutrale Staat nach seiner eigenen Verfassung eine Militärseelsorge nur zulassen, nicht aber »einrichten«, geschweige denn voll finanzieren.

Daß vorerst in der Bundesrepublik alles weiterlaufen wird wie gehabt, beweisen die am 1. Januar 1990 in Kraft getretenen »Päpstlichen Statuten für den Jurisdiktionsbereich des Katholischen Militärbischofs für die Bundeswehr«. Sie garantieren den Bischöfen und Pfarrern, die sich der Seelsorge an den Soldaten widmen, Geld, Diensträume und Kirchen – alles auf Staatskosten. Papst Johannes Paul II. hat nicht ohne Grund den Militärdienst als »würdig, schön und edel« bezeichnet – und den Dienst mit der Waffe als »sehr positiv«, zumal der Friede endgültig erst im Reiche Gottes zu erlangen sei. Damit steht er voll in der Tradition seines Amtes.

Doch nicht alle sehen es ebenso. Die Einführung der Militärseelsorge in den fünf neuen Bundesländern stößt auf evangelischer Seite auf erhebliche Schwierigkeiten. Aus Kreisen evangelischer Pastoren ist zu hören, daß keine Neigung besteht, die überwundene sozialistische Weltanschauungsarmee durch eine neue, klerikal getröstete ersetzen zu lassen.

Sollen Kirchenfreie den Kölner Dom mitbezahlen?

Kirchen kann ein Mensch für Denkmäler aus überholten Zeiten halten, aus Zeiten, die am besten nicht mehr wiederkommen, als »Grabmäler Gottes«, um mit Nietzsche zu sprechen. Doch diese Meinung bewahrt nicht davor, für den Erhalt vieler Kirchenmuseen mitbezahlen zu müssen. Die Bürger der Bundesrepublik berappen über die Denkmalpflege Jahr für Jahr Millionen zum Erhalt und zur Renovierung von Kirchen, die nicht besonders effektiv genutzt werden. Der bayrische Landeshaushalt 1986 führte folgende Titelgruppen auf: zur Unterhaltung der kircheneigenen kirchlichen Gebäude 19,5 Millionen DM; zur Ablösung von Bauverpflichtungen des Staates 2 Millionen; zur Instandhaltung der bayrischen Dome 3,8 Millionen; zur Bauverpflichtung an einzelnen kirchlichen Gebäuden 19,5 Millionen DM. Der Etat für 1987 ging von insgesamt fast 59 Millionen DM für kirchliche Gebäude aus. Zuschüsse von Kreisen und Kommunen waren in dieser Summe noch nicht enthalten.

Nordrhein-Westfalen zahlt durchschnittlich fast ein Drittel der Landesmittel für Denkmalpflege für kirchliche Gebäude. Seit 1980 wurden allein in diesem Bundesland 190 Millionen DM an Steuergeldern für Kirchen investiert. Bayerns Aufwendungen haben sich zwischen 1980 und 1988 fast verdoppelt. Der Freistaat hat insgesamt für über 1300 kirchliche Gebäude mit staatlicher Baulast und staatseigene Kirchengebäude aufzukommen. Der kirchliche Eigenanteil liegt etwa bei 25 Prozent der staatlichen Aufwendungen. Unter diesen Umständen leuchtet es ein, daß von einem förmlichen Boom in Sachen Kirchenrenovierung gesprochen werden kann. Gemeinden entrichten bis zu 100 Prozent der Kosten für Kirchtürme, Innen- und Außenrenovierungen, Turmuhren, elektrische Läutewerke. Die Pfarrer halten die Hand auf, und die Kommunalpolitiker drängen: Keine Gemeinde will sich lumpen lassen, wenn die Nachbargemeinde bereits »renoviert« hat. Für die Innenrenovierung des Regensburger Doms zahlte Bayern 3,8 Millionen DM, bei einer Eigenleistung der Diözese von 766 000 DM. Das bedeutet, daß die reiche Kirche selbst nur ein Fünftel, die öffentliche Hand vier Fünftel der Renovierung einer Bischofskirche übernimmt. Ähnlich wird es in anderen Fällen sein: Die Renovierung des Doms zu Fulda soll Gesamtkosten von 52 Millionen DM verursachen. Wieviel will die betroffene Kirche beisteuern? Wieviel müssen die unbeteiligten Kirchenfreien auf dem Umweg über ihre Steuerzahlungen berappen? In Frankfurt ist schon klar, was auf sie zukommt: Die Restaurierung des Kaiserdoms wird etwa 28,5 Millionen DM kosten; die katholische Kirche möchte davon gerade 3 Millionen DM tragen. Das sind nicht einmal lächerliche 11 Prozent.

Das Verhältnis zwischen kirchlicher Eigenleistung und staatlicher Bezuschussung ist in Deutschland nach einem bewährten Prinzip geregelt: Immer übernehmen nichtkirchliche Stellen den Löwenanteil der Kosten, während die Kirchen ihren Eigenanteil so gering wie möglich halten. Die klerikale Lobby hat ihre nachweislichen Erfolge auch auf diesem Gebiet, zumindest solange die bundesdeutschen Steuerzahler keinen Widerstand gegen diese Plünderung öffentlicher Kassen leisten.

Bezahlen Konfessionslose für Priesterschüler,
Atheisten für Theologen?

Die Personalkosten für den Fachbereich Evangelische Theologie der Universität Hamburg lagen 1985 bei 2 Millionen DM, die Sachkosten bei 163 000 DM. Bayern gibt durchschnittlich fast 2 Millionen DM aus, um »das Einkommen der Leiter und Erzieher an bischöflichen Priester- und Knabenseminaren zu ergänzen«. Hinzu kommen jährlich 320 000 DM als Unterhaltsbeitrag für solche Seminare. Für Neubauten im Bereich des Augsburger Priesterseminars wurden 1985 und 1986 je 2,5 Millionen DM aufgebracht; das Münchner Priesterseminar kostete die Steuerzahler (auch die kirchenfreien) zwischen 1982 und 1983 über 2 Millionen DM. Nordrhein-Westfalen war die Ausbildung von Priesterschülern und Theologen 1987 etwa 25 Millionen DM wert.

Die beiden neuesten »Fälle« von Theologen, die wegen ihrer Heirat in Tübingen aus dem Amt getrieben worden sind, haben eine rege Diskussion um die Finanzierung konfessioneller Universitätsfakultäten entfacht. Der baden-württembergische Wissenschaftsminister Engler (CDU) möchte künftig die Kirche an der Finanzierung beteiligen: Immerhin machen die Gehälter der vier Tübinger infolge innerkirchlicher Querelen geschaßten Professoren pro Jahr um die 500000 DM aus. Für den vom Land zu stellenden »Ersatz« (also vier weitere Professoren) ergibt sich die gleiche Summe, Kosten für Mitarbeiter und Sachkosten nicht eingeschlossen.

Daß den theologischen Fakultäten an bayrischen Universitäten (ohne Eichstätt) 1985 nicht weniger als 166 Professoren und 166 Stellen für wissenschaftliches Personal zur Verfügung gestellt wurden (Personalkosten 30,377 Millionen DM), kann nur mit einer effizienten Lobby erklärt werden. Noch immer sind zum Beispiel Gewerkschaften nicht annähernd erfolgreich. Ihnen steht kein Weltanschauungsprofessor zur Verfügung, der an einer eigenen »Gewerkschaftsfakultät« einer staatlichen Universität besoldet würde. Noch immer – wie lange noch? – läßt es sich auch ohne Volk klerikal leben.

Die von den (alten) Bundesländern zu tragenden Kosten für die Priester- und Theologenausbildung an Universitäten und Kirchenhochschulen werden gegenwärtig auf eine volle Milliarde DM pro Jahr geschätzt; eine horrende Summe. Noch makabrer wird diese Zahl, wenn man bedenkt, daß sie in etwa der Summe entspricht, die die Kirchen aus eigenen Mitteln für das öffentliche Sozialwesen ausgeben. Also: Hier eine Milliarde vom Staat für den Klerikernachwuchs, da die gleiche Summe von der Kirche für die Caritas. Eine um so üblere – wenn auch oft angewandte – Methode ist es, Konfessionslose als Schmarotzer kirchlicher Sozialeinrichtungen zu diffamieren. Zum einen wenden die Kirchen nur einen sehr geringen Prozentsatz ihrer Kirchensteuereinnahmen für öffentliche karitative Zwecke auf, zum anderen finanzieren Kirchenfreie über ihre allgemeinen Steuern die Priesterausbildung, den Religionsunterricht, die Militärseelsorge und andere typisch klerikale Einrichtungen mit. Stellt man die kirchlichen Sozialleistungen zugunsten der Öffentlichkeit den Subventionen der öffentlichen Hand für klerikale Angelegenheiten gegenüber, so ergibt sich ein krasses Mißverhältnis von mehr als 1:8 zum Nachteil der Konfessionslosen. Wer's nicht glauben will, plädiere für eine schrittweise vorzunehmende Entflechtung staatlicher und kirchlicher Subventionierung und lasse verifizieren, welche Seite mehr von der anderen profitiert!

Was hat sich denn da angehäuft?

Geld statt Geist. Manche wollen dies gar nicht gern hören. Doch die Fakten sprechen augenfällig für die Richtigkeit dieses klerikalen Leitsatzes. Es ist ja nicht so, als hätten die Kirchen die Armut gepachtet. Nicht einmal erfunden haben sie diese. Wer sich aufmerksam umschaut, sieht an allen Ecken und Enden, was sich in den Jahrhunderten des Raffens hat anhäufen lassen. Er begreift, weshalb die Propheten des Verzichts, die im Lauf der Kirchengeschichte aufgetreten sind, kein Gehör fanden. Wo Geld ist, wo der Wille zum Geld ist, sammelt sich weiteres Geld. Unaufhaltsam. Die Fensterreden über Opfer und Verzicht, die sich die Besitzenden Sonntag für Sonntag in ihren Predigten abringen, sind weder ernst gemeint, noch ernst zu nehmen. Klerikaler Grund- und Aktienbesitz sprechen die wahre Sprache. Es gehört nicht viel guter Wille dazu, sie auch zu hören.

Wieviel Grund und Boden besitzen die Kirchen?

Nach dem Ende der Hitler-Diktatur präsentierte sich die Catholica – vertreten durch ihre Bischöfe – als jene Institution, die fast als einzige moralisch integer und ohne größere Schuld aus dem Bankrott des Dritten Reiches hervorgegangen sei. Westdeutschland fing wieder an zu beten. Mitten im materiellen und ideellen Chaos der frühen Jahre gelang es der Kirche, sich ohne Anerkenntnis eigener Schuld einer aufgewühlten bis verwirrten Öffentlichkeit als Wahrerin ewiger (und damit unzerstörbarer) Werte anzudienen. Flugs reparierten die Wechsler ihre Tische, stellten sie wieder auf und machten ihre Geschäfte, als sei nichts gewesen.

Papst Pius XII. erwies sich als Schrittmacher. Auch seine Geisteswende 1945 grenzte ans Wunderbare. Wieder einmal hatte der Pontifex alles von Anfang an gewußt; von neuem begann er, seine wegweisenden Reden zu halten, wenn auch mittlerweile in die andere Richtung. Über die Ermordung von Millionen Juden verlor er ebensowenig ein Wort wie über den Anteil seiner Person und seiner Kirche an der Legitimation und Festigung des Nationalsozialismus. Die Richtung, die der oberste Wendehals wies, wurde wegbestimmend für die katholische Zukunft: Ganze klerikale Literaturen – so der Historiker Hans Kühner – sind seit 1945 bemüht, »jede Andeutung von Mitschuld und Mitverantwortung weit von sich zu weisen und jeder sachlichen Dokumentation ... Wert, Gewicht und zum Teil wirklich christliches Bemühen um Erkenntnis abzusprechen und als Kirchenfeindschaft auszulegen, was der Wahrheitsfindung dient«. Nicht ohne Wirkung auf gläubige Gemüter: Noch im Juni 1986 hat Bundeskanzler Kohl bedauert, »daß einem der Vorgänger des jetzigen Papstes durch einen Schriftsteller deutscher Zunge Unrecht widerfahren« sei. Die Rede war von Rolf Hochhuth und dessen »Stellvertreter«-Trauerspiel um den großen Schweiger Pius XII. Vom Unrecht, das

Menschen durch Päpste widerfahren ist, hat kein Bundeskanzler im Namen des deutschen Volkes auch nur ein Sterbenswörtchen gesagt.

Während ringsum alles in Trümmern lag, während die vielen vorletzten Ideale entlarvt waren, zeigte sich eine Institution ohne jeden Makel. Eine für die »Lobbyistin des Himmels« ausgesprochen günstige Zeit. Günstig nicht nur in ideeller Hinsicht. Günstig auch, was die pekuniäre Seite des Unternehmens betraf. Einer Kirche, die sich als siegreich Gerettete präsentierte und den ausgehungerten Hirnen und Herzen zeitlose Wahrheiten predigte, krümmte keiner der neuen Beter ein Haar. Kriegsschuld hatten andere zu tragen. Die Frage nach Reparationsleistungen stellte sich dieser Kirche nicht. Von einer Institution, die sich als schuldfrei definiert hatte, Derartiges zu verlangen, wäre als Skandal empfunden worden. Eine Retterin erntet Dank.

Was heute vergessen wird: Kirchen hatten bereits in den ersten Jahren nach dem Zweiten Weltkrieg wieder einen respektablen Kredit (Glaubwürdigkeit) und erhebliche geldwerte Vorsprünge – genau wie nach dem Ersten Weltkrieg, als der Klerus die Inflation vermöge seines ausländischen Kapitals in Deutschland derart nutzte, daß er hier – um nur dies zu nennen – von 1919 bis 1930 monatlich durchschnittlich zwölf bis dreizehn Klöster gegründet hat. Der sogenannte Neuanfang und der Neuaufbau nach 1945 sind Leistungen des Wiederaufbaus gewesen: Die ererbten Strukturen und Besitzverhältnisse wurden im vollen Wortsinn restituiert, wiederaufgebaut. Die Kirchen konnten mit der Garantie des Status quo gut bis sehr gut leben. Ihr Vorsprung hat es ihnen erleichtert, Monopole auszubauen und die Prozesse der Konzentration wirtschaftlicher Macht zu nutzen. Das garantierte ideelle und materielle Vermögen war eine Quelle zusätzlichen Einkommens und dieses wiederum eine Quelle zur Bildung neuen Vermögens. Kein Wunder, daß sich in der Hand der Großkirchen eine immer größer werdende ökonomische und politische Macht konzentrierte. Nein, kein Wunder, keine hilfreiche Hand Gottes, sondern das Resultat wirtschaftlicher Prozesse, wie sie – unter dem Schutz eines weltanschaulich neutralen Staates – zugunsten der besitzenden Kirchen erfolgen. »Wer hat, dem wird noch dazugegeben werden.« (Mt 13, 12) Eines der seltenen Worte aus der Heiligen Schrift, die sich auf klerikale Praktiken anwenden lassen.

Es war den Kirchen nicht nur geglückt, ihre früheren Liegenschaften und Ländereien aus dem Chaos zu retten. Sie konnten auch für den beim Wiederaufbau abgetretenen Grund und Boden meist größere Ersatzländer erwerben. Verringert hat sich ihr Besitz an landwirtschaftlich genutzten (und verpachteten) Böden, an Wald und bebauten Grundstücken nicht, auch wenn – aus Gründen der Wirtschaftlichkeit – immer wieder umgeschichtet wurde. Der gesamte Besitz der katholischen Kirche in der Bundesrepublik an landwirtschaftlicher Nutzfläche wird 1967 auf 3,5 Milliarden Quadratmeter geschätzt – eine Fläche etwa elfmal so groß wie die der Stadt München. Von diesen 3,5 Milliarden Quadratmetern waren 1967 ungefähr 77,5 Prozent verpachtet – und brachten mindestens 45 bis 50 Millionen DM an jährlicher Pacht ein.

Der entsprechende Grundbesitz der evangelischen Landeskirchen ist verhältnismäßig gering, doch auch nicht unerheblich. 1967 wurde er auf 700 Millionen Quadratmeter landwirtschaftliche Nutzfläche geschätzt, also auf ein Fünftel des römisch-katholischen Besitzes. Die evangelische Landeskirche Berlin-Brandenburg gab 1987 an, unter anderem über 226 Hektar »Kirchhofs-Land« zu verfügen und auf Kirchhöfen über 23 »Wartehallen und Läden«. Der Haushaltsplan der katholischen Kirche in West-Berlin führte 1989 an Grundstückserträgen 771 000 DM an. Zinserträge aus demselben Jahr haben in Berlin 3,5 Millionen DM ausgemacht. Nach einer Mitteilung von 1977 besaßen die evangelischen Kirchen in der DDR, damals die einzigen nichtstaatlichen Großgrundbesitzer, dort etwa 1,5 Milliarden Quadratmeter Ackerland. Die evangelische Kirche ist – nach der katholischen (wie immer) – die zweitgrößte nichtstaatliche Grundeigentümerin Deutschlands. Zum Vergleich: Die drei Stadtstaaten Hamburg, Bremen und West-Berlin kommen mit 1,634 Milliarden Quadratmetern zusammen auf eine nur geringfügig größere Gesamtfläche.

Ein Großteil des kirchlichen Vermögens besteht aus Gebäuden, die dem Kult und dessen Dienern dienen. Kathedralen, Kirchen, Kapellen und Pfarrhäuser sollen freilich, wie immer wieder zu hören ist, »kaum einen Marktwert« haben. Doch fänden solche Gebäude, stünden sie je zum Verkauf, wirklich keine Interessenten? Diese Werte stehen nicht einfach bloß auf dem Papier. Ob sich zwar ein Käufer für den Kölner Dom einfände, müßte sich erst noch zeigen. Sicher ist, daß all die Pfarr- und Gemeindehäuser, die es in jedem Ort gibt, jederzeit verkäuflich wären. Die 1967 von Klaus Martens genannten Schätzungen des kirchlichen Besitzes in Höhe von sechs bis zehn Milliarden DM sind realistisch. In der Zwischenzeit erfuhr der Kirchenbesitz einen Wertzuwachs, so daß er gegenwärtig auf etwa zwanzig Milliarden DM geschätzt werden kann. Solche Schätzungen enthalten noch nicht die zunächst unschätzbar erscheinenden Werte, die den Kirchen auch gehören: Kunstschätze in Milliardenhöhe. Hinzu kommen die riesigen (auf eine dreistellige Milliardenzahl geschätzten) Vermögen der »karitativen« Einrichtungen der Kirchen. Auch diese Werte werden gern als unrentabel eingestuft. Gewiß erbringen Kindergärten und Altersheime keinen großen wirtschaftlichen Nutzen. Doch sind sie deswegen noch keine Nullen in der Berechnung eines Gesamtvermögens.

Die Kirchen sind mit den Renditen ihrer Ländereien ebensowenig unzufrieden wie mit den Erfolgen ihrer unternehmerischen Aktivitäten. In aller Stille wird einiges eingefahren. Öffentlich sprechen Kleriker davon, daß die – zu wesentlichen

Teilen aus dem Mittelalter stammenden und recht zweifelhaften – Besitztümer an Wald, Weinberg und Wiese keine hohen Erträge abwerfen. Warum aber geben die Kirchen solche als unrentabel bezeichneten Grundstücke nicht einfach auf? Sie werden als »Tauschpfänder« benötigt, wenn die Kirche an »geeigneter Stelle Bauplätze für Heime und Kindergärten sucht«, heißt eine offiziöse Auskunft. Gegen dieses Argument haben es jene Bauern schwer, die das kirchliche Gebaren erregt, das notwendige Flurbereinigungen unmöglich macht. Wer möchte schon daran mitschuldig sein, daß keine Kindergärten mehr gebaut werden können, weil er gerade dem Pfarrer ein Grundstück abgekauft hat? Die katholische Kirche – in Bayern trotz der Säkularisation noch immer größte nichtstaatliche Grundbesitzerin – kauft bis heute immer wieder über verschiedene Stiftungen den Besitz verschuldeter Bauern auf.

Soll niemand mehr die Kirche »beschenken«?

Klerikale Empfehlungen haben ihre Methode und ihre Tradition. Der Theologe Salvian hatte bereits im 5. Jahrhundert wohlhabenden Eltern empfohlen, ihr Vermögen lieber der Kirche als »Opfergabe« zu hinterlassen als den eigenen Nachkommen, weil es besser sei, die Kinder litten in dieser Welt, als daß die Eltern in der nächsten verdammt würden. Im Jahr 321 wurde die Kirche allgemein zur Annahme von Erbschaften berechtigt. Dies trug ihr soviel ein, daß kaum zwei Generationen später der christliche Staat Gesetze erlassen mußte »gegen eine Ausbeutung frommer Gläubigkeit, besonders der Frauen durch den Klerus«. Gleichwohl wuchs der kirchliche Besitz ins Riesenhafte, da die Schenkungen epidemische Ausmaße annahmen: Die Kirche besaß zeitweilig ein Drittel Europas.

Wer ein Stück Land an die Kirche verschenkt, damit diese ein Altersheim darauf errichtet, kann glauben, er habe auf Erden Gutes getan. Aber wem hat er es getan? Den anderen, den

Beschenkten, oder sich selbst? Gerade im »Glauben« liegt dann viel Gewalt beschlossen, wenn auch nur der geringste materielle oder ideelle Nutzen mit im Spiel ist. Oder läßt sich bei solchen Schenkungen etwa ganz ausschließen, daß der Schenkende sich »da drüben« besser versorgt glaubt, als wenn er nicht geschenkt hätte? Ein religiöser Mensch, sagt Nietzsche, denkt nur an sich. Und ist es von vornherein undenkbar und jeder menschlichen Erfahrung fremd, daß sich diejenigen, die eine solche Schenkung anregen, des Mediums »Glauben« bedienen, um an Geld und Gut anderer zu kommen? Ganz uneigennützig sind weder die Schenkenden noch die Beschenkten. Die einen glauben, für den Himmel Schätze erworben zu haben. Die anderen wissen, daß sie schon hier auf Erden Schätze erlangt haben. Von denjenigen, welchen die Schenkung dienen soll, ist bei solchen Geschäften meist nur am Rand die Rede. Das ist konsequent: Sie, die Armen, sind austauschbar. Der Schenkende ist verstorben, die Kirche hat das Grundstück, und die Armen sind darauf angewiesen, daß sie es wenigstens nutzen dürfen. Gehören wird es ihnen in keinem Fall. Immer sind sie in der Rolle derer, die das Almosen aus dem Eigentum (der Kirche) empfangen. Es ist nicht unwichtig, sich solche Grundregeln einzuprägen. Sie sind immer und überall gültig, wo es um Schenkungen an die Kirche geht. Wo geschenkt und vererbt wird, häuft sich Geld. Schon 1940 wurde das Rohvermögen der Klöster in Deutschland auf über 608 Millionen Reichsmark beziffert. Und der Gemeinschaftsbesitz von Klöstern in der Bundesrepublik wird inzwischen vorsichtig auf drei Milliarden DM geschätzt. Es ist offenbar gelungen, das Armutsgelübde, das für den einzelnen Mönch und die einzelne Nonne gilt, im Hinblick auf die »Gemeinschaft« von Nonnen und Mönchen zu umgehen.

Die Anteile der Kirchen an sonstigen Wirtschaftsunternehmen der Bundesrepublik werden als »unbedeutend« eingestuft. Diese Harmlosigkeit vortäuschende Bezeichnung wird gestützt durch Hinweise auf die eine oder andere Brauerei von regionaler Bedeutung, die der Kirche gehört. Doch sagen solche Hinweise mehr, als sie selbst wollen. Daß es in Passau eine diözesane Brauerei, in Bayern ein Dutzend Klosterbrauereien, an Rhein und Mosel kirchliche Weingüter gibt, daß Klosterliköre ebensogern produziert wie getrunken werden, daß Wallfahrer-Tropfen ihre Gewinne abwerfen, daß man ein paar kircheneigene Hotels und Restaurants unterhält, malt ein idyllisches Bild von der Gesamtlage. Kaum jemand verdenkt es dem Klerus, wenn er sich auf diese Weise ein bescheidenes Zubrot verdient – oder sich für seinen Dienst an den Armen der Republik rüstet. Doch kann nicht übersehen werden, daß diese paar Brosamen vom Tisch einer sehr reichen Institution fallen, die anderweitig unverhältnismäßig mehr Geld gemacht hat und macht, durch Industriebeteiligungen nämlich und Wertpapierbesitz in Milliardenhöhe. Über diese stillen Teilhaberschaften spricht man unter geistlichen Herren nicht. Auch sind Kleriker als Mitglieder oder Vorsitzende von Aufsichtsräten so gut wie nie im Gespräch.

Priester nennen ungern die Summen, die aus frommen Stiftungen und Spenden stammen. Ein einziges bundesdeutsches Bistum rechnet jedoch pro Jahr allein mit einem Spendenaufkommen von 33 Millionen DM. Ein evangelischer Präses stellt fest, daß noch immer testamentarische Millionen fließen, die rheinischen Schwerindustriellen jedoch nicht mehr wie früher hohe Stiftungen aussetzen. Wer weiß? Der Lehrsatz, daß man Trinkern, Spielern und Pfarrern kein Geld schenken soll, weil dies das Problem nur verlängert, ist noch nicht allgemein anerkannt.

Gibt es realistische Alternativen zur Kirchensteuer?

Immer wieder tauchen Vorschläge auf, die eine Änderung des Status quo anstreben. 1968 setzte der Bonner Kirchenrechtler Hans Barion anstelle der »Austritts-Alternative« eine »Weigerungs-Alternative«. Der Frankfurter Jesuit Oswald von Nell-Breuning hat diesen Vorschlag aufgegriffen und 1969 angeregt, der Staat solle künftig den Einzug der Kirchensteuern davon abhängig machen, ob der Steuerpflichtige widerspricht oder nicht und damit formlos seine Einwilligung gibt oder verweigert. Dadurch könne der einzelne sich dem staatlichen Inkasso entziehen, ohne deshalb schon kraft rechtsförmlicher Erklärung mit der Kirche brechen zu müssen. Und der damalige Ratsvorsitzende der Evangelischen Kirche in Deutschland, Bischof Scharf, hatte sich schon 1967 gegen das Staatsinkasso als solches ausgesprochen. Keiner der beiden Vorschläge war erfolgreich. Das liegt nicht allein an dem unheilbar guten Gewissen der Kleriker. Es hat auch mit Angst zu tun, die jede Veränderung bei den von ihr Betroffenen erzeugt. Die Kleriker, die zu wesentlichen Teilen von der Kirchensteuer leben, bekommen Angst um ihre Existenz, und die sogenannten einfachen Christen bekommen gezielt Angst gemacht: Wird verändert, wird alles schlimmer. Jedes Experiment auf diesem heiklen Gebiet kann nur schiefgehen. Würden alle jedoch ehrlich und vollständig informiert, sähe alles anders aus.

Anregungen für eine Wende gibt es genug. Die Interessierten brauchen sich nur umzusehen, wie das Problem in den anderen Wohnungen des gemeinsamen europäischen Hauses staatskirchenrechtlich geregelt ist. Beispiel Kirchensteuer: 1972 wurde in der Bundesrepublik eine Alternative zum gewohnten System der Kirchenfinanzierung vorgelegt (»Herrmann-Modell«). Dieses Modell, das eine Solidarabgabe aller Bürgerinnen und Bürger für Gemeinschaftsaufgaben anregte, hat man in Deutschland schnell unter den Teppich gekehrt. Andere Länder zeigten weniger Berührungsängste. Seit ein paar Jahren ist es in Europa zweimal (in modifizierter Form) eingeführt worden. Der Vatikan hat sich bereits 1979 in einem Vertrag mit Spanien auf ein Modell festlegen lassen (oder es selbst gewählt, um keine noch größeren Einbußen zu erleiden), das in der Bundesrepublik noch nicht einmal 1991 als diskutable Lösung der eigenen Probleme gilt. Die Steuerpflichtigen in Spanien konnten in ihrer Erklärung ankreuzen – entweder »für die wirtschaftliche Erhaltung der katholischen Kirche beizutragen« oder »andere Ziele von sozialem Interesse« mit ihrem Beitrag von etwas über einem halben Prozent des Steuerbetrages mitzufinanzieren«. 37 Prozent der Spanierinnen und Spanier haben sich dabei für die Zahlung ihrer Solidarabgabe an die Kirche entschieden. Das entspricht etwa der Zahl der regelmäßigen sonntäglichen Kirchenbesucher.

Das Konkordat zwischen dem Heiligen Stuhl und der Republik Italien vom 18. Februar 1984, welches die 1929 mit Mussolini geschlossenen Lateranverträge revidieren sollte, ging einen ähnlichen Weg. Zwar ist es noch immer durchsetzt mit typisch klerikalen Ansprüchen, gegen die viele Italienerinnen und Italiener seither protestieren. Doch auch dies Konkordat – und seine Zusätze – sind auf finanziellem Terrain weitaus moderner als die veralteten Verträge, an die sich die Bundesrepublik noch immer halten muß, weil sich offenbar niemand findet, der hier durchgreifend ändern will. In Italien ist dies geschehen. Die Steuerpflichtigen können persönlich darüber bestimmen, wer Steuergelder erhalten soll. Die Gelder derjenigen, die nicht optiert haben, werden aufgeteilt, wie es der prozentualen Gesamtentscheidung all derer entspricht, die sich festgelegt haben. Wer nicht optiert, wendet wenigstens einen Teil seines Steuergeldes der Kirche zu. Wie wäre es mit einer ähnlichen Solidarabgabe bei uns? Mancher Steuerpflichtige ergriffe doch die Chance und investierte sein Geld lieber in Projekte des Umweltschutzes als in die Besoldung des Küsters an einer Bischofskirche, wäre das bereits möglich. Geld für bedrohte Bäume statt für den Druck von bischöflichen Verordnungsblättern? Solidarabgaben für die Reinhaltung des Grundwassers statt für Militärmeßweine? Ein Land wie die Bundesrepublik, wo die Religion in der Rangliste der Bedürfnisse auf einen der untersten Plätze abgerutscht und Kirche zum Überflüssigsten in der Überflußgesellschaft degeneriert ist, leistet sich noch immer die teuerste Kirche der Welt.

Wozu brauchen die Kirchen überhaupt noch Geld?

Wer schon bei dieser Frage zuckt, beweist, wie sehr er das Opfer seiner Kirche ist. Offenbar macht es einem solchen Opfer nichts aus, daß die Kirchen an Geld und Gut nehmen, was immer sie und von wem auch immer sie's bekommen können. Ein richtiges Opfer der Kirche interessiert sich auch nicht dafür, was die Kirchen mit dem eingenommenen Geld tun. Wer gibt es wieder aus und wer nicht? Und wofür gibt der Kleriker (nicht der Laie) es aus? Etwa, wie das Opfer meinen soll, für die »Caritas«? Der Vatikan läßt Sündenböcke suchen. Papst Wojtyla meint: »Wenn das sittliche Gefüge einer Nation geschwächt wird, wenn das persönliche Verantwortungsbewußtsein abnimmt, dann ist die Tür offen für die Rechtfertigung von Ungerechtigkeiten, für Gewalt jeder Art und für die Manipulation der Mehrheit durch eine Minderheit.« Seine eigene Kirche, die Minderheit der Klerikalen, wollte er damit gewiß nicht angesprochen haben.

Wer gibt das Geld der Kirchen wieder aus?

Wofür die Milliarden an Kirchensteuereinnahmen ausgegeben werden, ist noch immer nicht sehr klar. Kleriker lassen sich nur ungern in die Karten schauen. Sie arbeiten gewinnträchtiger mit Andeutungen. Im übrigen wird mit Kirchensteuermitteln zumindest in der katholischen Kirche nicht demokratisch verfahren: Der jeweilige Bischof hat stets das letzte und entscheidende Wort. Die katholischen Diözesankirchensteuerräte demokratischer mit unabhängigen und kompetenten Leuten zu beschicken, statt sie von Pfarrern und Bischöfen »handverlesen« zu gestalten, ist ein noch immer utopischer Wunsch vieler Katholiken. Dasselbe gilt für die Option, nicht mehr in absurd gewucherte diözesane und gemeindliche Bürokratien zu investieren, sondern endlich andere Prioritäten in den kirchlichen Haushalten zu setzen (Dritte Welt).

Die katholische Kirche hat noch keine ernsthaften (und schmerzhaften) Konsequenzen aus dem Grundsatz »Besteuerung ohne Vertretung ist Tyrannei« ziehen müssen, dessen Mißachtung unter anderem die Loslösung Nordamerikas von der englischen Krone mitbewirkt hat. Auf evangelischer Seite ist dagegen aufgrund synodaler und presbyterialer Verfassungen eine Mitwirkung »von unten« gegeben.

Da die Milliarden aufgrund des in der Bundesrepublik geltenden Systems fließen und nicht eigens eingeworben werden müssen, wird eine Verselbständigung der amtskirchlichen Bürokratie gefördert. Das bundesdeutsche Kirchensteuerwesen begünstigt die Machtkonzentration auf den höheren Leitungsebenen. Diese sind, auf katholischer Seite, Männern vorbehalten. Mit Hilfe von Kirchensteuerkapital kann eine »Abweichung« in nachgeordneten und finanziell abhängig gehaltenen Gremien (Pfarreien) oder bei Einzelpersonen (Arbeitnehmer im Kirchendienst) diszipliniert werden. Der finanzielle Druck kommt stets von oben. Das ist systemimmanent, wo Geld und Herrschaft Hand in Hand gehen.

Viele Menschen glauben der immer wieder aufgestellten Behauptung, der Großteil der Kirchensteuer komme sozialen Zwecken zugute. Das ist falsch, und für falsche Behauptungen kann es kein Gewohnheitsrecht geben. In Wirklichkeit werden 60 bis 80 Prozent der Kirchensteuereinnahmen für die Bezah-

lung von Pfarrern und anderen Kirchenbediensteten ver-
braucht. Der Rest der Kirchensteuereinnahmen fließt größten-
teils in die kirchliche Verwaltung sowie in Kirchenbauten und
-renovierungen. Für öffentliche soziale Zwecke bleibt – selbst
nach Angaben aus Kirchenkreisen – nur relativ wenig: etwa 8
Prozent der Einnahmen.

Die Evangelische Landeskirche Württemberg, die mit 910
Millionen DM an Kirchensteuern rechnet, beziffert den Sozial-
anteil (Diakonisches Werk, Familienhilfe, Beratungsstellen,
Ausbildungsstätten) im Jahreshaushalt 1991 auf 7,29 Prozent,
die entsprechenden Personalausgaben auf 4,74 Prozent. Das
Bistum Essen gab 1981 ganze 8 Prozent für Caritas und soziale
Dienste an. Die Behauptung, die Kirchen gäben Milliardenbe-
träge für soziale Dienste aus, wird nicht bewiesen. Das Gegenteil ist wahr: Sie nehmen Milliarden aus Steuermitteln für
solche Zwecke ein. Was viele jedoch nicht wissen können – oder
nicht wissen dürfen: Die Kosten von konfessionell betriebenen
Schulen, Kindergärten, Krankenhäusern und Altersheimen
werden ganz überwiegend aus öffentlichen Steuermitteln finanziert, soweit sie nicht ohnehin aus Elternbeiträgen, Kran-
kenkassensätzen usw. bezahlt werden. Auf diese Weise aber
bittet man auch jene Millionen BundesbürgerInnen zur Kasse,
die aus der Kirche ausgetreten sind. Auch sie finanzieren konfessionelle Einrichtungen mit. Übrigens dienen nicht geringe
Teile der stillen Mitfinanzierung der Kirchen dazu, über die
geistige Indoktrination (Kanzel, Katheder) die Nichtmitglieder
oder Ausgetretenen zu diskrimieren – oder sie (und ihre Kinder) zumindest zu missionieren. Millionen zahlen so für ihre
eigene Bekehrung Milliarden. Kein Wunder, daß andere Staaten das »Modell Deutschland« nicht übernehmen wollen, obwohl es ihnen von interessierten Klerikern noch immer ange-
dient wird. Das Kirchensteuer-Modell macht entgegen einer
hartnäckig aufgestellten Behauptung die Kirchen nicht frei.
Geld macht wohlhabend – und fettsüchtig. Daß die bundes-

deutsche Kirche die beste der Welt sei, glaubt sie wohl selbst nicht. Daß sie die reichste wurde, kann kaum als Auserwählung im Sinne der Bibel gelten.

Ob beamtete Kirchendiener dies anders sehen? Im Westteil der Bundesrepublik, also auf dem Territorium der reichsten Kirche der Welt, sank die Zahl der Priester zwischen 1965 und 1989 von 27 500 auf 18 900; ein beredtes Zeichen für die wahre Lage einer auf Hierarchien gegründeten Organisation. Im Kirchendienst stehen schon heute mehr Männer über siebzig als unter dreißig. Genügend Nachwuchs ist nicht in Sicht: Begannen 1962 noch 777 Priesteramtskandidaten mit dem Theologiestudium, so waren es 1989 nur noch 429. Die Folgen: Etwa ein Viertel der rund 12 400 westdeutschen Pfarreien hat keinen eigenen Pfarrer mehr. Priester werden hin und wieder notgedrungen zu Multifunktionären, und die Stimmung unter ihnen gilt seit langem als miserabel.

Wie die Hirten, so die Herde? Die vom kirchlichen Personal angebotenen Service-Leistungen werden immer weniger angenommen. Eine repräsentative Umfrage der Gesellschaft für rationelle Psychologie ermittelte 1990, daß 87 Prozent der Männer und 74 Prozent der Frauen in Deutschland »so gut wie nie« und nur 8 Prozent der Deutschen jeden Sonntag zur Kirche gehen. Auf die Frage, ob sie häufiger zur Kirche gingen, wären die Kirchen »so wie im Fernsehen« (wo sich neuerdings Pfarrer- und Nonnenserien ablösen), antworteten 4 Prozent mit Ja, dagegen 96 Prozent mit Nein. Die Einstellung zu den realen Kirchen verbesserte sich durch die TV-Serien mit kirchlicher Thematik bei nur 9 Prozent, verschlechterte sich bei 5 Prozent – und blieb bei 86 Prozent so wie immer. 1986 waren bereits bei 12,1 Prozent der Geburten ein Elternteil konfessionslos. Nur 10 Prozent der 25- bis 44jährigen Eltern sehen in der religiösen Erziehung ihrer Kinder noch ein lohnendes pädagogisches Ziel. Aber Kirchensteuer zahlen noch immer wesentlich mehr Menschen.

Was hat die Kirche eigentlich für die Dritte Welt getan?

Aus Kirchensteuermitteln wird den Entwicklungsländern kaum geholfen. Was ihnen zufließt, stammt überwiegend aus Spendengeldern. Überall hält man die Deutschen für spendefreudig. Sie haben Geld, raunt es ringsum, und sie geben es für gute Zwecke aus. Worauf es ankommt: »gute Zwecke« erfolgreich zu definieren. Die Kirchenlobby ist darin seit langem beispielgebend tätig. Wer das Spendengeld ausgibt und wie er es ausgibt, unterliegt bis heute manchem Zweifel. Der katholische Kirchenrechtler Georg May (Mainz) meint, die Gläubigen seien davor zu schützen, »ihre Opferbeiträge zu unkatholischen Zwecken verwendet zu sehen«. Am wirksamsten werde dieser Schutz »immer noch von dem universalen Hoheitsrecht des Heiligen Vaters gewährleistet«. Das impliziert, daß den Landesbischöfen selbst in dieser Hinsicht nicht zu trauen ist.

Gezahlt wird dennoch. Amtliche Kollekten der evangelischen Landeskirche, die den geringeren Teil des Spendenaufkommens ausmachen, ergaben in West-Berlin zwischen 1970 und 1986 pro Jahr durchschnittlich 1,5 Millionen DM. Die bundesdeutschen Katholiken haben 1980 nicht nur 4,5 Milliarden DM an Kirchensteuer aufgebracht, sondern auch 1 Milliarde DM an Spenden. 1979 wurden für das Lateinamerika-Hilfswerk »Adveniat« 105 Millionen DM, für das bischöfliche Hilfswerk »Misereor« 102 Millionen DM und für das Hilfswerk »Missio« 100 Millionen DM gespendet. Die sogenannten missionierenden Orden haben 1980 etwa 138 Millionen DM in Länder der Dritten Welt investiert; 85 Prozent dieser Mittel stammten aus Spenden von Katholiken der Bundesrepublik. Weitere Gelder kommen aus staatlichen Zuschüssen zur katholischen »Entwicklungshilfe« – die stets Mission ist – sowie von Spenden deutscher Glücksspiel-Unternehmen. Die Kirchen erhalten ferner Jahr für Jahr von staatlicher Seite einen Zuschuß in Höhe von über 100 Millionen DM für ihre Missionsprojekte;

die »Glücksspirale« hat 1984 rund 4 Millionen DM an die Caritas bezahlt.

Die sogenannten guten Zwecke sind selten fest umrissen. Zum einen lassen heutige Theologen häufig eine endzeitliche Aufgeregtheit erkennen, wenn sie soziale Themen ansprechen. Sie »schwelgen in weltweiten Dimensionen des Hungers, der Not und der Unsicherheit« (Religionssoziologe Günter Kehrer). Konkrete Korrekturen, partielle Lösungen, kleine Schritte sind ihnen zuwenig. Zum anderen streuen Bischöfe Sand in die Augen der Spender. Das bischöfliche Hilfswerk für Lateinamerika mit dem sinnigen Namen »Adveniat« (»Dein Reich komme«) rechnet offensichtlich nicht mit dem geschichtlichen Gedächtnis der Menschen. Denn nach Südamerika ist das »Reich« schon einmal gekommen, und der Subkontinent trägt noch heute schwer an den Folgen. Seine Länder haben sich nicht von diesem mörderischen Ereignis erholt. »Die Christen«, schreibt ein Beobachter aus dem 16. Jahrhundert der Mission, »drangen unter das Volk, schonten weder Kind noch Greis, weder Schwangere noch Entbundene, rissen ihnen die Leiber auf und hieben alles in Stücke, nicht anders, als überfielen sie eine Herde Schafe... Sie machten auch breite Galgen... hingen zu Ehren und zur Verherrlichung des Erlösers und der 12 Apostel je dreizehn und dreizehn an jeden derselben, legten dann Holz und Feuer darunter, und verbrannten sie alle lebendig... Da nun die Indianer, welches jedoch nur ein paarmal geschah, einige Christen in gerechtem und heiligem Eifer erschlugen, so machten diese das Gesetz unter sich, daß allemal hundert Indianer umgebracht werden sollten, so oft ein Christ von ihnen getötet wurde.«

Adveniat? Die Insel Haiti war von einem hochstehenden Indianervolk besiedelt. Bei Ankunft der Katholiken lebten dort über eine Million Einwohner, wenige Jahre später waren es gerade noch tausend. Johannes Paul II. aber sagte bei seinem Besuch auf der Insel: »Die Kirche möchte sich den Indios widmen. Heute ebenso, wie sie es an ihren Vorfahren tat. Hier wurde unter Schwierigkeiten und Opfern Schönes erreicht.« Derselbe Papst leistete es sich, 1980 einen der Indio-Missionare zur Ehre der Altäre zu erheben, einen »Apostel Brasiliens«, der seinerzeit gerufen hatte: »Schwert und Eisenrute sind die besten Prediger!« Von einem Widerspruch derer, die das Hilfswerk »Adveniat« bedienen, verlautete bis heute nichts.

Nichts gegen die Spendenfreudigkeit deutscher Katholiken. Sie verschafft ein gutes Gewissen und von seiten des Papstes hohes Lob. Ob aber auch nur einer von denen, die Jahr für Jahr für den guten Zweck des »bischöflichen Hilfswerks« spenden, über die mörderischen Umstände der ersten »Ankunft des Gottesreiches« in Lateinamerika informiert worden ist? Von einem Schuldbekenntnis des Papstes und seiner Kirche wurde nichts bekannt. Von einer Entschädigungsleistung ebensowenig, die die »Liebesreligion« an die Erben jener millionenfachen Blutopfer entrichtet hätte. Adveniat? In Brasilien besitzen heute drei Prozent der Einwohner fast zwei Drittel der Fläche des ganzen Landes. In manchen Regionen kommt auf 300000 Einwohner ein einziges Krankenhaus. Hat das Christentum in den letzten 500 Jahren zur sozialen Ordnung auf diesem Hunger-Kontinent geführt? Der Papst, Haupt des millionenschweren Vatikans, sagte den Ärmsten da drüben seine »besondere Zuneigung« zu. Ob er aber aus seinen eigenen Beständen mitzahlt? Hilfswerke wie die bundesdeutschen »bischöflich« zu nennen ist ein grober Etikettenschwindel. Bischöfe helfen am allerwenigsten. Sie lassen nur jene Gelder verteilen, die Nichtbischöfe gespendet haben. Kein Spender kann darüber bestimmen, wohin sein Geld fließt. Das regeln allein die Oberhirten, die innerkirchliches Wohlverhalten in Lateinamerika finanziell belohnen können oder nicht. Immerhin liegt ein Bericht vor, nach dem südamerikanische Bischöfe die dortigen »Befreiungstheologen« per Computersystem überwachen lassen. Wer wohl diese Datenbank finanziert hat?

Ein weiterer Bericht existiert, wonach Bischöfe in Lateinamerika in Palästen residieren, die Zeitungen kontrollieren, zu
den das Volk ausbeutenden Politikern stehen und das ihnen
selbst gespendete Geld für die dubiosesten Zwecke verwenden.
»Während meiner Anwesenheit in Lateinamerika verbrachten
die Geistlichen aller Ränge ihre Zeit damit, Geldsammlungen
zu veranstalten; vom Ergebnis behielten sie, wenn sie zum
Beispiel zehntausend Dollar erhalten hatten, viertausend für
sich, und für den Zweck, für den die Spende erhoben worden
war, wurden am Ende noch zweitausend Dollar ausgegeben.«
Dies Urteil stammt von dem katholischen Geistlichen Giuliano
Ferrari, der – mit etwa fünfzig Kardinälen bekannt, mit promi-
nentesten Kurienkardinälen wie Tisserant, Bea, Confalonieri
befreundet, mit Kardinal Samore eng befeindet – nach wieder-
holten Mordversuchen (so er selbst, der zur »Mörderbande«
auch Bischöfe zählte und namentlich nannte) am 3. Juli 1980 in
einem leeren Abteil des Schnellzugs Genf–Paris tot aufgefunden wurde. Wörtlich erklärt der katholische Priester, der die
katholische Kirche als das »größte und schmutzigste Geschäfts-
unternehmen der Welt« bezeichnet: »Hätten die Leute vom
Reichtum der Bischöfe oder der Religionsgemeinden auch nur
die leiseste Ahnung, dann würde niemand mit Verstand in
Zukunft irgendeine weitere Zuwendung, welcher Art auch
immer, leisten.«

»Misereor« heißt ein anderes Hilfswerk. Das Wort stammt
von jenem, der da allein berechtigt war, sich arm zu nennen,
Jesus aus Nazareth. »Das Volk erbarmt mich« (Mt 15, 32), ein
Wort, das nur zu ihm paßt, aber nicht zu irgendeinem bischöflichen Werk. Er kann sich allerdings nicht mehr gegen seine
Erben wehren. »Es ist nicht Aufgabe des Evangeliums, an den
bestehenden Verhältnissen irgend etwas zu ändern«, meinte
1952 ein offizielles Heft zur Vorbereitung des Stuttgarter Evangelischen Kirchentags. Christliche Soziallehre ist karitativ ausgerichtet, nicht kreativ. Sie reagiert auf bestehende Verhält-

nisse, krempelt diese nicht um. Sie kuriert Symptome, zielt keine strukturellen Ursachen an. Johannes Paul II. hat noch 1990 gelehrt, das Evangelium dürfe »niemals durch eine besondere Sensibilität für soziale Probleme verdunkelt« werden. Seine Praxis, den Protzbau eines zweiten Petersdoms an der Elfenbeinküste als Geschenk anzunehmen, entspricht dieser Theorie.

Warum verkaufen die Großkirchen ihren Besitz nicht zugunsten der Armen?

Augustinus weist den Weg: »Wir sind die Zeiten; wie wir sind, so sind die Zeiten.« Das ist der Zusammenhang von Zeit, Geld und Angst. Die klerikale Argumentation steht felsenfest: »Würde die Kirche ihren Besitz veräußern, würden die Armen ärmer und die Besitzenden nur reicher.« Ist das realistisch? Gehört die Kirche selbst nicht zu den Besitzenden, die immer nur reicher geworden sind? Auf welcher Seite sie steht, ist doch seit der Antike keine Frage mehr. Die Kirchenvermögen haben inzwischen eine Größenordnung erreicht, die sie gesellschaftlich so gut wie nicht mehr kontrollierbar machen. Vor allem die katholische Kirche kann wie ein weltweiter multinationaler Konzern agieren, der sich eigene Banken und Finanzorganisationen leistet.

Ein öffentlicher Diskurs über das Eigentum und über dessen Umverteilung scheitert immer wieder. Ihn mit Klerikern zu führen, die ihren Reichtum gegen die Armen verteidigen, indem sie ihn »für die Armen« einzusetzen vorgeben, ist unmöglich. Das kirchliche Eigentum wird als Medium der Zensur eingesetzt: Wer erklärt, sein Eigentum sei sozialgebunden und sein Besitz diene den Ärmsten, unterbindet jede Nachfrage durch eben diese Ärmsten. Caritas als Zensurmittel: ein erprobtes Instrument im Kampf für den Status quo.

Kosten konfessionell betriebene Schulen nicht zuviel?

Selbst wenn der Streit um die sogenannte »Konfessionsschule« abgeflaut ist, haben die Kleriker ihren ideologischen Anspruch keineswegs aufgegeben, sondern nur auf Eis gelegt. Sie scheinen auf bessere Zeiten zu warten, um wieder in die Mottenkiste greifen zu können. Inzwischen vertrauen sie nicht nur auf den Religionsunterricht, der – als einziges Unterrichtsfach! – von der Verfassung als ordentliches Lehrfach garantiert ist. Sie setzt auch auf private Bekenntnisschulen. Kein Wunder, daß Andersdenkende weniger bekennen sollen. Kein Wunder, daß sich die Großkirchen über die Zunahme von Waldorfschulen alarmiert zeigen. Hier entsteht ihnen eine finanzielle Konkurrenz.

Die Kirche unterhält nicht nur im Bundesgebiet rund 2200 Schulen, davon allein in Bayern fast 900. Sie läßt sich ihre »Schlacht um den Schüler« (O-Ton Evangelischer Schulbund) auch noch bezahlen. Kirchliche Privatschulen werden, wie könnte es anders sein, hauptsächlich vom Staat finanziert, in Bayern faktisch bis zu 90 Prozent. Rheinland-Pfalz finanziert die fünfzig Ordensschulen des Landes jährlich mit etwa 165 Millionen DM. Von einem wesentlichen Eigenanteil der Kirche kann unter diesen Umständen keine Rede mehr sein. Der Kirche freilich ganz und gar eigen ist die hundertprozentige Ausrichtung solcher Schulen und ihres Personals auf die Weltanschauung der siegreichen Kleriker. So läßt sich Orthodoxie in Geld umsetzen. Und Geld in Orthodoxie. Erst eine Klage vor dem Bundesverfassungsgericht gegen das Hamburger Privatschulgesetz von 1977 brachte es ans Licht: Der Stadtstaat hat kirchliche und Waldorfschulen mit 77 bis 82 Prozent subventioniert (1985 waren das 51 Millionen DM), während die übrigen privaten Schulträger nur 25 Prozent Förderung erhielten. Bis 1977 wurden überhaupt nur private Bekenntnisschulen gefördert. Dann sah sich die Hamburger Bürgerschaft aufgrund von Gerichtsurteilen dazu gezwungen, auch andere Projekte zu unterstützen. Das Bundesverfassungsgericht aber entschied 1987 in der Sache: Nichtkonfessionelle Privatschulen dürfen vom Staat finanziell nicht »willkürlich« schlechter gestellt werden als kirchliche. Daß ein solches Urteil nötig war, spricht für sich – und für das intime Verhältnis zwischen Staat und Kirche hierzulande, das bis zu diesem Urteil offenbar »Willkür« zuließ.

Ein Siebtel des gesamten Kultusetats des Freistaats Bayern kommt nichtstaatlichen (kommunalen, kirchlichen, freien) Schulen zugute. 1987 verschlang dieser Posten rund 987 Millionen DM, während Bayern im Jahr zuvor noch 889 Millionen DM bezahlt hatte. Für 1988 waren dann bereits 1,024 Milliarden DM vorgesehen. Damit stiegen innerhalb von zehn Jahren die Zuschüsse nahezu auf das Doppelte. Nicht enthalten sind in dieser Milliarde die Zuschüsse Bayerns für den Neubau privater Schulen. Die Katholische Hochschule Eichstätt, über deren Effizienz so gut wie keine öffentlichen Diskussionen geführt werden, wird vom Freistaat Bayern jährlich mit etwa 40 Millionen DM subventioniert. Das bedeutet, daß der Staat bei dieser Hochschule fast 90 Prozent der Gesamtkosten übernimmt, weit mehr übrigens als bei anderen (nichtkatholischen) Hochschulen in kirchlicher Trägerschaft.

Wozu benötigen SchülerInnen noch Religionsunterricht?

Die Evangelische Landeskirche in Württemberg hat für die Besoldung von Religionslehrern und deren Fortbildung in ihrem Haushaltsplan 1991 über 11,7 Millionen DM veranschlagt. Diese Kosten erstattet ihr zu zwei Dritteln das Land. Lehrer an öffentlichen Schulen werden – auch wenn sie Religionsunterricht erteilen – ohnedies vom Staat besoldet. Der Anteil an Religionsstunden, den darüber hinaus Pfarrer, Vikare, Katecheten und Diakone erteilen, wird den Kirchen aus öffentlichen Haushalten bezahlt. In Berlin wurden 1985 die Zuschüsse für konfessionelle Schulen auf 85 Prozent angehoben, jene für Religionsunterricht von 80 auf 90 Prozent. Das bedeutet: Allein der Religionsunterricht kostete die Stadt, deren Einwohner (West) zu mehr als einem Drittel kirchenfrei sind, 47,6 Millionen DM. Bundesländer übernehmen bis zu 100 Prozent der Personalkosten an kirchlichen Schulen, doch sehen Behörden beiseite, wenn einer der an solchen Schulen Beschäftigten Schwierigkeiten mit der konfessionellen Bindung seines Lehramtes hat. In Berlin – einem Beispiel für viele – rühmt sich der Diepgen-Senat im November 1986, als er den Kirchen weitere Gelder zusagen will, mit den neuen Vereinbarungen werde »die gute und fruchtbare Zusammenarbeit Berlins mit den beiden Kirchen fortgesetzt«. Auch werde »erneut die große Bedeutung der Kirchen für Staat und Gesellschaft und ihr Engagement vor allem im sozialen und pädagogischen Bereich sowie im Gesundheitswesen gewürdigt«. Das Land Berlin leistet denn auch 1986 einen Anteil an den Personalkosten der Evangelischen Kirche für die Berliner Kirchenmusikschule in Höhe von 196 790 DM. Auch darüber freuen sich alle Beteiligten mit Ausnahme der Zahlenden: »Die Evangelische Kirche in Berlin-Brandenburg (Berlin West) und das Land Berlin begrüßen auch diese neue Vereinbarung als Ausdruck partnerschaftlicher Zusammenarbeit in freundschaftlichem Geiste.«

Freude hin oder her, Partnerschaft desgleichen. Die große – und entsprechend gut dotierte – Bedeutung der Kirchen im pädagogischen Bereich nimmt ab. Dieselbe Drucksache des Berliner Abgeordnetenhauses stellt fest, daß die Zahl der Schülerinnen und Schüler, die am evangelischen Religionsunterricht teilnehmen, von 135 823 auf 90 732 im Jahre 1985 zurückgegangen sei. Doch »rechtfertigen diese Teilnehmerzahlen den Religionsunterricht nach wie vor«. Stimmt das? Der Religionsunterricht verliert laufend seine Klienten. An den Gymnasien Nordrhein-Westfalens bleiben ihm bereits über zehn Prozent der Schüler fern, in den Gesamtschulen elf Prozent. Eine Studie der Evangelischen Kirche in Deutschland kommt 1985 zu dem Ergebnis, daß etwa 4, 5 Millionen jugendliche Kirchenmitglieder »sozusagen den Fuß bereits aus der Kirche herausgesetzt« haben. Das entspräche dem Dreifachen jener Zahl von Kirchenaustritten, die seit 1975 zu registrieren waren.

Der als Ersatz geplante oder bereits angeordnete »Ethikunterricht«, in dem kirchenfreie Schüler ihr Quantum an Moral nachgereicht bekommen sollen, hilft dem Religionsunterricht nicht mehr auf die Sprünge. Solche Surrogate haben in anderen Ländern keine Chance: Das Oberste Gericht in Belgien entschied 1990, daß Schüler weder am Religionsunterricht noch an nicht konfessionsgebundener »Morallehre« teilzunehmen brauchen, weil die fehlende Wahlfreiheit gegen die Europäische Menschenrechtserklärung von 1950 verstößt. Das spanische Parlament verabschiedete ebenfalls 1990 gegen den erbitterten Widerstand der katholischen Kirche ein Schulreformgesetz, das die Teilnahme am Religionsunterricht freistellt und auch kein Ersatzfach vorsieht.

Und bei uns? In Hamburg sollen sich nach einer Untersuchung weniger als die Hälfte der evangelischen Religionslehrer noch mit der Kirche und nur geringfügig mehr mit den zentralen Aussagen des Christentums verbunden fühlen. Neun Prozent sind sogar aus der Kirche ausgetreten. Die katholische Seite wird frohlocken: So etwas könnte ihr nicht passieren. Wer nicht mehr an sie glaubt und so dumm ist, dies auch noch zu äußern, fliegt. Auf katholisch wird im dunkeln »gesündigt«.

»Der Spiegel« vom 5. November 1990 wird konkret: Bei einem Priesterkurs im Rhein-Main-Gebiet stellte der Leiter fest, daß von den teilnehmenden 20 Priestern 18 eine Beziehung mit einer Frau hatten. Drei Viertel der deutschen Theologieprofessoren sollen eine feste Partnerin haben. Die Beobachtung des Zölibatsgesetzes ist längst die Ausnahme. Eine in Boston veröffentlichte Studie meint, nur noch zwei von hundert katholischen Priestern in den USA lebten streng nach den gesetzlichen Bestimmungen des Zölibats. Jeder dritte US-Priester ist sexuell aktiv. Die Untersuchung, die auf Befragungen von 1500 Personen im Zeitraum von 1960 bis 1985 beruht, stuft fast ein Viertel der Betroffenen als homosexuell ein. 10 Prozent der Priester sind ein aktives homosexuelles Verhältnis eingegangen, 20 Prozent verfügen über »eine recht gut definierte nichtzölibatäre Beziehung zu einer Frau«, 6 Prozent sollen Beziehungen zu Minderjährigen haben, und 8 Prozent geben zu, mit nichtzölibatären Lebensformen zu »experimentieren«. Wo bleibt die oft beschworene Glaubwürdigkeit der Hirten? Wohin hat sich die »Mutter Kirche« manövriert, die ihren »besten Söhnen« nicht mehr viel sagt, sich aber von allen Bürgern teuer bezahlen läßt?

Läßt es sich nicht ohne diese Kirchen menschlicher leben?

Manche halten bereits die Frage für absurd. Für sie ist sie auch nicht gestellt. Doch es gibt Millionen andere, die sich Tag für Tag von den Kirchen belästigt fühlen, übersättigt sind von der Verdrängungs- und Desorientierungsliteratur der Kleriker. Viele von diesen wissen schon, daß man ohne Religion nicht schlechter, ja sogar besser lebt als mit einer religiösen Bindung. Die bisher Unentschiedenen wissen weder das eine noch das andere. Ihnen aber sollen nicht nur die okkulten Praktiken (Schwarze Magie u. ä.) eine Antwort geben. Sie haben Anspruch auf mehr. Lösen sie sich von der Kleingruppe der »Katechismus-Katholiken« und der »Bekenntnis-Protestanten«, die lange Zeit für sie gedacht und gehandelt haben, so eröffnen sich Ausblicke in eine Zukunft des Menschen. Kein Mensch erfüllt sein Leben, indem er vorgegebene Meinungen über die Existenz Gottes, über die Autorität der Bibel oder des Papsttums sowie über das Leben nach dem Tode teilt. Menschen werden zu Menschen durch die mitmenschliche Tat.

Totalitäre Weltanschauungen, Moralmonopole der Welt, selbsternannte Experten finden sich heute überall. Gegen sie müssen immer mehr Menschen ihre ureigenen Bedürfnisse erkennen und behaupten lernen. Menschen haben nämlich ein Recht, in ihrer Umwelt verwurzelt zu sein; kein Mensch braucht sich denen auszuliefern, die seine Umwelt nach ihrem Profit gestalten wollen. Menschen können kreativ werden; die herkömmliche Überbetreuung von Menschen durch Menschen war eine Abfolge ausbeuterischer Akte. Die Menschen haben ein Recht auf Mitsprache in allen Belangen, die sie betreffen; die Vorausinterpretationen der »Amtsträger« in der Kirche waren nie demokratisch legitimiert. Die Menschen haben ein Recht auf ihre eigene Ethik und Religion; Moralisten und »Religionsdiener« jeder Couleur besitzen keine besonderen Wissensvorsprünge, keinen Anspruch auf (geldwerte) Privilegien und Rechte. Menschen haben gegenüber ihrer Todesbedrohung ein Recht auf Leben. Und sie haben gegenüber ihrem Leben ein Recht auf ihren Tod.

Literaturverzeichnis

Um dieses Buch nicht zu überfrachten, haben wir nur das grundlegende und allgemein weiterführende Schrifttum aufgenommen. Dort können die interessierenden Details nachgelesen und nachgeprüft werden. Auf Fußnoten und Anmerkungen haben wir verzichtet. Nicht, daß wir – im Stil aller kirchenamtlichen Katechismen – keine Nachweise anzubieten hätten: Zum einen meinen wir, auch in dieser Hinsicht durch unsere Veröffentlichungen ausgewiesen zu sein. Zum anderen wollen wir zum »detektivischen« Weiterstudium anregen. In der allgemeinen Literatur sowie in den dort genannten Spezialuntersuchungen können die Belege ohne unzumutbare Mühe aufgespürt und eingesehen werden.

Ackermann, H., Entstellung und Klärung der Botschaft Jesu, 1961
Aland, K., Von Jesus bis Justinian. Die Frühzeit der Kirche in Lebensbildern, 1961
Albert, H., Das Elend der Theologie. Kritische Auseinandersetzung mit Hans Küng, 1979
Albertz, J. (Hg.), Die Rolle der Großkirchen in der Gesellschaft der Bundesrepublik Deutschland, 1983
Alfaric, P., Die sozialen Ursprünge des Christentums, 1963
Andresen, C., Die Kirchen der alten Christenheit, 1971

Ballauff, I., Pädagogik. Eine Geschichte der Bildung und Erziehung. I: Von der Antike bis zum Humanismus, 1969
Bamberg, H. D., Militärseelsorge in der Bundeswehr. Schule der Anpassung und des Unfriedens, 1970

Bates, M. S., Glaubensfreiheit. Eine Untersuchung, 1947

Bauer, W., Das Leben Jesu im Zeitalter der neutestamentlichen Apokryphen, 1909

ders., Rechtgläubigkeit und Ketzerei im ältesten Christentum, 2. Auflage, 1964

Beauvoir, S. de, Das andere Geschlecht. Sitte und Sexus der Frau, 1968

Benoist-Méchin, J., Kaiser Julian oder der verglühte Traum, 1979

Beumann, H., Wissenschaft vom Mittelalter, 1972

Boehn, M., Die Mode. Menschen und Moden im Mittelalter. Vom Untergang der alten Welt bis zur Renaissance, 1925

Brandi, K., Deutsche Geschichte im Zeitalter der Reformation und Gegenreformation, 1960

Braun, H., Spätjüdisch-häretischer und frühchristlicher Radikalismus, Jesus von Nazareth und die essenische Qumransekte, 1957

Brauns, H.-J., Staatsleistungen an die Kirchen und ihre Ablösung. Inhalt – Grenzen – Aktualität, 1970

Brock, E., Die Grundlagen des Christentums, 1970

Brockmeyer, N., Antike Sklaverei, 2. Auflage, 1987

Browe, P., Die Judenmission im Mittelalter und die Päpste, 1942

Brox, N., Falsche Verfasserangaben. Zur Erklärung der frühchristlichen Pseudepigraphie, 1975

Brunner, G., Ketzer und Inquisition in der Mark Brandenburg im ausgehenden Mittelalter, 1904

Bultmann, R., Die Geschichte der synoptischen Tradition, 3. Auflage, 1957

ders., Geschichte und Eschatologie, 1958

Bund, K., Thronsturz und Herrscherabsetzung im Frühmittelalter, 1979

Caspar, E., Geschichte des Papsttums. Von den Anfängen bis zur Höhe der Weltherrschaft, 1930

Chadwick, H., Die Kirche in der antiken Welt, 1972

Claude, D., Geschichte der Westgoten, 1970

Conzelmann, H., Bemerkungen zum Martyrium Polykarps, 1978

Cornfeld, A. – Botterweck, A. J. (Hg.), Die Bibel und ihre Welt. Eine Enzyklopädie, 6 Bände, 1972

Czermak, G., Christen gegen Juden. Geschichte einer Verfolgung, 1989

Daly, M., Jenseits von Gottvater, Sohn & Co. Aufbruch zu einer Philosophie der Frauenbefreiung, 1980

Dannenbauer, H., Grundlagen der mittelalterlichen Welt. Skizzen und Studien, 1948

ders., Die Entstehung Europas. Von der Spätantike zum Mittelalter, I, 1959; II, 1962

Davidsohn, R., Geschichte von Florenz, 4 Bände, 1896–1927

Deschner, K., Abermals krähte der Hahn. Eine kritische Kirchengeschichte von den Anfängen bis zu Pius XII., 1962

ders., Das Kapital der Kirche in der Bundesrepublik, in: Szczesny, G., Club Voltaire. Jahrbuch für kritische Aufklärung, IV, 1970

ders. (Hg.), Das Christentum im Urteil seiner Gegner, I, 1969; II, 1971

ders. (Hg.), Kirche und Krieg, 1970

ders., Ein Papst reist zum Tatort, 1981

ders., Ein Jahrhundert Heilsgeschichte. Die Politik der Päpste im Zeitalter der Weltkriege, I, 1982; II, 1983

ders., Kriminalgeschichte des Christentums, I, 1986; II, 1988; III, 1990

ders., Die beleidigte Kirche oder Wer stört den öffentlichen Frieden?. Gutachten im Bochumer § 166-Prozeß, 1986

ders., Opus Diaboli. Fünfzehn unversöhnliche Essays über die Arbeit im Weinberg des Herrn, 1987

ders., Der gefälschte Glaube. Eine kritische Betrachtung kirchlicher Lehren und ihrer historischen Hintergründe, 1988

ders., Das Kreuz mit der Kirche. Eine Sexualgeschichte des Christentums, 1974; 12. erweiterte und aktualisierte Ausgabe, 1989

Dibelius, M., Botschaft und Geschichte. Gesammelte Aufsätze, 1953

Diesner, H.-J., Kirche und Staat im spätrömischen Reich. Aufsätze zur Spätantike und zur Geschichte der Alten Kirche, 1963

ders., Das Vandalenreich. Aufstieg und Untergang, 1966

Dogma und Politik. Zur politischen Hermeneutik theologischer Aussagen (mit Beiträgen von H. Feld, G. Kehrer, F. Krüger, J. Nolte, H.-J. Vogt), 1973

Dresdner, A., Kultur- und Sittengeschichte der italienischen Geistlichkeit im 10. und 11. Jahrhundert, 1890

Drews, A., Die Christusmythe, II, 1911
ders., Die Marienmythe, 1928

Eban, A., Dies ist mein Volk. Die Geschichte der Juden, 1970
Erdmann, C., Die Geschichte des Kreuzzugsgedankens, 1955

Feine, H. E., Kirchliche Rechtsgeschichte. Band I: Die katholische
    Kirche, 1950
Ferdinandy, M. de, Der heilige Kaiser. Otto III. und seine Ahnen,
    1969
Finley, M. J., Die antike Wirtschaft, 1977
Fischer, E., Trennung von Staat und Kirche. Die Gefährdung der
    Religions- und Weltanschauungsfreiheit in der Bundesrepublik
    Deutschland, 3. Auflage, 1984
ders., Staat und Kirche im vereinigten Deutschland, 1990
Förg, L., Die Ketzerverfolgung in Deutschland unter Gregor IX.,
    Nachdruck, 1965
Fricke, W., Standrechtlich gekreuzigt. Person und Prozeß des Jesus
    aus Galiläa, 1986
Fromm, E., Das Christusdogma und andere Essays, 1965

Giesecke, H.-E., Die Ostgermanen und der Arianismus, 1939
Gilligan, C., Die andere Stimme. Lebenskonflikte und Moral der
    Frau, 1984
Glasenapp, H. v., Die nichtchristlichen Religionen, 1957
Gontard, F., Die Päpste. Regenten zwischen Himmel und Hölle,
    1959
Grant, R. M., Christen als Bürger im Römischen Reich, 1981
Graus, F., Volk, Herrscher und Heiliger im Reich der Merowinger.
    Studien zur Hagiographie der Merowingerzeit, 1965
Gregorovius, F., Geschichte der Stadt Rom im Mittelalter. Vom V.
    bis zum XVI. Jahrhundert, ed. und überarb. von W. Kampf, 1978
Greschat, M. (Hg.), Alte Kirche, I und II, 1984
Gülzow, H., Christentum und Sklaverei in den ersten drei Jahrhun-
    derten, 1969

Haendler, G., Die abendländische Kirche im Zeitalter der Völkerwan-
    derung, 2. Auflage, 1983

293

Haller, J., Das Papsttum. Idee und Wirklichkeit, Bände I–V, 1965

Hartmann, C. M., Geschichte Italiens im Mittelalter, 4 Bände, Neudruck, 1969

Hasenhüttl, G., Kritische Dogmatik, 1979

Hasenhüttl, G., Nolte, J., Formen kirchlicher Ketzerbewältigung, 1976

Hasler, A. B., Wie der Papst unfehlbar wurde. Macht und Ohnmacht eines Dogmas, 1979

Hauck, A., Kirchengeschichte Deutschlands, 5 Bände, 1887–1920

Heer, F., Mittelalter, 1961

ders., Europäische Geistesgeschichte, 1965

ders., Kreuzzüge – gestern, heute, morgen?, 1969

ders., Abschied von Höllen und Himmeln. Vom Ende des religiösen Tertiär, 1970

Heiler, F., Altkirchliche Autonomie und päpstlicher Zentralismus, 1941

ders., Erscheinungsformen und Wesen der Religion, 1961

Heinzelmann, M., Translationsberichte und andere Quellen des Reliquienkultes, 1979

Hennecke, E., Schneemelcher, W. (Hg.), Neutestamentliche Apokryphen, I, 1968; II, 1971

Hernegger, R., Macht ohne Auftrag. Die Entstehung der Staats- und Volkskirche, 1963

Herrmann, H., Ehe und Recht. Versuch einer kritischen Darstellung, 1972

ders., Der priesterliche Dienst. Kirchenrechtliche Aspekte der heutigen Problematik, 1972

ders., Ein unmoralisches Verhältnis. Bemerkungen eines Betroffenen zur Lage von Staat und Kirche in der Bundesrepublik Deutschland, 1974

ders., Die sieben Todsünden der Kirche, 1976

ders., Savonarola. Der Ketzer von San Marco, 1977

ders., Ketzer in Deutschland, 1978

ders., Zu nahe getreten. Aufsätze 1972–1978, 1979

ders., Martin Luther. Ketzer wider Willen, 1983

ders., Papst Wojtyla. Der heilige Narr, 1983

ders., Vaterliebe. Ich will ja nur dein Bestes, 1989

ders., Die Angst der Männer vor den Frauen, 1989

ders., Die Kirche und unser Geld. Daten, Tatsachen, Hintergründe, 1990
Heussi, K., Kompendium der Kirchengeschichte, 11. Auflage, 1957
Hoensbroech, P. v., 14 Jahre Jesuit. Persönliches und Grundsätzliches, 2 Bände, 1910
Holl, A., Religionen, 1981
Holtzmann, R., Die Italienpolitik der Merowinger und des Königs Pippin, 2. Auflage, 1962
Holum, K. G., Theodosian Empresses. Woman and Imperial Dominion in Late Antiquity, 1982
Huber, W., Liedke, G. (Hg.), Christentum und Militarismus, 1974
Illmer, D., Formen der Erziehung und Wissensvermittlung im frühen Mittelalter, 1971
Kadelbach, G. (Hg.), Wissenschaft und Gesellschaft, 1967
Kantzenbach, F.-W., Die Geschichte der christlichen Kirche im Mittelalter, 1967
Karasek, H., Die Kommune der Wiedertäufer, 1977
Kawerau, P., Geschichte der mittelalterlichen Kirche, 1967
Klausner, J., Von Jesus zu Paulus, 1950
Klein, J., Skandalon. Um das Wesen des Katholizismus, 1958
Koch, N., Staatsphilosophie und Revolutionstheorie. Zur deutschen und europäischen Selbstbestimmung und Selbsthilfe, 1973
Kodalle, K. M., Unbehagen an Jesus. Eine Herausforderung der Psychoanalyse an die Theologie, 1978
Kötting, B., Religionsfreiheit und Toleranz im Altertum, 1977
ders. (Hg.), Kleine deutsche Kirchengeschichte, 1980
Krämer-Badoni, R., Judenmord, Frauenmord, Heilige Kirche, 1988
Kraft, H., Kaiser Konstantins religiöse Entwicklung, 1955
Kraus, H.-J., Geschichte der historisch-kritischen Erforschung des Alten Testaments, 3. Auflage, 1982
Kühner, H., Index Romanus. Auseinandersetzung oder Verbot?, 1963
ders., Tabus der Kirchengeschichte. Notwendige Wandlungen des Urteils, 2. Auflage, 1965
ders., Gezeiten der Kirche in zwei Jahrtausenden, I, 1970
ders., Der Antisemitismus der Kirche. Genese, Geschichte und Gefahr, 1976

ders., Das Imperium der Päpste. Kirchengeschichte – Weltgeschichte – Zeitgeschichte. Von Petrus bis heute, 1977

Kupisch, K., Kirchengeschichte, I, 1973; II, 1974

Lammers, W. (Hg.), Die Eingliederung der Sachsen in das Frankenreich, 1970

Langenfeld, H., Christianisierungspolitik und Sklavengesetzgebung der römischen Kaiser von Konstantin bis Theodosius II., 1977

Lea, H. C., Geschichte der Inquisition im Mittelalter, 3 Bände, 1905–1913

Lecler, J., Geschichte der Religionsfreiheit im Zeitalter der Reformation, I, 1965

Lehmann, M., Preußen und die katholische Kirche seit 1640, 7 Teile 1878–1894

Leipoldt, J., Von Epidauros bis Lourdes, 1957

Levison, W., Aus rheinischer und fränkischer Frühzeit. Ausgewählte Aufsätze, 1948

Lietzmann, H., Geschichte der alten Kirche, 4 Bände, 2. Auflage, 1953

Löhde, W., Das päpstliche Rom und das Deutsche Reich. Eine Dokumentation, 1964

Loewenich, W. v., Von Augustin zu Luther. Beiträge zur Kirchengeschichte, 1959

Maier, F. G., Die Verwandlung der Mittelmeerwelt, 1968

Markale, J., Die Druiden. Gesellschaft und Götter der Kelten, 1989

Martens, K., Wie reich ist die Kirche?. Der Versuch einer Bestandsaufnahme in Deutschland, 1969

May, G., Demokratisierung der Kirche. Möglichkeiten und Grenzen, 1971

Mayer, A., Der zensierte Jesus. Soziologie des Neuen Testaments, 1983

Mazzarino, S., Das Ende der antiken Welt, 1961

Menne, F. W., Kirchliche Sexualethik gegen gesellschaftliche Realität, 1971

Mensching, G., Soziologie der großen Religionen, 1966

ders., Der Irrtum in der Religion, 1969

Mohr, H., Katholische Orden und deutscher Imperialismus, 1965

Mynarek, Herren und Knechte der Kirche, 1973
ders., Verrat an der Botschaft Jesu – Kirche ohne Tabu, 1986

Nehlsen, H., Sklavenrecht zwischen Antike und Mittelalter. Germanisches und römisches Recht in den germanischen Rechtsaufzeichnungen. I. Ostgoten, Westgoten, Franken, Langobarden, 1972
Nietzsche, F., Werke in drei Bänden (Hg. K. Schlechta), 1965
Noonan, J. Th., Empfängnisverhütung. Geschichte ihrer Beurteilung in der katholischen Theologie und im kanonischen Recht, 1969

Ostrogorsky, G., Geschichte des byzantinischen Staates, 2. Auflage, 1952
Ott, S., Christliche Aspekte der Rechtsordnung, 1968

Parkes, J. Antisemitismus, 1964
Perau, J., Priester im Heere Hitlers, 1962
Poschmann, B., Die abendländische Kirchenbuße im frühen Mittelalter, 1930
Purdy, W. A., Die Politik der katholischen Kirche, 1967

Rahner, S., Richter, F. H., Stelter, D., »Treu deutsch sind wir – wir sind auch treu katholisch«. Kardinal von Galen und das Dritte Reich, 1987
Raming, I., Der Ausschluß der Frau vom priesterlichen Amt. Gottgewollte Tradition oder Diskriminierung, 1973
Ranke-Graves, R. v., Patai, R., Hebräische Mythologie. Über die Schöpfungsgeschichte und andere Mythen aus dem Alten Testament, 1986
Ranke-Heinemann, U., Das frühe Mönchtum. Seine Motive nach den Selbstzeugnissen, 1964
dies., Eunuchen für das Himmelreich. Katholische Kirche und Sexualität, 1988
dies., Widerworte. Friedensreden und Streitschriften, 1989
Raschke, H., Das Christusmysterium, 1954
Reik, Th., Dogma und Zwangsidee. Eine psychonanalytische Studie zur Entwicklung der Religion, 1973
Rinderer, C. (Hg.), Finanzwissenschaftliche Aspekte von Religionsgemeinschaften, 1989

Ronner, W., Die Kirche und der Keuschheitswahn. Christentum und Sexualität, 1971

Rubin, B., Das Zeitalter Justinians, I, 1960

Rütti, L., Zur Theologie der Mission. Kritische Analysen und neue Orientierungen, 1972

Russell, B., Essays in sceptizism, 1962

Rutschky, K., Schwarze Pädagogik. Quellen zur Naturgeschichte der bürgerlichen Erziehung, 1977

Scherf, D. (Hg.), Der liebe Gott sieht alles. Erfahrungen mit religiöser Erziehung, 1984

Schlesinger, W., Kirchengeschichte Sachsens im Mittelalter, 2 Bände, 1962

Schneider, C., Geistesgeschichte des antiken Christentums, I und II, 1954

ders., Geistesgeschichte der christlichen Antike, 1978

Schneider, K.-P., Christliches Liebesgebot und weltliche Ordnungen. Historische Untersuchungen zu Ambrosius von Mailand, 1975

Schöppe, L., Konkordate seit 1800. Originaltext und deutsche Übersetzung der geltenden Konkordate, 1964

Schubert, H. v., Geschichte der christlichen Kirche im Frühmittelalter, I, 1917; II, 1921

Schultz, H. J. (Hg.), Die Wahrheit der Ketzer, 1968

Schulze, Claus-Dieter, Kirche als Körperschaft öffentlichen Rechts. Von der Wohlstandsehe der deutschen evangelischen Landeskirchen mit dem Staat und ihrer babylonischen Gefangenschaft im öffentlichen Dienst. Eine staatskirchenrechtliche Problemskizze, 1990

Schweitzer, A., Geschichte der Paulinischen Forschung von der Reformation bis auf die Gegenwart, 1911

ders., Geschichte der Leben-Jesu-Forschung, 6. Auflage, 1951

Seeck, O., Geschichte des Untergangs der antiken Welt, 6 Bände, 1895–1920

Smend, R., Die Entstehung des Alten Testaments, 3. Auflage, 1984

Solé, J., Liebe in der westlichen Kultur, 1979

Speyer, W., Die literarische Fälschung im heidnischen und christlichen Altertum. Ein Versuch ihrer Deutung, 1971

Spotts, F., Kirche und Politik in Deutschland, 1976

Stein, E., Vom römischen zum byzantinischen Staate (284–476 n. Chr.), 1928

Tinnefeld, F., Die frühbyzantinische Gesellschaft. Struktur – Gegensätze – Spannungen, 1977

Tondi, A., Die Jesuiten. Bekenntnisse und Erinnerungen, 1961

Treiber, H., Steinert, H., Die Fabrikation des zuverlässigen Menschen. Über die »Wahlverwandtschaft« von Kloster- und Fabrikdisziplin, 1980

Treitschke, H. v., Deutsche Geschichte im Neunzehnten Jahrhundert, 5 Bände, 1879–1894

Trippen, N., Theologie und Lehramt im Konflikt. Die kirchlichen Maßnahmen gegen den Modernismus im Jahre 1907 und ihre Auswirkungen in Deutschland, 1977

Troeltsch, E., Die Soziallehren der christlichen Kirchen und Gruppen, Neudruck 1961

Tuchman, B., Die Torheit der Regierenden. Von Troja bis Vietnam, 1984

Vardiman, E. E., Die Frau in der Antike, 1982

Voelkl, L., Der Kaiser Konstantin. Annalen einer Zeitwende, 1957

Vogt, J., Der Niedergang Roms. Metamorphose der antiken Kultur, 1965

Wahrmund, L., Bilder aus dem Leben der christlichen Kirche des Abendlandes, Heft 2, Inquisition und Hexenprozeß, 1925

Weber, M., Gesammelte Aufsätze zur Sozial- und Wirtschaftsgeschichte, 1924

Werner, M., Die Entstehung des christlichen Dogmas, problemgeschichtlich dargestellt, 1941

ders., Der protestantische Weg des Glaubens, I, 1955

ders., Glaube und Aberglaube. Aufsätze und Vorträge, 1957

Yallop, D. A., Im Namen Gottes?. Der mysteriöse Tod des 33-Tage-Papstes Johannes Paul I. Tatsachen und Hintergründe, 1984

Ziegler, A. W., Religion, Kirche und Staat in Geschichte und Gegenwart, I, 1969

Zimmermann, H., Papstabsetzungen des Mittelalters, 1968

Stichwortverzeichnis

Dieses Buch lebt von seinen Stichwörtern, die im Text selbst freilich nicht immer als solche auftauchen müssen. Wer Gründe gegen die Kirchen und für die Welt sucht, kann sich anhand des folgenden Verzeichnisses und seiner Verweise schnell und gründlich informieren.

Abendland, »christliches« 15 f.,
    29, 63, 93, 96, 107, 173
Abendmahl (bzw. »Kommu-
    nion«) 35, 141, 154, 157
Ablaß 44, 121, 149, 172; siehe
    auch: Beichte, Hölle, Sünden-
    strafe
Angst (und Hoffnung) 14 f., 17,
    42, 48, 55 f., 73, 85, 87 f., 95,
    211
Apostel 35, 37, 112, 139, 143,
    199; siehe auch: Evangelien,
    Paulus
Autorität 18, 42, 46 f., 95; siehe
    auch: Irrtum, Wahrheit
Bauernaufstände 125 f., 174;
    siehe auch: »Ketzer«, Kleriker,
    Mord
Beichte 35, 58, 87, 96 f., 100,
    149; siehe auch: Absolution,
    Sünde

Bekehrung 17, 21, 24, 32, 96,
    141; siehe auch: Mission,
    Taufe
Bibel 11, 18, 37, 45, 49, 52, 91,
    103, 152; siehe auch: Evange-
    lien
Bischöfe (»Oberhirten«) 21 f., 24,
    30 f., 35, 43, 47, 51, 58, 71, 79,
    81 f., 98, 102, 107, 113 f.,
    118 f., 125, 129, 151, 158–160,
    162 ff., 176–184, 189 f., 197,
    213 f., 222 ff., 276, 281 f.; siehe
    auch: Päpste
Buddhismus 14, 39
Christentum 12–17, 26 ff., 34–38,
    40, 45, 60 f., 156, 164, 174,
    192, 196; siehe auch: Religion
Dogma 33 f., 39–43, 49, 55, 64,
    66, 80, 117 f., 148, 167 f.,
    199 f.; siehe auch Irrtum,
    Wahrheit

Ehe 35, 63, 65, 96–100, 103 f.
-losigkeit 97–100, 106, 112; siehe
auch: Zölibat
-scheidung 103 f., 132–135, 224
-vollzug, geschlechtlicher 103 f.
Erbsünde 35, 142; siehe auch:
Taufe
Erlösung 15, 17, 37, 54, 144 f.;
siehe auch: Sünde
Evangelien 19 f., 34, 37, 127,
137, 140, 143, 145–149, 184,
282
Fegefeuer 54, 149; siehe auch:
Gott als Vater, als Liebe, Hölle
Feiertage 38, 47, 139, 151, 171 f.;
siehe auch: Heilige, Ritus
Feindesliebe 35, 44, 140, 156;
siehe auch: Liebe, Nächsten-
liebe
Frauen 37, 53, 55, 90–97, 99, 104,
109–112, 142, 166 f., 174–176,
224, 229; siehe auch: Kinder,
Patriarchat
Friede 73 f., 147, 161, 181; siehe
auch: Irrtum, Kirche, Krieg,
Wahrheit
Geburtenkontrolle 86, 100 f.,
105–109, 157; siehe auch:
Frauen, Kinder, Patriarchat,
Sexualität
Gehorsam 12, 47 f., 50, 58, 91,
135, 137, 143, 164; siehe auch:
Autorität, Frauen, Kinder,
Liebe, Patriarchat
Gewalt 12, 18, 55 ff., 95, 127,
226; siehe auch: Autorität,
Krieg, Liebe
Glaube 12, 16 f., 41, 46 ff., 52, 84,

89, 91, 118, 189; siehe auch:
Religion, Wahrheit
– und Wissen 41 f.
Gläubige 11, 40 ff., 45, 47, 49, 58,
63, 71, 104, 107, 121, 150, 194,
205; siehe auch: Gehorsam,
Kirche
Gott 12, 15 f., 20, 26, 29, 34,
45–60, 86, 90, 107, 124, 129 f.,
144 f., 153, 157, 197, 227;
siehe auch: Hl. Geist, Jesus aus
Nazareth, Patriarchat
– Gebote 86–89, 115, 152 f., 156;
siehe auch: Sünde
– Liebe 12, 48, 50–60; siehe
auch: Gewalt, Hölle, Patriar-
chat
– Prädestination (Vorherwissen,
Voraushandeln) 37
– Schöpfer 16; siehe auch:
Mensch, Tiere
– Vater 47–60, 167, 177; siehe
auch: Gewalt, Liebe, Patriar-
chat
– Wille 20, 64, 94, 103, 106, 157,
159, 170; siehe auch: Gewalt,
Liebe, Sünde
Gottesdienst 47; siehe auch:
Abendmahl, Kirchenbau, Ritus
»Heiden« 19 f., 35, 37, 123, 144,
156, 163, 211; siehe auch: Ju-
den, »Ketzer«, Krieg, Wahrheit
»Heilige« 19, 46, 94, 121 f.,
150 f., 154, 156, 163 f., 178,
192–212; siehe auch: Kirche,
Päpste
Hl. Geist 20, 94, 147, 150, 155,
172, 178; siehe auch: Gott

Hl. Stuhl 16, 71, 80, 210, 216ff.;
siehe auch: Kirche und Geld,
Kirchenprivilegien, Kirchenverträge, Päpste, Vatikan
Heiligsprechung 193–195, 203 ff.,
220 f.
»Hexen«-Verfolgung 92 ff., 156,
162, 174–176, 191, 212 f.;
siehe auch: Frauen, Inquisition, Irrtum, »Ketzer«, Wahrheit
Himmel 15, 51, 55, 61, 96, 106,
135, 155, 172, 186, 193; siehe
auch: Heilige, Hölle
Hinduismus 14, 38; siehe auch:
Religion
Hirtenworte 31, 33, 120 f., 128 f.;
siehe auch: Bischöfe, Päpste
Hitlerdiktatur 21 f., 27, 81, 152,
158 f., 181 f., 243 ff.; siehe
auch: Kirchenprivilegien, Kirchenverträge
– Widerstandslüge der Kirche
152, 158 ff., 162, 181 ff., 187 f.,
206, 212, 221, 235–243, 266 f.
Hölle 15, 41, 53 ff., 58 f., 105,
135, 149, 155, 193; siehe auch
Ablaß, Gott, Himmel, Sünde
Homosexualität 101 ff.; siehe
auch: Moraltheologie, Sexuali-
tät
Index der verbotenen Bücher 31,
117; siehe auch: Irrtum,
Wahrheit, Zensur
Inquisition 54, 81, 92 f., 117,
171–174, 204; siehe auch:
»Hexen«-Verfolgung, Irrtum,
»Ketzer«, Wahrheit

Irrtum 20 f., 37 f., 41, 45, 50,
154 f., 163, 193; siehe auch:
»Ketzer«, Päpste, Wahrheit
Jesus aus Nazareth 17, 25, 35,
42–44, 48, 63, 86, 104, 116,
123, 126 f., 135–141, 146 f.,
186, 198, 225, 282; siehe auch:
Gott
– Auferstehung 35 f., 142, 144
– »Christus« 37, 42, 48, 99,
135 f., 140, 145, 148, 156
– Ehelosigkeit 139
– Geburt 35 f., 138 f., 141, 186
– »Gottessohn« 35 f., 49, 148,
177, 199
– guter Hirte 36
– »Heiland« 35 f., 42, 145
– Jude 134, 137 f., 142 f., 145,
177
–»Kirchenstifter« 43, 86, 135;
siehe auch: Paulus
– Kreuz 19 f., 36, 141, 200; siehe
auch: Krieg
– Kreuzigung 36 f., 139, 225
– »Messias« 35, 140, 144 f., 148
– Tod 35, 140 f., 148, 225
– »Wunder« 34 f., 139
Juden 19, 22, 35, 94, 134, 137 f.,
145, 163, 177–184, 205, 212,
225, 240; siehe auch: »Hei-
lige«, Irrtum, Mord, Päpste,
Wahrheit
Katechismus 12, 31, 56 ff., 150,
162, 165, 236; siehe auch:
Dogma, Moral, Päpste, Wahr-
heit
Katholiken 21 f., 26, 28, 39 f., 68;
siehe auch: Kirche, Religion

Kelten 38; siehe auch: Feiertage, »Heiden«

»Ketzer« 16, 19 f., 40, 47, 94, 102, 142, 163, 171–174, 199, 203, 205, 212 f.; siehe auch: Dogma, »Hexen«-Verfolgung, Inquisition, Irrtum, Wahrheit

Kinder 25, 39, 47, 53, 55, 65, 75 f., 95, 99, 105–114, 130, 132, 157 f., 170, 178, 190, 203, 270; siehe auch: Frauen, Kleriker, Patriarchat

Kirche 12, 18, 26 f., 31, 34, 43, 47, 61 f., 87, 110, 139, 142, 148–151, 192 f., 209, 227; siehe auch: Dogma, Glaube, Gläubige, Gehorsam, Religion, Päpste, Sakramente, Wahrheit

– Kirche und Andersdenkende 19, 29, 31, 40, 47 f., 83, 117 f., 155, 171 ff., 191, 204; siehe auch: Dogma, Glaube, »Heiden«, »Hexen«-Verfolgung, Inquisition, Irrtum, Juden, Krieg, Mord, Wahrheit

– Akzeptanz 66 f., 278 f., 287

– Kirchenaustritt 67–69, 287

– Kirchenbann 115, 156, 172 f., 208

– Kirchenbau 69–71, 118, 262 f.

– Kirchenbesuch 66; siehe auch: Akzeptanz, Gläubige, Kirchenaustritt

– Kirche und Demokratie 79 f., 119, 130–135, 229 ff., 234, 242; siehe auch: Menschenrechte, Kirchenprivilegien, Kirche und Parteien, Staat und

Kirche, Päpste, Volk

– Kirchendienst 66, 69, 75 f., 103, 119, 130–136; siehe auch: Frauen, Kleriker, Priester

– Kirche und Dritte Welt 279–283; siehe auch: Mission

– Kirchenfreie 16, 26, 72, 262 ff.; siehe auch: Kirchenaustritt

– Kirche und Geld 12 f., 15, 21, 23, 25, 43 f., 61 f., 71–79, 83, 115–117, 120–122, 130, 144, 149, 154, 193 f., 209 f., 222 f., 247, 249 f., 265, 283; siehe auch: Kirche und Grundbesitz, Kirchenprivilegien, Kirchensteuer, Kirchenverträge, Staat und Kirche

– Kirchengeschichte 21, 30, 32, 95, 127, 151, 165, 184, 189, 195, 200 f., 204, 258

– Kirchenglocken 81 f., 159, 189

– Kirche und Grundbesitz 79 f., 132, 211, 213 ff., 223, 258 ff., 265–270

– Kirchenkritik 33 f., 192; siehe auch: Gläubige, Inquisition, Wahrheit

– Kirchenlehrer 29 f., 38, 154; siehe auch: »Heilige«

– Kirche und Parteien 63 f., 71, 119, 230; siehe auch: Kirche und Demokratie, Menschenrechte, Kirchenprivilegien, Staat und Kirche

– Kirchenprivilegien 25, 28, 33, 43 f., 63, 68, 82, 121, 224 f., 245; siehe auch: Kirche und Demokratie, Kirche und Geld,

Kirchensteuer, Konfessionsschulen, Menschenrechte, Religionsunterricht, Staat und Kirche
– Kirchenreform 43–45, 151;
siehe auch: »Heilige«, Kirche
und Geld, Theologen
– Kirche und Schenkungen 149,
200, 210 ff., 270–272; siehe
auch: Angst, Kirche und Geld,
Kirche und Grundbesitz, Tod
– Kirchenservice 27, 43, 62 ff.,
73–79, 83 ff., 97, 223, 275 ff.;
siehe auch: Sakramente
– Kirche und soziale Einrichtungen 11, 33, 64 f., 69, 73–79,
119, 130–135, 264 f., 275, 283;
siehe auch: Kirche und Geld,
Kirche und Grundbesitz, Konfessionsschulen, Liebe
– Kirchenstaat 79 f., 182, 197 f.,
214, 219; siehe auch: Kirche
und Schenkungen, Päpste, Vatikan
– Kirchensteuer 26 f., 64, 72,
76 f., 215, 250–255, 273–278;
siehe auch: Kirche und Geld,
Kirche und soziale Einrichtungen
– Kirchensubventionen 33, 43,
71 f., 255–258; siehe auch: Militärseelsorge, Staat und Kirche
– Kirchenväter 38, 94, 96; siehe
auch: Kirchenlehrer
– Kirchenverträge 27, 33, 71 f.,
223–235, 243 ff.; siehe auch:
Kirchenprivilegien, Kirchensubventionen, Konkordate, Mi-

litärseelsorge, Staat und Kirche, Päpste, Vatikan
Kleriker 11 f., 20, 22, 30 f., 34,
39, 42, 45 f., 66, 68, 72 f., 90,
98, 110, 115–117, 132, 160,
189 f., 196 f., 211, 222; siehe
auch: Autorität, Gewalt, Kirche, Krieg, Moral, Mord, Patriarchat, Päpste, Sexualität,
Zölibat
Konfession 40, 192; siehe auch:
Kirche, Religion
Konfessionsschulen 284 f.; siehe
auch: Kirchenprivilegien, Kirche und soziale Einrichtungen,
Kirchensubventionen, Religionsunterricht
Konkordate 27, 71 f., 233 ff.,
243 ff.; siehe auch: Heiliger
Stuhl, Kirche und Geld, Kirchenverträge, Staat und Kirche, Vatikan
Konzilien 41, 45, 93 f., 113, 148,
161, 178 ff.; siehe auch: Kirchenlehrer, Kirchenväter, Päpste
Krankensalbung 97; siehe auch:
Sakramente
Kreuzzüge 16, 74, 81, 163, 167 f.,
170 f., ; siehe auch: »Heiden«,
»Heilige«, Kinder, Kirche und
Andersdenkende, Krieg, Mord,
Päpste
Krieg 12, 20, 24, 33, 44, 48, 56,
73 f., 88, 97, 101, 108, 152,
154–171, 184–192, 207; siehe
auch: Frauen, Irrtum, Kirche
und Andersdenkende, Kreuz-

züge, Päpste, Patriarchat,
Wahrheit
– mit Atomwaffen 160 ff., 190;
siehe auch: Moraltheologie
Kriegsdienstverweigerung 161
Kultur 16, 28 f., 33, 63 f., 85 f.,
117, 208; siehe auch: Inquisition, Krieg, Patriarchat, Päpste
»Laien« 11, 72, 115 f., 123, 281;
siehe auch: Gehorsam, Gläubige, Kirche und Demokratie,
Kirche und Parteien, Kirchenservice, Kleriker, Menschenrechte, Moral, Sünde, Wahrheit
Liebe 18 f., 31, 52 f., 55, 59, 64,
74, 100, 155, 176, 183; siehe
auch: Feindesliebe, Gewalt,
Gott, Kirchenservice, Kirche
und soziale Einrichtungen,
Nächstenliebe, Patriarchat
Luther(-tum) 21, 26, 28, 30, 91,
94, 108, 125, 158, 165, 183 f.,
207, 213; siehe auch: Kirche,
Konfession
Maria 19, 23, 39, 97, 139, 167;
siehe auch: Frauen, Jesus aus
Nazareth, Kinder, Krieg, Patriarchat, Wallfahrten
– Gottesmutter 19, 35 f., 139
– Jungfrau 35, 139, 167
– Kriegsgöttin 23, 156, 166–169,
186
– Unbefleckte Empfängnis 114
Masturbation 86, 100 f., 105;
siehe auch: Sexualität, Patriar-
chat
Mensch 13, 17 f., 24 f., 33, 39, 50,

76, 89, 135, 153, 190 f., 227,
288 f.; siehe auch: Frauen,
»Laien«, Kinder
Menschenrechte 25, 80 ff., 103,
105, 124, 128, 132 ff., 166,
198 f., 207 f., 229 f.; siehe
auch: Kirche und Demokratie,
Kirche und Parteien, Kleriker,
Krieg, Moral, Mord, Päpste
Messe 54, 68; siehe auch: Abendmahl, Gottesdienst, Kirchen-
bau, Sakramente
Militärseelsorge 69, 160, 260 f.;
siehe auch: Kirche und Geld,
Kirchensubventionen, Krieg,
Staat und Kirche, Patriarchat
Mission 14, 18–21, 23, 27 f., 86,
116, 141, 146, 185, 236, 279;
siehe auch: Bekehrung, Kirche
und Dritte Welt, Religion,
Taufe
Mönche 19, 38, 66, 89, 108, 163,
165; siehe auch: Frauen, Kirche und Geld, Kleriker, Zölibat
Monotheismus 38; siehe auch:
Gott
Moral 33, 63–67, 83–87, 99, 103,
126, 132, 152 ff., 287–289;
siehe auch: Dogma, Kleriker,
Mord, Sexualität, Sünde,
Theologen, Päpste, Wahrheit
-theologie 24, 98, 107, 153,
160 f.; siehe auch: Irrtum,
Krieg, Mord, Sexualität, Wahrheit
Mord 14, 16 f., 23, 25, 28, 63, 88,
92, 125, 143, 152 ff., 176; siehe
auch: »Heiden«, »Hexen«-Ver-

folgung, Inquisition, Juden,
»Ketzer«, Kirche, Kreuzzüge,
Krieg, Moral, Päpste, Sexualität, Tiere, Tod
Nächstenliebe 12, 35, 65, 73,
78 f., 154, 161, 183; siehe
auch: Feindesliebe, Gewalt,
Liebe, Kirche und soziale Einrichtungen, Patriarchat
Nepotismus 126; siehe auch:
Päpste
Neues Testament 11, 19, 26,
35 f., 55 f., 147, 225; siehe
auch: Bibel, Evangelien, Jesus
aus Nazareth, Paulus, Konzilien
Opfer 11, 89 f., 109, 112 f., 159,
164;, 175, 211, 259 f.; siehe
auch: Frauen, »Laien«, Kinder,
Patriarchat
Päpste 15, 18, 20, 22 f., 25, 28,
30, 43, 50, 52, 67, 71, 79 f., 86,
91, 94 f., 99, 101, 103, 108 f.,
113 f., 117, 120 ff., 126, 128 f.,
147, 154, 160, 163–166, 169 ff.,
184–189, 193, 200–209, 214 f.,
218 f., 231; siehe auch:
Dogma, Frauen, Hitlerdiktatur,
Kirche, Luthertum, Moral,
Mord, Sexualität, Vatikan,
Wahrheit
Papsttum 28, 43 f., 48, 50, 52,
67 f., 86, 99, 101, 127, 138,
193, 201 ff.; siehe auch: Autorität, Dogma, Gewalt, »Heilige«, Irrtum, Kirche, Krieg,
Moral, Mord, Sexualität,
Patriarchat, Vatikan, Wahrheit

Patriarchat 47–52, 57, 90 f., 101,
110 f., 166 ff., 175; siehe auch:
Frauen, Gewalt, Kinder, Krieg,
Liebe
Paulus 37 f., 49, 91, 104, 123,
140–145, 177, 202, 226; siehe
auch: Apostel, Erbsünde, Erlö-
sung, Evangelien, Jesus aus
Nazareth, Kirche, Sünde
»Peterspfennig« 48, 219–221;
siehe auch: Kirche und Geld,
Päpste, Vatikan
Pogrome 20, 174, 181; siehe
auch: Juden, Kirche und Geld,
Kirche und Grundbesitz, Krieg
Predigt 17, 35, 44, 124, 157, 190,
193; siehe auch: Kleriker, Prie-
ster
Prostitution 95 f.
Priester 15, 28, 35, 38, 49, 72 f.,
87 f., 112 f., 263; siehe auch:
Bischöfe, Kirche und Geld, Kirchenservice, Päpste, Zölibat
»Reich Gottes« 21, 23, 34, 53 f.,
112, 137, 144, 221 ff., 227,
280; siehe auch: Himmel,
Hölle, Kirche, Patriarchat, Paulus, Vaterunser
Religion 13 f., 18, 23, 25, 28 f.,
31, 50, 57, 79, 142, 156, 176;
siehe auch: Bekehrung, Buddhismus, Dogma, Erlösung,
Hinduismus, Irrtum, Kirche,
Konfession, Krieg, Sünde
Religionsfreiheit 25, 81 f., 131,
156, 288 f.; siehe auch: Irrtum,
Kirchenprivilegien, Menschenrechte, Wahrheit

Religionsunterricht 211, 256 f.,
285 f.; siehe auch: Kirchenprivilegien, Staat und Kirche
Reliquien 35, 121 f., 216; siehe
auch: »Heilige«, Päpste
Ritus 35 f., 38, 43; siehe auch:
Abendmahl, Gottesdienst, Sakramente, Taufe
Rom 12, 15, 21, 27, 41, 79, 120,
143, 145, 197, 201, 203, 225;
siehe auch: Päpste, Vatikan
Sakramente 35, 43, 97, 141, 149;
siehe auch: Abendmahl,
Beichte, Ehe, Krankensalbung,
Priester, Taufe
Schwangerschaftsabbruch 85,
109–112, 133, 162, 228; siehe
auch: Frauen, Kinder, Moraltheologie, Sexualität, Patriar-
chat
Seele 15, 53, 96, 227; siehe auch:
Mensch, Tod, Unsterblichkeit
Sexualität 86 f., 98–103, 105,
107–109, 114 f., 139; siehe
auch: Ehe, Ehescheidung, Ehe-
vollzug, Frauen, Geburtenkon-
trolle, Homosexualität, Kinder,
Masturbation, Moraltheologie,
Schwangerschaftsabbruch, Päp-
ste, Patriarchat
Sicherheitsdenken 17, 41, 48,
83, 135; siehe auch: Angst,
Dogma, Erlösung, Gläubige,
Irrtum, Wahrheit
Sinnfrage 15–17, 46; siehe auch:
Irrtum, Kirche, Mensch, Reli-
gion, Wahrheit
Sklaverei 123 f.; siehe auch: Kir-

che und Demokratie, Kirche
und Geld, Menschenrechte,
Moral, Mord, Päpste, Vatikan
Staat 33
– und Kirche 30, 33, 40, 61, 67,
69, 74, 77, 82, 102, 111, 119,
126, 130 ff., 143, 198 f., 212,
224–232; siehe auch: Kirche
und Demokratie, Kirche und
Geld, Kirche und Parteien, Kirchenprivilegien, Kirchensubventionen, Kirchenverträge,
Konkordate, Menschenrechte,
Päpste, Patriarchat
– Leistungen an die Kirchen
21 f., 71–79, 130–136, 246,
256 ff., 285 ff.; siehe auch: Kirchenprivilegien, Kirchensubventionen, Militärseelsorge
Sünde 57, 94, 100 f., 112, 149,
153, 172; siehe auch: Ablaß,
Absolution, Angst, Beichte,
Erbsünde, Fegefeuer, Himmel,
Hölle, Kirche, Priester, Sexualität, Taufe
– Sündenstrafe 58; siehe auch:
Ablaß, Absolution, Beichte,
Fegefeuer, Hölle
Taufe 14, 24–26, 35, 97, 141;
siehe auch: Bekehrung, Erb-
sünde, Kirche und Dritte Welt,
Menschenrechte, Mission, Sakramente
Teufel 35, 38, 54, 59, 93 ff., 157,
178; siehe auch: Hölle
Theologen 41, 45 f., 48 f., 51, 60,
84, 94, 100, 116, 157, 162,
208 f., 264, 281; siehe auch:

307

Irrtum, Kirchendienst, Kirchenreform, Kirchenservice, Moral, Priester, Wahrheit
Tiere 13 f., 16, 30, 107, 155; siehe auch: Gott als Schöpfer, Mensch, Moral
Tod 14, 17, 36, 74, 88, 108, 111, 141; siehe auch: Moral, Religion, Sinnfrage, Wahrheit
– Freitod 153
– Todesstrafe 88, 152 f.
Tradition 18 f., 33, 52, 91, 102, 110; siehe auch: Bibel, Kirche, Konzilien, Päpste
Umwelt 87, 109, 111, 289; siehe auch: Gott als Schöpfer, Mensch, Moral, Tiere
Unsterblichkeit 15; siehe auch: Gott, Seele, Tod
Vaterunser 53; siehe auch: Reich Gottes, Patriarchat
Vatikan 12, 27, 32, 71, 80, 107, 114, 143, 164, 186, 194, 201 f., 214, 217 f.; siehe auch: Kirche, Päpste, Papsttum
Volk 29, 56, 64, 79 f., 107, 128,

229; siehe auch: Gläubige, Kirche und Demokratie, »Laien«, Menschenrechte
Volkskirche 64, 84 f.; siehe auch: Kirche und Akzeptanz, Kirchenservice, Kirche und soziale Einrichtungen, Kirchensteuer, Kleriker, »Laien«
Wahrheit 13, 17–20, 22 f., 28 f., 34, 39 ff., 46, 50, 58, 85, 105, 110, 155, 211, 247; siehe auch: Dogma, Irrtum, Krieg, Menschenrechte, Religion, Sinnfrage
Wallfahrten 35, 166, 169, 194; siehe auch: Maria, Reliquien
Welt 28 f., 40, 46, 85, 87, 109, 116, 132, 144, 150, 221; siehe auch: Mensch, Tiere, Umwelt
Zensur 31, 117–119; siehe auch: Inquisition
Zölibat 96 ff., 112–115, 287 f.; siehe auch: Ehelosigkeit, Kleriker, Menschenrechte, Päpste, Priester, Sexualität